JN028065

コロナの憲法学

The Constitution Under Covid-19 Crisis

大林啓吾・編
Keigo Obayashi

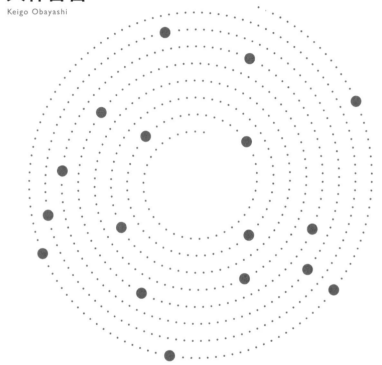

弘文堂

はしがき

　新型コロナウイルスのパンデミックは我々の日常生活を一変させた。常にソーシャルディスタンシングをキープしなければならず、リモートワークが推進され、会食や旅行などの機会がめっきり減ってしまった。また、緊急事態宣言が出されると、外出や営業の自粛が求められ、極めて不便な生活を強いられることになった。これらは新型コロナウイルスがもたらしたものではあるが、パンデミックにどのように対応するかはあくまで人間側の問題であり、ひいては政府の問題である。そして政府が国民の生活に様々な制約を課すことは、たとえそれが人命を救うための方策であったとしても、憲法問題を惹起することになる。

　これまで、未知の感染症は衛生状態の良くない途上国などで発生し、感染が広まってもせいぜいエピデミックにとどまり、多くの先進国にとっては重大な懸念事項ではなかった。近時の例でいえば、2009年のH1N1インフルエンザがパンデミックとなったが、それが油断を助長させた感もある。このとき、WHOはパンデミック宣言を出したが、翌年には季節性インフルエンザと変わらない状況となり、大きな社会的影響をもたらすことなくパンデミックが終息したからである。

　ところが、新型コロナウイルスはそうならなかった。感染力自体はインフルエンザとそれほど変わらないとされているが、潜伏期間が長く、無症状率が高いことから、感染が拡大しやすいという特徴がある。また、季節性インフルエンザと比べれば致死率がやや高いが、エボラ出血熱ほど危険な高さではないため、多くの国は封じ込めに全精力を注ぐのではなく、感染防止対策と経済政策の両方を同時に行う手法をとった。そのため、感染状況に応じて規制の厳緩の調整を行わざるをえず、それがかえって感染拡大と一時的な沈静化を繰り返す結果となり、事態が長引く要因になっている。

もっとも、日本では、H1N1インフルエンザのパンデミックの際、感染症法に基づく対応だけでは外出規制や営業規制を行うことが困難であることを踏まえて、2012年に新型インフルエンザ特別措置法（以下「特措法」という）を制定したという経緯がある。新型コロナウイルスではまさにこの法律が大いに活用されたのであり、その意味では過去の経験が功を奏したという側面もある。

　ところが、特措法に基づく対応は自粛要請がメインであったため、多くの国がロックダウンといった強制型の対応に踏み切る中、日本は穏健的な手法で対応することになった。もっとも、穏健的手法であっても、自粛を求めるためには特措法上の緊急事態宣言を発令しなければならない。緊急事態の発令は人々に心理に大きな影響を与える可能性があり、また経済活動にも影響することから、政府は慎重な態度をとってきた。緊急事態宣言に伴って都道府県が自粛要請を行った場合、集団主義的傾向のある日本人には相当の効果が期待され、実際、2020年4月に発令したときには、同調圧力も手伝って、欧米のロックダウンと同じような効果があった。

　だが、このようなソフトな手法であっても、国民の行動に変容を迫る以上、個人の権利利益に損害が生じた場合にどのように対応するかという憲法問題が生じることになる。営業自粛に対する補償をどうするのか、学校の休校によって学習権に問題が生じないか、などといった様々な憲法問題が生じうるのである。

　また、感染が深刻化した場合には緊急事態宣言を発令し、状況が改善されればGo Toキャンペーンなどの経済施策を行い、感染の拡大と縮小が繰り返されるようになると、いわゆる「コロナ疲れ」や「緊急事態慣れ」が起き、この穏健的な方法でどこまで対応できるかという問題が出てきた。

　そもそも政策にゼロリスクはありえないので、政府がいかなる政策を行っても批判は避けられないのであるが、興味深いのは規制を求める声が大きいという点である。メディアのアンケート調査などでは、緊急事態宣言についてはその発令に賛成する立場、そして強制力を加えるように法

改正を求める立場が多数であったと報じられている。

　ところが、強制力の発動となれば自粛要請以上に憲法上の問題を惹起する。実際、ロックダウンを実施した国では様々な憲法問題が起きており、一部では訴訟も提起されている。さらに、コロナ禍によって国会や裁判所の機能、そして専門家の位置づけといった統治の問題も憲法問題として浮上してこよう。

　そこで本書では、コロナ禍で生じた憲法問題について、各国の対応を含めて幅広く考察する。最初に「総論」でコロナ禍においてどのような対応が行われ、それがいかなる憲法問題をもたらしたのかを概括的に考察し、本書に通底する分析視角を提示する。第1部では、各国の新型コロナウイルス対応について法的枠組を解析しながら、そこで生じる憲法問題を分析する。次に第2部は、各国の緊急事態宣言について、これも法的構造を明らかにしながらその内容や効果を考察する。第3部はコロナ禍で生じた憲法問題のうち、人権問題を中心に取り上げる。第4部では人権分野に続けて、コロナ禍がもたらした統治領域への影響を取り上げて検討する。最後に、本書全体を概観しながら、今後の展望を考える。

　本書を上梓するにあたり、弘文堂編集部の登健太郎氏には企画、編集、出版まで大変お世話になった。本書の問題意識や構想は以前登氏に担当してもらった『憲法とリスク——行政国家における憲法秩序』（弘文堂・2015年）で検討した内容が土台になっている。同書でも公衆衛生に関する問題を扱っており、本書ではそこで抱えていた問題意識をより具体的レベルで検討することになった。登氏には構想段階における発案や編集段階における文案など、実に多岐にわたってアドバイスをいただいた。また、現在進行形のホットな問題なのでウェブ連載でも草稿を示しながら執筆を進めてみてはどうかという提案をいただき、本書の一部を弘文堂のウェブサイト「弘文堂スクエア」（https://www.koubundou.co.jp/square/）にもアップしながら、執筆を進めることになった。

　もっとも、本書刊行の時点でもコロナ禍は終息しておらず、どの時点

までの状況を取り上げるかという問題があった。検討の結果、できる限り最新の状況を反映させるべく、本書の本文では2020年末までの内容を取り上げ、その後の状況について補足が必要な場合は校正期間を利用して2021年1月25日までの状況を「追記」するという形で記述することにした。

　本書はコロナ禍における憲法問題を考察するものであるが、その検討内容はコロナ禍に限らず、感染症対策全般の憲法問題に通じるところがある。また、本書は今後の感染症対策のあり方を模索する際にも検討すべき事項を提供できると考えている。その意味でも、多くの人に本書を手に取っていただければ幸甚である。

　2021年1月25日

　　　　　　　　　　　　　　　　　　　　　　　　　大林 啓吾

目　次

外出自粛要請により閑散とした
羽田空港（ロイター／アフロ）

総論
—— 〈コロナ〉の憲法問題

はじめに

　新型コロナウイルスのパンデミックは感染症がなお人類にとっては脅威であるという事実を突きつけた。とりわけ、良好な衛生状態を自認してきた我々日本人は感染症をどこか他人事と思っていた節があり、せいぜい冬になったら季節性インフルエンザやノロウイルスを気にする程度の感覚に慣れきっていたといえる。こうした一般感覚を反映していたのかどうかは定かではないが、法制度上もパンデミック対策については強力な手段を設けておらず、政府は新型コロナウイルスの感染防止策の問題に頭を悩ませることになった。すなわち、自粛では十分な効果が期待できないことから、諸外国のようにロックダウンを行うべきではないか、という問題が浮上したのである。

　もっとも、これは単に立法政策の問題にとどまらない。なぜなら、ロックダウンに限らず、自粛要請ですら、人々の権利利益に影響を及ぼし、時に憲法問題を惹起するからである。また、自粛の前提となる緊急事態宣言も憲法上の問題をはらむ。緊急事態宣言は新型インフルエンザ特措法に基づいて発令される仕組みになっているが、新型コロナウイルスでは、それとは別に地方

自治体が独自の緊急事態宣言を出すケースが散見された。[★1]しかし、その発令は具体的な法令の根拠がないまま出されており、法の支配と相克する側面がある。

また、新型インフルエンザ特措法の緊急事態宣言は国がそれを発令することで地方自治体が自粛等を要請できる仕組みだが、外国では地方自治体の規制権限の発動を認めるよりも地方自治体への支援を進める契機になっていることがある。日本のように、規制権限の発動を中心とし、しかも対応策の主な方法が自粛である場合、対応策や責任をめぐって国と地方自治体が対立する場面が増える可能性がある。この問題は国と地方の権限をどのように分配するかという憲法問題につながる。

ほかにも、新型コロナウイルス対策は様々な場面で憲法問題を生じさせるが、個々の問題は本書の各章に委ねることにし、ここでは日本の新型コロナウイルス対策が惹起する総論的な憲法問題を考察することにしたい。まず、ロックダウンに照射し、各国の手法とも比べながら、強制型、穏健型、放任型それぞれの憲法問題を検討する。次に、緊急事態宣言の制度を概観しつつ、地方自治体の緊急事態宣言と法の支配との緊張関係を考察し、それに関連し

て、感染症対策に関する国と地方の役割分担の問題を考える。それらを踏まえて、最後にあるべき立憲主義の姿に言及する。

1 ロックダウンの類型
──強制型・穏健型・放任型

新型コロナウイルスのパンデミックにより、その震源地となった中国の武漢はもちろんのこと、[★2]遠く離れた欧米諸国の都市も軒並みロックダウンに踏み切った。アメリカ、イギリス、イタリア、スペイン、ドイツ、フランス、オーストラリア、ニュージーランドなどの国は全土または一部の都市・地域において、一定の事由に該当する場合を除き、ロックダウンに踏み切った。[★3]

ロックダウンといっても、その内容は国や地域によって異なる。武漢のような都市封鎖をロックダウンと解する場合、外部の都市に通じる高速道路や鉄道の利用の禁止、公共交通機関の運行停止、住民の外出禁止などが実施される。このような強度のロックダウンは世界的にみれば例外的である。

むしろ、ロックダウンといった場合でも、外出を完全に禁止することは少ない。たとえば欧米諸国のロックダウンをみてみると、在宅勤務を義務化したり、学校を休校にしたり、営業を食

料品事業、医薬品事業、病院などのいわゆる必須事業（essential business）などに限定したり、大人数の集会を禁止したりすることが多かった。これらは命令によって強制され、違反者に対しては罰金が科されることもあった。このように完全に外出を禁止するわけではないが、一定の事業を除いて在宅勤務を義務化したり、一定数の集会を制限したり、一定の事業を禁止したりすることが、一般的なロックダウンであるといえる。

一般的なロックダウンは強制的に行動を制限することから、これを強制型と位置づけるとすれば、日本の対応はそれとは異なる。日本には、法律上ロックダウンを実施する規定がなく、それを要求する命令も出していない。日本が採用したのは自粛要請という穏健型の手法であった。要するに「お願い」ベースのソフトな手法をとったわけであるが、それにもかかわらず、多くの国民が自粛要請に応じ、「ロック★4ダウン（都市封鎖）など強権的な対策をとらなくても、補償なしの自粛要請だけで休業し外出を控える『従順な国民性』がプラスに働いた」とも指摘★5される。強制力の有無という点を除けば、ロックダウンをした国や地域とほぼ同じような状況が創出されたといえる。

一方、注目されるのはスウェーデンである。スウェーデンはロックダウンを行わなかった。正確にいえば、スウェーデンは通常の生活を維持しながら一定の対策を行う方針をとり、学校や飲食店の営業を認めつつ、ソーシャルディスタンシングを求め、50人以上の集会を禁止したにとどまる。その★6ため、スウェーデンは緩やかな対策を行ってきたということができるが、他の欧米諸国と比べて規制の程度は相当緩く、少なくとも2020年末の時点では一般的なロックダウンを実施していない。また、上記の集会規制については強制的側面を有していることから穏健型よりも強い規制になっているということができるかもしれないが、営業や外出が自由であるなどの点を考慮すれば総合的には緩い規制という位置づけになろう。一部規制が存在するので、★7語弊のある言い方ではあるが、ここでは便宜上スウェーデンを放任型と位置づけることにする（第1部コラム参照）。★8

2 各手法の憲法問題

憲法との関連でいえば、強制の度合いが強ければ強いほど自由を制約することになる。そのため、憲法との緊張度が最も高いのが強制型である。一般的なロックダウンにみられる在宅勤務

の義務化、学校の休校措置、必須事業以外の営業禁止、大人数の集会禁止などの強制措置はいずれも市民の権利を制限するものである。すなわち、在宅勤務の義務化は営業の自由を制約し、学校の休校措置は教育の自由や学習権を制約し、営業禁止は営業の自由を制約し、大人数の集会禁止は集会の自由や信教の自由（礼拝活動など）を制約しうる。実際、これらのうち、いくつかの事項は諸外国で訴訟になっており、憲法問題が争われている。

もっとも、強制型の手法は国家による権利制約という側面を先鋭化させるがゆえに、裁判所の救済に馴染みやすい。権利と制約の関係が明らかになりやすく、権利侵害が認められた場合には損害賠償や差止めによって救済を図ることができるからである。

一方、穏健型は裁判所の救済に馴染みにくい。なぜなら、自粛はあくまで「お願い」にとどまり、それに従うかどうかは任意であるため、権利を制約しているとまではいえないからである。ところが、同調圧力が強いと自粛が事実上の強制となって機能しうる。その結果、外出自粛要請によって一般的行為の自由や移動の自由が制約され、営業自粛要請によって営業の自由が制約されうるのである。

「同調」とは同じ集団に属する他者の行動に合わせて自分の行動を変えることをいい、他者に合わせなければならないという心理的圧迫を「同調圧力」というが、コロナ禍という危機的状況が同調圧力を高めた可能性が指摘されている。[★9] というのも、人は外敵などの危機から身を守るために集団で協力してきたことから、身を守るために同調しないものを脅威とみなして排除する傾向にあり、コロナ禍ではそうした同調圧力が強まったというのである。

実際、緊急事態宣言が発令されたことに伴って外出自粛や営業自粛が要請された際に、「自粛警察」と呼ばれるような集団や個人が街を見回り、自粛しているかどうかをチェックするような行為が散見された。[★10] また、営業を続けた店舗に対してはそれを非難・罵倒する貼り紙をされたり、SNS上でもアップされて非難中傷の対象となったり、他県ナンバーの車が観光地などで貼り紙をされたり投石されたりする事態が発生し、このような行動は同調圧力の例（正確には同調圧力を高めた例）とみなされている。[★12]

このような状況を踏まえると、コロナ禍の日本における同調圧力には抽象的圧迫と個別具体的圧迫とがあったといえる。前者は、いわゆる周りの空気

4

や社会の雰囲気のことである。公権力が自粛を要請し[13]、メディアが自粛の様子を報道し、さらに周りが実際に自粛し始めることで、自粛の雰囲気が醸成されていく。その結果、普段から周りの空気を気にする日本人はこうした雰囲気に飲まれ、自粛に応じざるをえなくなる。このような同調圧力は抽象的な形で存在しているといえる。一方、「自粛警察」等が自粛に応じない者に対して個別に自粛に応じるように嫌がらせ等を行って従わせるような圧力は個別具体的な同調圧力であるといえる。かかる個別具体的圧力が一般に知れ渡ると、抽象的圧力を増大させる効果を生み出し、同調圧力が一層高まる結果となる。

外出や営業を控えざるをえなくなったという事実があったとしても、政府の要請が自粛にすぎない以上、政府が直ちにその責任を負うことにはならない。こうした間接的効果を安易に認めてしまうと、因果関係の連鎖をどこまでも認めることになり、法的責任の範囲が曖昧になって収拾がつかなくなるおそれがある。他方で、政府が個人の権利利益に制限を加えたり不利益を課したりすることを意図して事実行為（今回でいえば自粛のお願いなど）を行った場合、当該行為とその結果生じた制限

や損害との関係を一切認めないことも妥当ではないだろう。行政国家化が進むにつれて事実行為が大幅に増え、誘導的手法が巧みになり、市民の権利義務に対する影響が強まっていることを踏まえると、ときにそれが権利行使に重大な影響を与えたり深刻な損害を与えたりすることもありうる[14]。とりわけ、政府が一定のメッセージを発したり行為を要請したりすることによって特定の集団を貶め、それによって私人間における特定集団に対する加害行為を促進するような事態に発展することを最初から意図していた場合には、その損害について責任を負うケースもありえよう。たとえば、特定の集団を貶める意図が明らかで、それによって当該集団に不利益が生じ、政府行為と不利益を受けた結果との間に相当程度関連性があり、それが重大な権利侵害であった場合には、例外的に責任を負うこともありうるように思われる。

新型コロナウイルス対策のケースについては、国の緊急事態宣言と地方自治体の自粛要請が引き金となって移動の自由や営業の自由を事実上制約することになったことは確かであり、同調圧力を利用して自粛を強要しようとした意図がまったくなかったとはいえないように思えるものの、営業を続けざ

るをえなかった飲食業や風俗業に携わる人々を貶める意図があったと認めるに足る証拠があったわけではない。そのため、権利侵害を理由に訴訟を提起しても、そもそも侵害行為があったとは認められない可能性が高い。また、営業の自由については補償の問題もつきまとうが、第3部❶が分析するように、そもそも補償は財産権侵害のケースを想定していることに加え、強制的に行われた場合でなければ補償の対象にならない。したがって、穏健型の場合は権利侵害と同等の損害が生じる可能性があるにもかかわらず、救済可能性が低く、そもそも憲法問題とすら認識されない可能性もある。また、学校休校の要請は教育の自由や学習権との関係で憲法に関連する問題のように思えるが、学校で教育を行う自由または学校で教育を受ける権利があるかどうかという問題自体がこれまで十分検討されてきたとはいえず、第3部❺の検討など、今後の研究の蓄積が求められるところである。

　一方、放任型はほぼ規制を行わないことから憲法問題をあまり惹起しないようにみえるが、必ずしもそうではない。なぜなら、パンデミックは国民の生命を脅かすものであり、国家にはそのようなリスクから国民を守る責務が

ある。そのため、重篤な症状をもたらす感染症がまん延し、対策をすれば多くの生命を救えたにもかかわらず、それをあえて放置した場合には国家の責任が問われることになろう。たいていの場合、それは政治的責任という形になるわけだが、国民が国家に対して生命権の侵害を理由に不作為を問い、法的責任をとらせる方法もありうるかもしれない。★15　もっとも、エボラ出血熱のような極めて重篤かつ深刻な被害をもたらすウイルスが流行した場合には国家の責任を問いやすくなるが、新型コロナウイルスのように単なる風邪の一種と割り切って考えて放置することがまったく不合理とはいえないかもしれない場合には、よりやっかいな問題になってこよう。

　このように、強制型、穏健型、放任型のいずれをとった場合でもそれぞれ固有の憲法問題を生じさせることになる。そのため、憲法の観点から考えた場合に、どれが最適な対応なのかをあらかじめ決めることは難しい。そうなると、当該感染症につき、どの手法が政策的に適切なのかを検討すると同時にそこで生じうる憲法問題を考察し、それ以外の手法をとった場合の政策的効果とそれがもたらす憲法問題とを比較しながら、最適解とまではいかなく

ても、次善の解を模索する必要がある。

たとえば日本のような穏健型については、一部に自粛しなかった者がいたことから強制措置ができるように法改正すべきという意見がある。[★16] これについては、強制型と穏健型それぞれの政策的効果とそこで生じうる憲法問題を検討することになる。日本では多くの者が自粛要請に従い、また同調圧力によって強制型と同等の効果が得られたため、一部の守らない者がいたという問題があったとしても、政策的には相応の効果があったといえる。[★17] パンデミック時には一部でも要請に従わない者がいれば感染を防ぐことができなくなるのでそれを軽視できないという意見もあるだろうが、それは強制型をとった場合でも違反する者がいれば同じことである。抑止レベルでは違いが出てくる可能性があるとすれば、日本における同調圧力による抑止と命令や罰則による抑止のどちらが効果的かという問題になろう。他面、それは事実上の強制という憲法問題を惹起したため、この手法を継続するのであれば、この憲法問題の検討も今後は不可欠である。

もっとも、運用面に着目すると、穏健型か強制型かという問題以前に、緊急事態宣言を出すことに躊躇するかどうかという問題がある。新型コロナウイルスの第一波（2020年春）に対しては自粛要請が相応の効果を発揮したことからすれば、第二波（2020年夏）や第三波（2020年冬）に対しても緊急事態宣言を出して自粛要請をすることで被害を低く抑えられた可能性もある。もちろん、「自粛疲れ」の問題もあるので、緊急事態宣言を頻繁に用いることはむしろその効果を減殺するおそれもある。だが、自粛に期待できるうちは、直ちに強制型に移行するよりも、緊急事態宣言のタイミングに関する検討をすることが重要であるようにも思える。政府が直ちに法改正に乗り出さないことに対しては批判も強いが、[★18] こうした観点からすれば、なお議論を続け慎重な対応をしていくことが必要であろう。

3 国と地方の問題

次に、国と地方に関わる憲法問題を考察する。ここでは主に、地方自治体が独自に出した緊急事態宣言と法の支配との関係と、国と地方の権限配分の問題を取り上げる。

2020年4月7日、新型インフルエンザ特措法32条に基づき、政府対策本部長を務める安倍晋三内閣総理大臣が緊急事態宣言を出した。これにより、同法45条に基づき特定都道府県知事

は、外出自粛要請、営業自粛要請、休校要請などを出すことができるようになり、場合によっては同法49条に基づき土地、家屋または物資の強制的使用や55条に基づき医薬品や食料品などの特定物資を収用できるようになった。

　もっとも、国が緊急事態宣言を出す前後において、地方自治体が独自の緊急事態宣言を出していた。しかし、これらの緊急事態宣言は条例を含む法令の根拠がないまま出されたものであり、たとえ自粛要請にとどまるとしても、緊急事態を宣言することは住民生活に多大な影響を与えることからその性格上法的根拠がなければならない。

　これについては、新型インフルエンザ特措法24条9項が「都道府県対策本部長は、当該都道府県の区域に係る新型インフルエンザ等対策を的確かつ迅速に実施するため必要があると認めるときは、公私の団体又は個人に対し、その区域に係る新型インフルエンザ等対策の実施に関し必要な協力の要請をすることができる。」と定めていることを理由に休業要請を行うことができるという解釈があり[19]、それに関連して各都道府県知事が緊急事態宣言を出したうえで自粛要請を行うことができるとする解釈がありうるかもしれない。

しかし、この規定は緊急事態宣言を認めた規定ではないことが明らかであることに加え、また新型インフルエンザ特措法が国の緊急事態宣言を出したときに自粛要請が可能になるとしている以上、同規定を根拠にすることには無理がある。

　したがって、これまでに地方自治体が発令した緊急事態宣言は法の支配と抵触するおそれがある。地方自治体が独自の緊急事態宣言を出すのであれば、明確な法的根拠が必要である。内容次第では条例による制定も可能であると思われるが、他方で新型インフルエンザ特措法32条の緊急事態宣言との関係も考えると、法律によって規定を設けることが望ましいだろう。

　この問題は国と地方の権限配分にも関わる。もともと、公衆衛生という言葉自体が社会の疾病予防や健康管理を表しており[20]、また歴史的にも地方が公衆衛生対策を担っていたことが多いことから、感染症対策は地方政府やコミュニティの役割であった。ところが、中央政府の権限が高まり、さらに人やモノの往来が広域に広がると、感染症対策における国の役割が増えていった。それでもなお、連邦制をとる国を中心に、実際の感染症対策は地方が担うことが多い。

この点は日本でも同様であり、緊急事態宣言が出された後に自粛等の要請を出すのは地方自治体である。しかし、たとえば第2部❶でみるアメリカのように、国によっては、国が緊急事態を出すことによって地方による規制が可能になるという日本のようなシステムではなく、緊急事態宣言は地方に対して財政等の援助を行う契機と位置づけられていることがある。そのため、国と地方の権限配分を考えた場合、日本では国に重要な決定権が付与されているといえる。関連して、国と地方とでは緊急事態宣言と地方への財政的援助との連動性[★21]についての理解に差があることから、誰が休業要請の補償を行うのかという問題をめぐって、国と地方が対立する結果となった。[★22]

他方で、法制度上、政府は行動計画を策定したり対策本部を設置したりするが、都道府県も対策本部を設置し、さらに感染対策の実務を行うことから、実務上政府が都道府県に対して上意下達的に指示を出すことは難しく、協力・連携して感染対策に当たる必要があった。[★23]そのため、感染対策の方法や責任主体をめぐってしばしば意見が対立した。

国が感染症対策において主導的な役割を果たすこと自体が問題というわけではなく、全国という広域的視点から様々な対策を考え、感染対策やワクチン供給について外国と協議・交渉することは重要である。その意味では、むしろ政府が指揮をとって地方自治体に対する指示する権限を増やすべきであるという考えもありうる。他面、実際に対策を行うのは地方自治体であることが多く、また地域の実情に応じた対策が必要であることを踏まえると、ある程度地方自治体に任せるべきではないかという意見もありうるだろう。そのため、コロナ禍において国と地方が対立したケースを拾い、それぞれの役割分担を意識しつつ協力・連携がスムーズにいくような制度設計を議論していく必要がある。

また、国と地方の関係については、法制度のみならず、実際の政治状況も大きく影響する側面がある。コロナ禍に見舞われた当時、国はアベノミクスを掲げてきたこともあり、経済重視のスタンスをとり、経済に影響を与える感染対策には慎重な姿勢をとってきた。これに対して、地方都道府県の知事は感染対策を重視する傾向があり、感染症対策をめぐって国と衝突することがしばしばあった。

このような違いは、当該政権の政策的イデオロギーに基づく点が大きいが、

それに加え、国と地方の視点の違いも関わっているように思える。中央政府の方がよりマクロ的視点から総合調整的発想に基づいて物事を捉える傾向にあるのに対し、地方政府は現状を見据えて目の前の事象に迅速に対応することが求められる傾向がある。いずれも必要な視点であるが、感染症対策においてはさらに専門家の意見をどのように取り入れるか、またそれが政治過程にどのように作用するかという問題もある。とりわけ、第4部❶でもみるように、専門家の意見と国民意識が合致すると、それが政策を後押しするようなケースも生じうる。

一方、憲法の視点——とりわけ近代立憲主義——からすれば、感染対策を重視する専門家の意見に国民が同調し、地方政府がそれに便乗する様子は、さながら自らの自由を自己拘束していくような様相を呈しているように映る。もっとも、リスク社会を迎えた現代においては、国家は常にリスク対応に追われるがゆえに、国民の自由と安全の調整という観点からコストベネフィット分析を行いながら個々の政策の是非を検討することで憲法秩序を形成していくというダイナミックな構想を描くことが必要であると思われる。

おわりに

憲法の観点からすれば、コロナ禍の問題は「自由と安全」の問題に置換できる。すなわち、新型コロナウイルス対策によって生命や身体の安全を確保することを重視するか、それとも新型コロナウイルス対策はほどほどにして自由や経済を重視するか、という問題である。

リスク社会における立憲主義は、この問題についてどちらか一方のみを選ぶのではなく、コストベネフィットを考えて、柔軟に対応していくことになる。★24 感染症の感染力、重篤性、まん延の程度に応じて、対応可能性を考慮しつつ、対策によって得られる利益と、それが自由や経済にもたらす損害とを比較して、適切な対応を検討する必要がある。

もっとも、強制型、穏健型、放任型の比較によって判明したように、強制力が強ければ強いほど自由に対する制限が強くなるが、穏健型をとった場合には事実上の損害に対する救済の問題があり、また放任型をとった場合には生命や身体のリスクが高くなるという問題があり、いずれが正解と断定できるわけではない。だが、各アプローチをとることによって生じるそれぞれの

憲法問題をケース別に検討しておくことは重要であり、その問題を認識したうえで対策を行ったり法改正を議論したりする必要があろう。

　また、この問題は国と地方の役割分担にも関わるものである。パンデミックにはマクロ的視点から全体として統一的な対策が重要になることから国の方針が重要になる反面、地域の実情に合わせた対応が必要であることから実務を担う地方の役割も重視しなければならない。そのため、国と地方の対立は対策に穴を開けてしまうこともあれば、相互補完的に機能する結果になることもありうる。そのあり方を考える場合、外国の法制度とも比較しながら、そのメリットやデメリットを踏まえて、あるべき姿を模索する必要があるといえよう。

〔大林啓吾〕

★

1.　たとえば、「愛知県、休業要請見送り、県、独自に緊急事態宣言、『一段の厳しい自粛を』、医療体制拡充や経済対策」日本経済新聞2020年4月11日中部面7面など。

2.　「新型肺炎、武漢『封鎖』　中国、拡大阻止へ強硬策　武漢で邦人、重度肺炎大使館発表」朝日新聞2020年1月24日朝刊1面。

3.　「欧米、コロナで私権制限拡大　外出禁止、罰則付きで」日本経済新聞2020年4月8日朝刊11面。

4.　「緩い制限　なぜ従った？　哲学者　萱野稔人さん」読売新聞2020年5月28日東京朝刊27面。

5.　「日本のコロナ死者なぜ少ない　交差免疫、ＢＣＧ、遺伝子…？」朝日新聞2020年6月27日朝刊4面。

6.　スウェーデンでは、当初感染者数や死亡者数が増加したが、夏頃には減少に転じたものの、冬にはまた増加に転じるなど、その妥当性を評価するのはまだ難しい状況にある。なお、11月には9人以上の集会を禁止している。

7.　「『厳しすぎない』貫くスウェーデン　ロックダウンなし・マスクほぼ着用せず　新型コロナ」朝日新聞2020年11月10日夕刊1面。

8.　なお、ブラジルも国レベルでは大統領がコロナ対策を行わない姿勢を明らかにしているが、実際の規制権限は州や地方自治体にあるため、地方レベルではロックダウンが行われている。

9.　原田隆之ほか監修／竹ヶ原涼貴ほか執筆「コロナ時代の心理学」ニュートン474号（2021年）20〜27頁。

10.　「『自粛警察』、まるでファシズム」朝日新聞2020年6月9日朝刊20面。

11.　「コロナと『正義』」朝日新聞2020年5月16日朝刊13面。

12.　「日本社会に蔓延する『凶暴化』した同調圧力の正体」週刊朝日2020年10月30日104頁。

13.　「緊急事態宣言　全国に　感染抑制へ加速　『法的裏付け　強い影響力』」読売新聞2020年4月17日中部朝刊27面。

14.　たとえば、臓器移植の可否に関する選択のデフォルトを変えたり、公表によって名誉や信用を著しく毀損したりするケースなどである。

15.　関連して、健康権の侵害の問題もあるが、

「健康」の内容自体が定まっておらず、何を根拠に、どのような内容の権利が、いかなる場面で、どこまでのことを要求することができるのかなどが不明瞭である。また、肥満などのように不健康でいる権利もありうるので、健康権は今後の議論の展開が不可欠であろう。

16. 「コロナ特措法　強制力『議論』　再生相」読売新聞2020年8月27日東京夕刊3面。

17. 「ＷＨＯ『コロナ第1波のただ中』、日本対応は評価」日本経済新聞2020年5月27日朝刊9面。

18. 「コロナ特措法　課題の洗い出しを急げ」朝日新聞2020年7月22日朝刊12面。

19. 「新型コロナ　21都道府県で休業要請実施　指示は5県」毎日新聞2020年6月5日東京朝刊23面。

20. *See, e.g.*, https://www.euro.who.int/en/health-topics/Health-systems/public-health-services/public-health-services (last visited Nov. 30 2020). たとえば、WHOは「組織化された社会の努力により、疾病の予防、生命の延長および健康の増進をはかる技術および科学」と定義している。

21. なお、新型インフルエンザ特措法70条は「国は、前条に定めるもののほか、予防接種の実施その他新型インフルエンザ等緊急事態に対処するために地方公共団体が支弁する費用に対し、必要な財政上の措置を講ずるものとする。」と定めており、緊急事態宣言と地方自治体への財政支援を連動させる規定を設けている。

22. 「新型コロナ特措法、34知事『改正必要』『休業に補償規定を』26知事」朝日新聞2020年6月22日朝刊1面。

23. 竹中治堅『コロナ危機の政治』（中公新書・2020年）20〜38頁。

24. 大林啓吾『憲法とリスク―行政国家における憲法秩序』（弘文堂・2015年）17〜55頁。

第1部

コロナ対策の比較憲法的分析

マスクを着けて記者会見にのぞむニューヨーク州の
クオモ知事（ロイター／アフロ）

❶ アメリカ
——ロックダウンの憲法問題

はじめに

アメリカでは、2020年3月頃から新型コロナウイルスの感染者数が急増し、3月13日にトランプ（Donald J. Trump）大統領が緊急事態宣言を出してからもその勢いはとまらず、3月26日には8万人を超えて瞬く間に世界最多になってしまった。[★1]この頃から、ニューヨーク州のように人口の多い州や東部の州はロックダウンに踏み切り始めた。[★2]また、4月11日になると、アメリカにおける新型コロナウイルス感染による死者数が1万8000人を超え、死者数においても世界最多となった。[★3]

トランプ大統領は新型コロナウイルス対策に消極的であったことに加え、連邦制をとるアメリカではもともと連邦政府ができることは限られている。そのため、州をはじめ地方自治体が具体的な感染対策を行うことになる。

ただし、アメリカでは、地域によって文化や価値観が大きく異なり、また知事や議会多数派が共和党か民主党かによって行われる政策も変わってくる。[★4]新型コロナウイルス対策もその例外ではなく、ロックダウンをした州もあればしなかった州もあり、州ごとに規制内容が異なる結果となった。

したがって、アメリカの新型コロナ

ウイルス対策を考察する場合、全州の規制内容を分析しなければ、その内実を正確に理解することはできない。さらにいえば、州だけでなく、地方自治体も様々な対応策を講じているので、それらすべてを考察対象にしなければ全容を解明することができないが、それを行うとなると膨大な量に膨れ上がり本書の紙幅では扱いきれない。また、全州を分析対象にすると、規制が厳しいところから緩やかなところまでまんべんなくみることになってしまい、かえってアメリカの特徴を見出すことが難しくなるおそれがある。そのため、ここではすべての州や地方自治体がそうではないと断ったうえで、それでもアメリカではロックダウンを行った州が少なくないことから、アメリカをあえて強制型と位置づけることにし、そのような強制的措置をとった州を中心に分析することにしたい。とりわけ、最も感染者数および死者数の多いニューヨーク州を中心に、西部、南部、中西部の代表的州を取り上げながら、どのような法制度によって、いかなる対策が行われたのかを考察したうえで、ロックダウンの合憲性に関する訴訟が複数提起されたミシガン州のケースを分析し、ロックダウンに絡む憲法問題を考察する。

1 ニューヨーク州の対策

ニューヨーク州では、2020年3月に入って初めて感染者が確認され、3月5日には19人が感染したことが判明し、[★5]感染者が急速に増えている可能性が出てきた。そうした状況を踏まえ、ニューヨーク州のクオモ（Andrew M. Cuomo）知事は2020年3月7日に緊急事態宣言を出した。[★6]ニューヨーク州法28条2-Bは、「知事は、自らの判断又は地方自治体の長らの要請に基づいて、地方自治体が適切に対処できない災害が起きた又は差し迫っている場合に、知事命令によって災害緊急事態を宣言することができる。[★7]」と規定している。この緊急事態宣言では、州の包括的緊急対策計画（State Comprehensive Emergency Management Plan）を実施し、緊急事態に必要なあらゆる手段を講じ、一部の法令の効力を停止するとされている。

緊急事態宣言を出した後、クオモ知事は感染状況に応じて矢継ぎ早に新たな命令を出していった。まずは各命令をみながら、ニューヨーク州がロックダウンに至るまでの経過を考察する。

3月7日、クオモ知事はまず緊急事態宣言の中で緊急事態対応の障害となる規制を停止または修正した。[★8]そして

連邦の緊急事態宣言が出される前日の3月12日、クオモ知事は500人を超える集会を禁止する命令を出した。また、その2日後の3月14日、クオモ知事は選挙に関連する法令の一部を一時的に停止する命令を出した。[10]

その後の命令はいよいよ営業禁止や学校閉鎖を要求するなど、ロックダウンに近づいていった。3月16日、クオモ知事は50人を超える集会を禁止し、レストラン、バー、カジノ、スポーツジム、映画館などの営業を夜8時までとする命令を出した。[11] 同日、学校を2週間閉鎖する命令も出されている。[12] 3月18日には、同日に予定されていた村の選挙を延期し、ショッピングモールやアミューズメント施設の営業を禁止する命令が出された。[13] また、同日に出したもう一つの命令では、20日から、すべての事業者に対して在宅勤務をするように促し、出勤して対面で仕事を行う従業員を50％以下にすべきとする命令も出された。[14] さらに翌19日、クオモ知事は、理髪店、美容室、タトゥー、ピアスパーラー、ネイル、エステティシャンなどの事業も21日から営業禁止にするとし、出勤して対面で仕事を行う従業員を75％以下にすべきとする命令を出した。[15]

そして3月20日、感染者が1万6000人を超え、死者も214人に上ると、クオモ知事はとうとう在宅勤務命令を出し、ロックダウン（New York State on PAUSE）に踏み切った。[16][17] これにより、3月22日から4月19日までの間、必須事業（essential business）を除き、すべての事業は在宅勤務が義務づけられることになった。[18]

この出勤禁止命令には罰則も付けられたのが特徴である。同命令違反に対してはニューヨーク州公衆衛生法12条1(a)規定の罰則が適用されるとし、[19] それに従わなかった事業者には2000ドル以下の罰金が科されることが明記された。また、同条1(b)は命令違反によって他者の健康や安全に深刻な脅威をもたらした場合には5000ドル以下の罰金、(c)は実際に深刻な被害をもたらした場合には1万ドル以下の罰金にすると定めている。[20]

こうして、ニューヨーク州は命令と罰則の両方の点で強制的なロックダウンに踏み切ったのである。また、ニューヨーク州は労働以外の理由による外出についても人との接触を回避しなければならないなどのガイドラインを出した。同ガイドラインは、①必須事業以外の営業を禁止すること、②パーティーなど不要不急の集まりは人数にかかわらず延期すること、③屋外での

密集は必須事業サービス従事者に限られ、ソーシャルディスタンシングを実行すること、④外出時にはソーシャルディスタンシングをとり他者との距離を最低6フィートとること、⑤他の必須事業を扱う事業者もソーシャルディスタンシングをとり他者との距離を最低6フィートとること、⑥外出は他者と接触しないレクリエーションに限られ、他者と密接になる活動を避けること、⑦やむをえない場合を除き公共交通機関の利用を避け、利用する場合は他の乗客との距離を最低6フィートとること、⑧病人は治療を受けるまで自宅で待機し、外出が健康にとって最善であるという診断があった場合のみ外出すること、⑨若者はソーシャルディスタンシングをとり健康上のリスクのある者との接触を避けること、⑩アルコールなど予防用の消毒を行うこと、という10原則を示した。

ここでは、必ずしもあらゆる外出禁止が要求されているわけではないが、在宅勤務の義務化や必須事業以外の営業禁止という措置は不要不急の外出禁止を要求しているものといえよう。

その後も感染状況に応じて様々な制限が追加されたり延期されたりし、一定事項については罰則も追加された。たとえば、4月7日の命令は、在宅勤務義務などを4月29日まで延長し、さらに不要不急の集会禁止に違反した場合や外出時にソーシャルディスタンシングの要求に従わなかった者は1000ドル以下の罰金が科されることとなった。[★21]　また、4月12日には、必須事業者は従業員に対し客と対面する場合にマスク等（face coverings）を提供および着用しなければならないとし、違反した事業者は公衆衛生法12条または12条（b）の罰金の対象となった。[★22]

以上の規制をまとめると、外出自体が禁止されているわけではないものの、在宅勤務の義務づけ、必須事業以外の営業禁止、一定人数以上の集会禁止などが要求されている。さらに、外出時にも密を避けてソーシャルディスタンシングを図らなければならず、違反者には罰金が科せられるなど、外出する場合にも制限付きである。

その結果、ロックダウン以降、いつも人で賑わうマンハッタンから人影がみられなくなった。4月中旬時点で、ニューヨーク市が上記規制の違反者を摘発した例は30件程度にとどまるとされることから、[★23]　多くの人がロックダウンに従ったといえる。ところが、4月に入ってもロックダウンの効果がすぐにはみられず、いつまでそれが続くのかがわからない深刻な状況が続いた。[★24]

もっとも、5月中旬頃になると、感染状況に応じて少しずつ制限を緩和していき、5月14日には一部の地域の出勤停止を解除し、[25]5月21日には感染防止策をとることを前提に10人以下の宗教行事等を認め、[26]翌21日には感染防止策を条件にすべての10人以下の集まりを認めた。[27]6月3日には新型コロナ感染による死亡者が0人になり、段階的に経済規制も解除していくことになった。[28]しかし、その後再度感染状況が悪化すると10月には再び一部地域のロックダウンを行っている。

2 他州のロックダウン

ニューヨークと並び、感染が深刻だったのが人口の多いカリフォルニア州だった。[29]カリフォルニア州はニューヨークに先駆けて、3月19日の段階でロックダウンを行った。ニューサム（Gavin Newsom）知事は、生活必需品を購入する場合などを除き、原則自宅待機する命令を出した。[30]

また、アメリカでは、主に東部諸州やカリフォルニア州が積極的にロックダウンを行ったが、それ以外の地域でも感染者数が多い州はロックダウンを行った。南部については、テキサス州、フロリダ州、アリゾナ州がその典型である。

テキサス州は、カリフォルニア州がロックダウンに踏み切った同日にロックダウンを行った。アボット（Gregory W. Abbott）知事は、10人以上の集会の禁止、飲食店等での飲食の禁止、不要不急の介護訪問の禁止、学校の一時的休校を命じた。なお、同命令は、食料品、ガソリンスタンド、銀行など生活に必要な店舗を訪ねる活動は制限しないことにも言及している。[31]

また、4月1日、フロリダ州デサンティス（Ronald D. DeSantis）知事は30日間の原則自宅待機命令を出した。[32]それによれば、必須事業に携わる者の活動と、必須事業が供給する生活必需品などを入手する活動を除き、外出して他者と接触することを禁止するというものであった。

アリゾナ州は、3月30日にロックダウンを行った。デューシー（Douglas A. Ducey Jr.）知事は、原則自宅待機命令を出し、例外として、必須事業活動、必須事業が供給する物やサービスの利用、やむをえない公共交通機関の利用などを挙げ、それらについてもソーシャルディスタンシングを図るように求めた。[33]

中西部については、ミシガン州が早くから緊急事態宣言を出し、ロックダウンに踏み切った。3月10日に最初

の感染者が出ると、ウィットマー（Gretchen E. Whitmer）知事は直ちに緊急事態宣言を出した。★34 その後、感染者が増えるにつれ、知事は休校措置や集会制限などの規制を行い、3月23日には、必須事業以外の事業に対して自宅待機命令を出し、ロックダウンを行った。★35 その後、感染状況が悪化したため、知事は4月30日までロックダウンの延長を行い、さらに5月15日まで再延長した。★37

なお、これらのロックダウンの命令自体に必ずしも罰則が規定されているとは限らず、罰則規定は各地方自治体が出す命令に盛り込まれることが多かった。

3 規制態様と憲法問題

以上の規制を踏まえると、多くの場合、自宅待機が義務づけられるのは仕事面であり、外出は他者と接触しなければ可能であることがわかる。また、必須事業活動はソーシャルディスタンシングを図れば例外的に認められ、生活必需品の購入などの購入もソーシャルディスタンシングを図れば可能とされている。なお、これらは命令であるため強制的に従わなければならないが、罰則がついているものとそうでないものとがある。

こうしてみると、強制の有無に違いはあっても、控えるべきとされる行動は日本とそれほど違いがないように思える。そのため、穏健型であるとしても多くの人が自粛要請に従っていれば、規制の効果は大差ないといえるかもしれない。

しかし、権利侵害という点ではやはり大きな違いが生じる。強制的に禁止される以上、それによって憲法上の権利に関わる一定の活動が行えなくなれば、権利侵害になることが明らかだからである。

特にアメリカでは、集会規制による集会の自由や礼拝の自由の侵害が問題になったが、集会の自由については第3部❷および❸、礼拝の自由については第3部❹で詳しく扱っているので、ここでは詳細には立ち入らず、ロックダウンが惹起する憲法問題を取り上げることにする。

ロックダウンが命令された当初こそ、多くのアメリカ人はそれに従っていたが、期間が延期されるなど終了の見通しが立たなくなると、ロックダウンに反発する者らが抗議運動を展開し始めた。

最も激しい抗議運動が起きたのが、ラストベルトのミシガン州であった。ウィットマー知事は4月13日までと

していたロックダウンの期間を延長したため、ランシングやデトロイトで数千人規模の抗議運動が起きた。[38] 抗議者らは、ロックダウンの解除を求めると同時に同知事を強く批判し、州議会の議事堂の中にまで押し寄せ、知事の誘拐計画の噂までもがささやかれた。

こうした動きは、抗議運動だけにとどまらず、訴訟にも発展した。訴訟では原告側が憲法違反を主張しているので、訴訟の分析を通じてロックダウンが惹起する憲法問題を考察することができる。

ここでは、①ロックダウンがデュープロセスを侵害するとして提起されたケース、②ロックダウンがイニシアティブや選挙への立候補に過大な負担を課[39]しており修正1条の権利を侵害するとして提起されたケース、③緊急事態宣言が州憲法を侵害しているとして提起されたケースを取り上げる。

①にはマーティンコ対ウィットマーミシガン州請求裁判所判決（マーティ[40]ンコⅠ判決）とマーティンコ対ウィットマー連邦地裁判決（マーティンコⅡ[41]判決）がある。マーティンコⅠ判決は、ミシガン州のウィットマー知事がロックダウンの期間の延長を繰り返したため、ロックダウン終了の見通しが立たないことに危機感を募らせた住民らが

訴訟を提起したものである。住民らによれば、ロックダウンが多くの人の仕事を制限し、また州境を越えた移動を制限することになったという。そこで住民らは、本来隔離は感染者を対象にして行うものであるにもかかわらず、今回の隔離（自宅待機）は感染していない者も対象に含めているので、実体的および手続的デュープロセスに反すると主張した。

ミシガン州裁判所は、原告らがロックダウンによって仕事や移動の自由の利益（liberty interest）が制限されていることを認めたうえで、公衆衛生という社会の利益によって制限されうるものであるとした。ミシガン州地裁は、感染症対策の合憲性についてのリーディングケースである1905年ジェイコブソン対マサチューセッツ連邦最高裁判決（ジェイコブソン判決）を参照[42]しながら、司法は公衆衛生上の対策に対して厳格審査を適用したり代替手段の合理性を検討したりするのではなく、当該規制が公衆衛生上の危機に実質的に関連しているかどうかを審査するものであり、換言すれば、本件における知事の命令が法に基づいていたかどうかをチェックするものであるとした。そうすると、ロックダウンは、人間相互の接触を制限することで感染症を抑

えようとするものであることから、当該措置が公衆衛生危機に対応していることは明らかであり、またロックダウンは一時的措置であって、感染症を抑えられるまでの間に限定されているので、憲法に違反するとはいえないとした。

　また、同じ住民らがロックダウンによって収入が減ったことを理由に財産権の侵害であるとして訴訟を提起したのがマーティンコⅡ判決である。原告らは、ロックダウンによって経済的損失を生ぜしめたにもかかわらず正当な補償を行っていないので、修正5条および修正14条に基づく実体的デュープロセスを侵害していると主張した。連邦地裁は、修正11条の免責条項によって原告らは当該問題を連邦裁判所に提起できず、また原告らが問題視した知事命令はすでに失効しているとし、訴えをしりぞけた。

　②に関するリーディングケースが、サワリメディアLLC対ウィットマー連邦高裁判決である。イニシアティブの提案者や選挙の立候補者は期日までに一定の署名を集めなければならないところ、ロックダウンによって署名集めのハードルが極めて高くなったため、提案者や立候補者が修正1条の権利を侵害されたとして厳格な署名要件の適

用の差止めを求める訴訟を提起したものである。州側は、署名を集めるのに必要な時間が足りなかったのは原告自身の準備不足であるとし、また署名集めの時間が短くなったのは州のせいではなくパンデミックのせいであると反論した。しかし、連邦地裁は、署名集めの時間が短くなったのは州がロックダウンを行ったからであり、それは原告の修正1条の権利に大きな負担を課しているとした。そのため、連邦地裁は本件には厳格審査が適用されるとし、州の規制は選挙過程のインテグリティのために必要であるが、期限や署名人数の要件を緩和してもそれを達成することができるとして、手段が厳密に仕立てられていないとした。そのため、期限と署名要件を厳格に本件に適用する限りにおいて違憲であるとし、原告の請求を認めた。これに対して州側は連邦高裁に控訴したが、連邦高裁は連邦地裁の違憲判断に誤りはないとして控訴を棄却した。

　③は、PLLC対ミシガン知事ミシガン州最高裁判決である。ウィットマー知事は、3月に緊急事態宣言を出し、ロックダウンを行う命令を出したり、緊急事態を延長する命令を出したりしてきたが、それらが法律の授権を逸脱しているとして訴訟が提起された。そ

のため、この事件では、緊急事態宣言の根拠となった緊急対策法（Emergency Management Act: EMA）[46] が緊急事態の延長を認めているかどうか、知事の緊急事態権限法（Emergency Powers of the Governor Act: EPGA）[47] の 10.31（1）規定が立法権の委任の限界を逸脱していないかどうかが争われた。州最高裁は、EMA は緊急事態宣言の発令を認めているものの、その延長を認めておらず、また EPGA は知事が生命や財産を守るために必要と考えた場合に合理的な命令等を出すことができるとしているが、その基準を示していないなど立法権の委任の限界を逸脱しているとして、緊急事態の延長および EPGA の 10.31（1）規定を違憲と判断した。

4 ロックダウンの憲法問題

　以上の判決を踏まえると、ロックダウンが惹起する憲法問題には、ロックダウンが直接的に制約する自由の問題、間接的に制約する自由の問題、統治に関する問題とに分かれる。直接的制約の問題は移動の自由や経済的自由などロックダウンそのものによって制約される権利の問題であり、間接的制約の問題は請願に関する活動が制約されるなどロックダウンによって当該行為が行えなくなるわけではないが、間接的に権利が制約される問題である。統治の問題は、委任立法など法の支配の構造に絡む問題を意味する。なお、本書では取り上げなかったが、ロックダウンは選挙にも影響を与えており、選挙日延期や郵便投票の是非をめぐりいくつか訴訟も提起されている。[48]

　このうち、ロックダウンそのものを問うことになるのはやはり直接的制約の問題である。ロックダウンが自由を制約することは確かであるものの、それがいかなる自由を侵害するのか、そして訴訟になったときにどのような判断をすべきなのかは必ずしも明らかではない。マーティンコ I 判決およびマーティンコ II 判決は、下級審レベルではあるものの、この問題に関するアプローチを提示したという点で今後に向けて示唆する点があるように思われる。

　ロックダウンは外出制限を伴うものなので一般的自由を制約すると想定されるが、具体的にどのような行為に関する自由を制約しているのかを考える必要がある。この点につき、マーティンコ I 判決はロックダウンが移動や仕事に関する自由の利益を制約することを認めた。移動の自由や経済的自由がどこまでの射程をもっているのかは定かではないが、一般的自由という抽象

的なものを多少なりとも具体的権利利益と絡ませたという点で重要である。

また、ロックダウンの制約態様については、本件における原告側の主張が興味深い。自宅待機という制約が憲法上の権利侵害行為としていかなる類型に属するのかにつき、原告は隔離に準じるものであると主張したからである。自宅待機はともすると事実行為のような印象があるが、隔離に準じる制限であるとすれば、権利制約を強いるものと位置づけやすくなる。

そして裁判所はこの制約の合憲性を判断するにあたり、ジェイコブソン判決を参照しながら判断した。ジェイコブソン判決はワクチンの強制接種が問題となった事件であり、権利侵害が明白であるかどうか、規制と公衆衛生上の危機に実質的関連性があるかどうかという基準を提示した。[★49] マーティンコI判決はこれを参考にしつつ、目的と手段の関連性を判断した。すなわち、人間相互の接触を制限することで感染症を抑えようとするロックダウンは公衆衛生危機に対応しており、ロックダウンは感染収束後には終了する一時的措置であるとして関連性を認めたのである。

司法は、感染対策の合憲性を判断するにあたり、内容の妥当性を判断する

のではなく、目的と手段の関連性さえあればよいという敬譲の姿勢が示されている。第3部❹で扱う信教の自由の問題場面では宗教的差別が存在する場合に厳格審査を適用していることと比べると、ここでは緩やかな基準が適用されているといえる。そのため、パンデミック時においても、権利の内容や規制態様の違いによって敬譲の程度や審査基準の厳緩に違いが生じることがわかる。

また、マーティンコII判決は実体的判断こそ行わなかったものの、自宅待機によって生じた経済的損失について、それを補償しなければ財産権の侵害になると原告側が主張した点が興味深い。一般に、補償が必要になる財産権侵害は営業や仕事において被った損失を含まないものと理解されているが、業種によっては在宅勤務義務を課せられることによってまったく営業ができなくなる可能性もあり、そうした大きな損失は財産権に類似のものと擬制されるのではないかというアプローチを提示するものといえる。もちろん、こうした主張を行ったところで肯定されるかどうかは定かではないが、少なくとも自粛ではなく強制的に外出規制が行われている場合にはこうした論点も検討事由になると思われる。

おわりに

　本章では、アメリカのロックダウンの状況についてニューヨーク州を中心に概観し、ミシガン州の訴訟を素材にしながらロックダウンが引き起こす憲法問題を考察した。自宅待機が命ぜられるとはいっても、生活に必要な外出や、多人数でさえなければ散歩や運動も認められている。そのため、自宅待機命令が特に制約するのは移動の自由や経済的自由であり、また請願などを間接的に制約する問題や委任立法などの統治の問題もはらんでいるといえる。

　この点、日本は自粛という穏健な手段を採用したこともあり、ロックダウンの憲法問題はアメリカほど意識されていない。実は、強制か否かという点を除けば、両者の規制内容は類似している。すなわち、アメリカではロックダウンによって必須事業を除き在宅勤務が義務づけられ、一定の人数以上が集まることが禁止されたが、日本でも不要不急の外出自粛やテレワークが推奨された。日本では自粛に応じる割合が高かったため、状況としては強制措置に踏み切ったアメリカと大差なかったといえる。

　だが、強制と自粛では権利侵害の状況が異なってくる。アメリカのように強制的に規制すれば、権利制約の度合いは強く、規制が行き過ぎていないかどうかが憲法問題として捉えられることになる。一方、日本のように自粛ベースの政策を実施した場合にはたとえ憲法上の権利侵害を引き起こす事態が生じたとしても、それは事実行為にとどまることから司法が救済する可能性が低い。つまり、権利制約の程度が強くなるが司法的救済が可能になるアメリカ型と、権利制約の程度は弱いが司法的救済が困難な日本型があり、いずれの場合においても権利侵害が生じるおそれがあることを認識しなければならない。

　日本でも、地方自治体からは自粛要請に従わない事業者等に対し、罰則を科して強制型に移行すべきとの条例案が出ており[★50]、そのような方向に舵を切るべきかどうかについては憲法問題を含めて検討する必要がある[★51]。もし、そうした方向にシフトするのであれば、アメリカと同様の憲法問題が起きうることから、本章で紹介してきたアメリカの訴訟などが一つの参考になる可能性がある。法改正を検討する際には、アメリカのような強制型と日本のような穏健型のそれぞれの政策的なメリット・デメリットのほかに、それぞれがはらむ憲法問題という観点からもコス

トベネフィットを議論する必要があろう。

〔大林啓吾〕

★
1. *Coronavirus Live Updates: U.S. Has More Cases Than Any Other Country*, N.Y. TIMES ON THE WEB. Mar. 27, 2020. https://advance.lexis.com/document/?pdmfid=1000516&crid=495f0d70-9b71-491f-b7f8-338095ec113b&pddocfullpath=%2Fshared%2Fdocument%2Fnews%2Furn%3AcontentItem%3A5YHM-2CD1-JBG3-6296-00000-00&pdcontentcomponentid=6742&pdteaserkey=sr2&pditab=allpods&ecomp=dbh4k&earg=sr2&prid=96654f27-af06-4a80-863a-67ee130510df (last visited Nov. 30, 2020).
2. 各州のロックダウン状況はニューヨークタイムズのウェブサイトで確認できる。*See Coronavirus Restrictions and Mask Mandates for All 50 States*, N.Y. TIMES, https://www.nytimes.com/interactive/2020/us/states-reopen-map-coronavirus.html?smid=tw-share (last visited Nov. 30, 2020).
3. 「米の死者数、世界最多に、イタリア抜く」日本経済新聞2020年4月12日朝刊3面。
4. 一般に、保守的である共和党は新型コロナウイルス対策よりも自由や経済を重視し、リベラルである民主党は自由や経済よりも新型コロナウイルス対策を重視する傾向にある。
5. 「感染警戒強める米　ＮＹ、自主隔離を要請　新型コロナ」朝日新聞2020年3月6日夕刊1面。
6. N.Y. Exec. Order No. 202.
7. Section 28 of Article 2-B of the Executive Law.
8. N.Y. Exec. Order No. 202.
9. N.Y. Exec. Order No. 202.1.
10. N.Y. Exec. Order No. 202.2.
11. N.Y. Exec. Order No. 202.3.
12. N.Y. Exec. Order No. 202.4.
13. N.Y. Exec. Order No. 202.5.
14. N.Y. Exec. Order No. 202.6.
15. N.Y. Exec. Order No. 202.7.
16. 「ＮＹ州、在宅勤務を命令　米、メキシコ国境往来制限へ　新型コロナ」朝日新聞2020年3月22日朝刊7面。
17. N.Y. Exec. Order No. 202.8.
18. essential businessは基本的に住民が日常生活を営むうえで欠かせない事業を意味するが、その範囲はかなり広く、ニューヨーク州のガイダンスによれば、医療、介護、水道等公共事業、食物製造、食品販売、通信業、薬局、ガソリンスタンド、ごみ収集、葬儀、公共工事、安全保障等従事者、清掃事業などの事業が含まれている。NEW YORK STATE, *Guidance for Determining Whether a Business Enterprise is Subject to a Workforce Reduction Under Recent Executive Orders*, https://esd.ny.gov/guidance-executive-order-2026 (last visited 30 Oct. 2020).
19. New York Public Health Law § 12-1(a).
20. New York Public Health Law § 12-1(b) and (c).
21. N.Y. Exec. Order No. 202.10.
22. N.Y. Exec. Order No. 202.16.
23. 「『ロックダウン』海外の暮らしは　米英仏『封鎖』なき街　新型コロナ」朝日新聞2020年4月9日朝刊9面。
24. 「米欧、『都市封鎖』でも効果まで時間」日経速報ニュースアーカイブ2020年4月6日。
25. N.Y. Exec. Order No. 202.31.
26. N.Y. Exec. Order No. 202.32.
27. N.Y. Exec. Order No. 202.33.

28. 「ＮＹ市、コロナ死者ゼロ、3カ月ぶり、デモ拡大、再び増加も」日本経済新聞2020年6月6日夕刊3面。

29. 「米加州感染、ＮＹ超えへ、州別で最多に、都市封鎖も視野」日本経済新聞2020年7月22日夕刊1面。

30. Exec. Order N-33-20 (Calif.).

31. Exec. Order GA-08 (Tex.).

32. 2020-91 Executive Order re: Essential Services and Activities During COVID-19 Emergency (Fla.).

33. Stay Home, Stay Healthy, Stay Connected Executive Order: 2020-18 (Ariz.).

34. Exec. Order No. 2020-04. (Mich.).

35. Exec. Order No. 2020-21. (Mich.).

36. Exec. Order No. 2020-42 (Mich.).

37. Exec. Order No. 2020-59 (Mich.).

38. *The Lockdown Protests Begin*, WALL ST. J., Apr. 17, 2020, A14.

39. 住民が立法を提案し、投票にかける住民発案のことである。

40. Martinko v. Whitmer, Case No. 20-00062-MM (2020).

41. Martinko v. Whitmer, 2020 U.S. Dist. LEXIS 98816 (E.D. Mich. 2020).

42. Jacobson v. Massachusetts, 197 U.S. 11 (1905).

43. SawariMedia LLC v. Whitmer, 963 F.3d 595 (6th Cir. 2020).

44. SawariMedia LLC v. Whitmer, 2020 U.S. Dist. LEXIS 102237 (E.D. Mich. June 11, 2020).

45. Midwest Inst. of Health, PLLC v. Governor of Mich., 2020 Mich. LEXIS 1758 (2020).

46. Emergency Management Act of 1976, MCL 30.401 et seq.

47. Emergency Powers of the Governor Act of 1945, MCL 10.31 et seq.

48. 選挙の問題については、たとえば大林啓吾「緊急時の選挙延期と司法審査―新型コロナウイルス蔓延におけるアメリカ

の事例」判例時報2447号（2020年）117頁を参照。

49. ジェイコブソン判決については、大林啓吾『憲法とリスク―行政国家における憲法秩序』（弘文堂・2015年）268〜271頁を参照。

50. 東京都や大阪府などいくつかの条例改正案が上がっている。これについては、「感染対策義務化、大阪府が条例を検討　クラスター発生の店　新型コロナ」朝日新聞2020年7月21日朝刊27面、「コロナ患者外出で感染　罰則付き条例　物議醸す　都議会与党、提案の動き」産経新聞2020年10月28日東京朝刊25面など。

51. なお、条例によって強制措置を設ける場合は憲法との関係に加え、法律との関係も問題になる。

2020年3月、火葬場の処理能力を超えた遺体の運搬を軍が
支援する光景は、深刻な被害を象徴するものとなった
（ZUMA Press／アフロ）

❷ イタリア
──政府の「法律」による権利制限

はじめに

イタリアでは、新型コロナウイルスの総感染者約210万人、死者約7.4万人と大きな被害が出ている。こうした状況に対して、政府の対策は、主として「緊急法律命令」と、それを実施するための首相令等により行われた。[★1]緊急法律命令とは、憲法77条に基づいて、緊急性および必要性の要件を満たした非常の場合に政府が制定する、法律と同等の効力を有する命令である。当該命令は、迅速な政策の実現を可能とするものであるが、公布後60日以内に国会の定める法律により承認されなければ遡って失効する。こうした緊急法律命令の特徴を踏まえ、新型コロナウイルス感染症への対応において、まず緊急法律命令により法律レベルで対策を定め、それに基づいて対策を実施するための首相令等が多数制定された。なお、緊急法律命令により定められた内容は、市民の権利等の制限にとどまらず、経済・社会に対する支援、医療体制の強化まで広範にわたっている。[★2]次に、実際にどのような制限が加えられたかについて、時期を区分しながらみてみよう。

1 対策の内容

(1) 2020年3月における対策：緊急法律命令第6号等

　イタリア北部における新型コロナウイルス感染症の拡大を踏まえ、政府は、2020年2月23日緊急法律命令第6号[★3]（以下「6号命令」という）を制定した[★4]。同命令は、感染源が不明な感染者が1名でも出たコムーネ（基礎的自治体）もしくは地域、または、当該ウイルスの感染がすでに認められた地域から来た者に関連づけられない発症例が出たコムーネもしくは地域（以下「対象コムーネ等」という）において、権限を有する当局が、感染の状況に比例したあらゆる適切な措置をとらなければならないと定めた。そして、とることができる措置を例示的に列挙した。

　当該措置は、a）対象コムーネ等からの人の移動禁止、b）対象コムーネ等への立入禁止、c）イベントその他の集会の中止（当該集会は、開催されるのが公的な場所であるか私的な場所であるかを問わず、その性格も文化、娯楽、スポーツおよび宗教に関するものまで含む）、d）遠隔教育を除き、幼稚園から大学までの教育活動の中止、e）文化的な施設および場所（博物館、図書館、文書館、考古学的遺跡等）の公開中止、f）学校が企画する教育のための国内外の旅行の中止、g）職員採用のための選考手続の中止、h）濃厚接触者に対する積極的な監視を伴う隔離措置の適用、i）世界保健機関（WHO）により指定された疫学上の危険のある地帯からイタリアに入国した者に対して、所轄の保健公社（保健サービスを提供する独立機関）の予防部門にその事情を届け出ることの義務づけ。届出を受けた公社は、積極的な監視を伴う自宅待機を命じる権限を有する保健当局に通知することとする、j）生活必需品を取得するための売買を除く、すべての商業活動の中止、k）公的機関並びに公益活動および必要不可欠な公共サービスを行う機関の活動の中止または制限、l）必要不可欠な公共サービスの利用および生活必需品を取得するための売買について、保護用具（マスク等）の使用または当局の定める予防措置の採用を条件とすること、m）全国レベルの陸上、航空および水上の輸送サービスの利用制限または中止（一部の例外を除き、地方レベルの公共輸送についても同様とする）、n）企業における就労の中止（ただし、必要不可欠なサービスおよび公益性のあるサービスを提供する企業並びに家内で就労可能な企業を除く）、o）一部の例外を除き、対象コムーネ等の内部

での就労、対象コムーネ等の住民による当該コムーネ等の外部での就労の中止または制限の15項目である。

さらに、権限を有する当局は、感染拡大を予防するために以上の想定以外の措置をとることも認められており、包括的な委任が行われていた。措置は、首相令等[★5]によって実施され、措置に違反した場合の罰則は、3か月以下の拘役または206ユーロ（約2万5000円）以下の罰金とされた。

以上の規定に基づいて、3月には6件の首相令が制定されている。2020年3月4日の首相令[★6]は、全国に適用される措置として、①医療従事者等の参加する集会の中止、②1mの対人距離を確保できないイベント等の中止、③スポーツイベントおよび試合の制限、④救急医療の待合室に患者の同伴者がとどまることの原則禁止等を定めた。続く同月8日の首相令[★7]は、感染地域（イタリア北部の一部）を対象として、①感染地域への出入のほか、労働上の必要性、必要がある状況、健康上の理由に基づく移動を除く、当該地域内でのあらゆる人の移動の禁止、②呼吸器感染症および発熱の症状がある者に対して、主治医への連絡とともに、その住居にとどまり、社会的接触を最大限避けるよう強く推奨すること[★8]、③隔離措

置の対象者またはウイルス検査の陽性者がその住居から離れることの絶対的な禁止、④1mの対人距離を確保できないレストランおよびバール（喫茶店）の営業中止等、注目すべき措置を定めた。さらに、同月9日の首相令[★9]は、前日の首相令で感染地域のみに適用されると定められた制限措置も全国に拡大することとした。

(2) 2020年4月における対策：緊急法律命令第19号等

2020年3月25日緊急法律命令第19号[★10]（以下「19号命令」という）も、首相令等によりとることのできる措置を列挙する点は6号命令と同様であるが、対象地域を全国に拡大可能なことを明示するとともに、より詳細な規定を行った。また、制限内容もより厳格なものとなっている。

当該措置の概略[★12]は、a）時間と距離を限ったものか、労働上の必要性、必要または緊急な状況、健康上の理由その他具体的な理由に基づく個人的な移動を除いて、自身の住居から離れることの制限を含む、人の移動の制限、b）公園等の公衆に対する閉鎖、c）コムーネ、県または州の領域および国の領土への出入の制限または禁止、d）濃厚接触者または帰国者に対する予防的隔離措置の適用、e）ウイルス陽性のた

め保健当局により隔離措置の対象となった者が、その住居を離れることの絶対的な禁止、f）公的な場所または公衆に開かれた場所★13における集会または密集の制限または禁止、g）公的または私的な場所におけるイベント等の制限または中止、h）民事上および宗教上の儀式（結婚式等）の中止、信仰を目的とした場所への入場の制限、i）映画館、劇場、ディスコをはじめとした文化施設、社会施設、娯楽施設等の閉鎖、l）遠隔開催が可能な場合を除く会議等の中止、m）スポーツ施設の一時閉鎖および当該施設におけるトレーニング方法の規制を含む、公的または私的な場所におけるスポーツイベントおよび試合の制限または中止、n）屋外または公衆に開かれた場所における娯楽およびスポーツ等の制限または中止、o）人および物の輸送サービスの制限、削減、中止または廃止を、国および州の権限を有する当局に命じるかまたは委任すること、p）遠隔実施が可能な場合を除いて、幼児向け教育サービスの中止、すべての学校の教育活動の中止、高等教育機関および職業教育機関等による教育活動の中止、q）教育機関により計画された旅行、交換事業等の中止、r）博物館等の文化的な施設および場所へのアクセス等の制限または中止、s）時間や場所に制約されない柔軟な働き方の実施により、必要不可欠なサービスの提供を損なうことなく、行政機関職員の物理的な出勤を制限すること、t）候補者の評価が書類審査または遠隔審査のみで可能な場合を除く、職員採用のための選考手続の制限または中止、u）密集を避けるのに適した方法で行われる農産品、食品および生活必需品の入手に必要な活動を除く、小売活動の制限または中止、v）公衆への飲食物の提供の制限または中止、バールおよびレストランを含む所定の場所における飲食の制限または中止、z）事前に感染防止策を講じた公的に必要なサービスを除く、企業または専門職等によるその他の活動の制限または中止、aa）農産品、食品および生活必需品の入手に必要なものを除く、見本市および市場の開催の制限、bb）救急医療の待合室への患者の同伴者の立入りについての禁止または制限、cc）介護施設等並びに刑務所および未成年者刑務所への親族および訪問者の立入りの制限、dd）疫学上の危険があると指定された地帯に滞在した者等について国民保健サービス（全国民を対象とした公的医療サービス）に届け出る義務、ee）疫学上の危険に関する情報および予防に関する措置の

実施、ff）現行規定の例外も含む、柔軟な働き方の整備、gg）人が密集することを避けるために適切な措置を管理者等が講じたうえで容認された活動が行われること、所定の対人距離を確保できない公的に必要なサービスについては保護用具（マスク等）を用いた感染防止策を講じること、hh）個別に定められた当局に委ねられた事例ごとに確認を行い、上述した経済活動の制限の例外を必要に応じ設けることの[★14]29項目となっている。

罰則として支払う金額も400〜3000ユーロ（約5万〜36万円）に引き上げられ、商業活動および企業活動の制限等の違反には、5〜30日間の活動停止が付加されることとなった。再犯については、過料を倍額とし、活動停止期間は最長のものが適用される。

19号命令制定後しばらく、厳しい制限内容の首相令が続いたが、2020年4月26日の首相令は、感染者数の[★15]減少を踏まえ、生産活動および商業活動の一部再開とともに、密集を避け、1mの対人距離を確保し、マスクを使用することを条件に、親族と会うための州内移動を認めた。また、①密集を避け、当該距離の確保を条件とした公園等への立ち入り、②所定の対人距離を確保した、各個人によるかまたは未成

年者もしくは自立できない者については付添いを伴ったスポーツ等の実施、③マスク使用等を条件とし、参加者を親族に限定したうえで15人を上限とする葬儀の承認などの緩和を行った。

(3) 2020年5月以降における対策：緊急法律命令第33号、第158号等

新規感染者数は3月下旬をピークとして一旦減少に転じ、感染者総数も4月末以降は明確に減少し始めた。そのため、制限を一部緩和し、人の活動と感染抑止の両立が図られることになった。2020年5月16日緊急法律命令第33号[★16]（以下「33号命令」という）は、5月18日以降、州内移動についての制限措置を原則として廃止し、6月3日以降、州間移動についての制限措置も大きく見直すこととした。33号命令は、19号命令による州内移動の制限措置について、感染状況の特に悪化した特定の地域にのみ適用または延長することができると定めており、州間移動に関しても、実際に存在する感染の危険に対する最適性と比例性の原則に基づき、特定の地域に適用するものと定めた。また、33号命令は、①教育活動や、感染状況を踏まえたうえで、公的な場所または公衆に開かれた場所におけるイベントおよび会議等が、首相令等で定める方式に基づいて可能と

するとともに、②州の定める感染リスクの予防・低減のためのガイドライン等を遵守したうえでの経済、生産および社会活動の再開を認めた。他方、③ウイルス陽性のため保健当局により隔離措置の対象となった者が、その住居を離れることの禁止、④公的な場所および公衆に開かれた場所における人の密集の禁止といった措置は継続させており、これらの措置については首相令等の制定は必須でない。

2020年5月から12月にかけては、10件の首相令が制定されている。その中で、2020年8月7日の首相令[17]は、原則として1mの対人距離を確保することを義務づけ、公共交通機関を含む公衆のアクセスできる閉鎖空間、または当該距離を継続的に確保できない場合には、マスク使用を義務づけた。同年8月後半から感染の再拡大が始まり、10月以降に制定された首相令は状況を反映して措置の厳格化を進めている。[18]2020年11月3日の首相令は、全国を感染リスクの程度によって3段階に区分し、最もリスクの高い州には、労働上の必要性等に基づくものを除く州内移動の禁止、食品および生活必需品の販売を除く小売活動の中止、宅配等を除く飲食業の営業中止などの制限措置を定めた。

さらに、2020年12月2日緊急法律命令第158号[20]は、19号命令に定める措置の適用期間を30日間から50日間に改めるとともに、2020年12月21日から2021年1月6日までの州間移動、並びに、2020年12月25日、26日および2021年1月1日のコムーネ間移動を禁止する等の措置を定めた。ただし、労働上の必要性等に基づく移動は除く。

2 対策の評価

(1) 人権保障との関係

以上みてきたように、新型コロナウイルス感染症対策の結果、緊急法律命令と首相令等に基づき、憲法で定められた権利および自由が制限されるに至った。このような制限は、憲法による人権保障との関係で問題はないのだろうか。以下、制約を受ける代表的な自由である「移動の自由」を題材にして、より詳しく検討してみたい。

まず憲法の規定を確認すると、「全ての市民は、衛生上又は治安上の理由により、法律が一般的に定める制限の場合を除き、国の領土のいかなる部分でも自由に移動し、滞在することができる」（16条）[21]との規定がある。ここから、新型コロナウイルス感染症対策として権利制限を行うような場合、衛

生上の理由によることと、法律で一般的に制限を定めることという二つの要件が浮かび上がってくる。まず、上述した措置が、感染の拡大を制限するためという「衛生上の目的」で定められたことは確かであろう。また、緊急法律命令が法律と同等の効力を有することから、法的枠組としては後者の要件も満たしているようにみえる。しかし、実際に制定された緊急法律命令の内容を確認すると、大きな問題を孕んでいたことがうかがえる。

　問題となるのは、6号命令が、権限を有する当局に対して事実上の白紙委任を行っていた点である。そして実際に、条文上は対象コムーネ等からの移動禁止と、対象コムーネ等への立入禁止のみを規定した6号命令に対して、首相令等の行政立法により、移動の自由の制限がより強化されることとなった。2020年3月8日の首相令は、感染地域への出入に加えて、労働上の必要性等の理由に基づく移動を除いて、当該地域内でのあらゆる人の移動を避けるものと定めた。また、2020年3月20日の保健省令[22]は、公園等への立入禁止、屋外での娯楽およびレクリエーションの禁止に加え、週末等に通常生活している住居以外の住居へ移動することを禁止した。

　こうした状況は、行政当局が、適用期間、適用地域とともに、どのような措置をとるかについて幅広い裁量をもつことになり、国会のいかなる統制も受けないために、憲法で定められた法律の留保による自由の保障を毀損するものとして、大きな批判を呼ぶこととなった[23]。そのため、19号命令は、6号命令の大部分を廃止するとともに、改めてとることのできる措置をより明瞭な形で定めた。上述した行政立法の規定との関連でいえば、特定の理由に基づく個人的な移動を除く人の移動の制限、公園等の公衆に対する閉鎖、屋外または公衆に開かれた場所における娯楽等の制限または中止を規定したことが挙げられる。また、措置の適用期間について、原則としてあらかじめ定められた30日を超えない期間とし、適用地域についても、全国に措置を拡大可能な旨を明示した。さらに、19号命令は、実際に存在する危険に対する最適性と比例性の原則に基づいて措置を選択するものと定めた。そのため、措置は、求められる目的に比例したもので、当該目的を達成するのに適切なものの中から最も負担の少ないものにしなければならない[24]。以上の規定は、感染抑止策の必要性を踏まえつつ、6号命令に比べてより厳格に行政立法を

統制するものと考えられる。

(2) 国と地方との調整

　従来、州知事およびコムーネの首長は、1978年12月23日法律第833号32条等に基づき、公衆衛生および保健並びに獣疫規制に関して、緊急命令を発することができる。緊急命令は、緊急の場合に定められる行政立法であるが、現行法の規定を適用除外することもできる。これに対して、6号命令は、緊急性および必要性の要件を満たした場合、首相令が制定されるまでという条件を付して、州等が感染抑止のため当該命令を制定できると定めた。[26] さらに、19号命令は、州等が追加的な制限措置を行うために、①効力は首相令制定までに限定されること、②当該州等において衛生上の危険が増大していると確認されていること、③生産活動および国の経済にとって戦略的に重要な活動に影響を与えないことといった新たな条件を加えた。[27] こうした規定は、措置の間で齟齬が生じるのを避け、国による統一的な措置の実施を優先させたものと評することができる。

おわりに

　イタリアでは、憲法で示された内容に従って、基本的な権利・自由の一部については法律により制限することが認められている。そこで問われるのは、諸権利の制限と保障をどのように均衡させるかである。新型コロナウイルス感染症対策においても、このあらかじめ準備された憲法上の枠組に沿って、健康の保護という目的のため、強制力を伴う移動の自由等の制限が試みられた。とはいえ、実際の対策において、中心的な役割を果たしたのは政府である。政府は、一方で、法律と同等の効力をもつ緊急法律命令を制定することにより方針を決定し、他方で、緊急法律命令の実施を行政立法にいわば白紙委任することにより幅広い裁量の余地をみせた。[28] こうした政府の権限の拡張、とりわけ、行政立法の拡張的な運用は、憲法上の疑義を招き厳しい批判を受けたことから、見直しを余儀なくされた。あわせて、法律制定の場面にとどまらない国会の関与を活性化させることも課題となっている。[29] 以上のような権利制限に際しての形式的および実質的要件をめぐる議論は、わが国にとっても参照に値しよう。

　また、新型コロナウイルスのような感染症対策において、国と地方との間でどのように役割・権限を分担するかはわが国においても議論されたところである。イタリアでは、州等の権限の強さから、国による統一的な措置の実

施を強める方向で見直しが行われた。日伊両国の比較には、その基盤となっている地方自治制度の差異を意識する必要があるものの、国と地方の調整の実例としてわが国にも示唆を与えるものと思われる。

〔芦田　淳〕

[追記] 脱稿後、対策のほか感染状況や医療体制にまで目配りされた文献として、小谷眞男「Covid-19とイタリア―『医療崩壊』から『第二波』まで―」宇佐見耕一ほか編『世界の社会福祉年鑑2020』（旬報社・2020年）に接した。また、校正中、2021年1月5日緊急法律命令第1号および同月14日緊急法律命令第2号により、改めて2月15日まで、労働上の必要性等に基づくものを除く州間移動の禁止などの措置がとられた。なお、本章の意見にわたる部分は、筆者の私見である。

★
1. 首相府に置かれた災害防護庁長官の制定する命令等については、本書第2部❷を参照。
2. 代表的な事例として、2020年3月17日緊急法律命令第18号および同年5月19日緊急法律命令第34号がある。それぞれの概要に関しては、芦田淳「【イタリア】新型コロナウイルス感染症対策―家庭・

労働者・企業に対する支援」外国の立法No.284-1（2020年）16〜17頁；同「【イタリア】新型コロナウイルス感染症対策―経済復活のための措置」同No.285-1（2020年）10〜11頁を参照。
3. Decreto-Legge 23 febbraio 2020, n. 6 (convertito con modificazioni dalla L. 5 marzo 2020, n. 13).
4. 6号命令制定までの経緯に関しては、高橋利安「期間限定と比例性の原則―イタリアからの報告」法と民主主義549号（2020年）26〜27頁を参照。
5. 緊急性および必要性の要件を満たした場合には、首相令が制定されるまで、保健大臣、州知事およびコムーネの首長は、措置を実施するための緊急命令（**2(2)**参照）を制定することができた。
6. Decreto del Presidente del Consiglio dei ministri 4 marzo 2020.
7. Decreto del Presidente del Consiglio dei ministri 8 marzo 2020.
8. なお、後述する2020年4月26日の首相令は、この「推奨」を「義務」に改めた。
9. Decreto del Presidente del Consiglio dei ministri 9 marzo 2020.
10. Decreto-Legge 25 marzo 2020, n. 19 (convertito con modificazioni dalla L. 22 maggio 2020, n. 35).
11. 19号命令も、6号命令と同様の条件で保健大臣が緊急命令を制定することを認め、州等に対しても、一定の条件（**2(2)**参照）を加えたうえで、追加的な制限措置実施のための命令制定を認めた。
12. 紙幅の関係上、規定の内容は可能な限り簡略化した。
13. 公的な場所とは、広場や公園のように、特別な手続を経ずに誰でも自由にアクセスできる場所を指す。これに対して、公衆に開かれた場所とは、映画館や劇場のように、私的な場所であるが、不特定の者がアクセス等できる場所を指す。Federico del Giudice (a cura di), *Costituzione esplicata*, 16 ed., Napoli: Edizioni Giuridiche Simone,

2017, p.53.

14. 2020年10月7日緊急法律命令第125号は、常にマスクを携帯する義務を措置の一つとして追加した。

15. Decreto del Presidente del Consiglio dei ministri 26 aprile 2020.

16. Decreto-Legge 16 maggio 2020, n. 33 (convertito con modificazioni dalla L. 14 luglio 2020, n. 74).

17. Decreto del Presidente del Consiglio dei ministri 7 agosto 2020.

18. こうした措置に対して、その影響の程度に応じて業種ごとに助成を行う緊急法律命令も定められている（Decreto-Legge 28 ottobre 2020, n. 137 (convertito con modificazioni dalla L.18 dicembre 2020, n. 176)）。

19. Decreto del Presidente del Consiglio dei ministri 3 novembre 2020.

20. Decreto-Legge 2 dicembre 2020, n. 158.

21. これに対して、健康は個人の基本的権利および社会全体の利益として保護されると憲法は規定している（32条）。また、たとえば、集会の自由についても、証明された治安上または公衆の安全上の理由により制限が可能とされる（17条）。

22. Ordinanza del Ministero della Salute 20 marzo 2020.

23. Giacomo Canale, "Gli effetti dell'emergenza sanitaria sul sistema delle fonti," Bruno Brancati, Antonello Lo Calzo, Roberto Romboli (a cura di), *Coronavirus e Costituzione*, Pisa: Pisa University Press, 2020, p.62.

24. Giulia Battaglia e Bruno Brancati, "L'impatto della pandemia sui diritti costituzionali," *ibid.*, p.126.

25. Legge 23 dicembre 1978, n. 833.

20. この規定に基づき制定された命令を、事後的に統制した事例もみられる。たとえば、2月25日、イタリア中部マルケ州では、州知事により、2月26日から3月4日まで学校の教育活動の中止等を内容とする命令が制定された。しかし、首相府は、同州では感染者が出ておらず、制定の前提を欠くとして異議申立てを行った。そして、マルケ州行政裁判所は、2月27日、当該申立てを認めて、命令の差止めを命じた（Decreto TAR Marche 27 febbraio 2020, n. 56）。

27. この規定を踏まえ、国より制限を緩和した州知事の命令が取り消された事例がある（Sentenza TAR Calabria, Catanzaro 9 maggio 2020, n. 841）。その概要に関しては、芦田淳「コロナ対策をめぐる国と地方の関係─国による措置の統一・強化？」ジュリスト1555号（2021年）90頁を参照。

28. なお、行政立法への委任自体は、経済・社会に対する支援のための緊急法律命令（注2参照）等においても顕著である。また、緊急法律命令とそれによる委任の多用という問題は、新型コロナウイルス感染症対策に限らず、以前からイタリアの立法全体に関わるものである。

29. すでに、19号命令を承認するための法律（2020年5月22日法律第35号）は、国会の方針に配慮するために、首相が、国会に対して首相令の内容を事前に説明するものとし、措置の性格上それが困難な場合であっても、事後的に国会に報告するという規定を設けている。

30. イタリアでは、わが国に比して州等に幅広い権限が配分されている反面、統一性の担保のため、国の一定の介入が可能である。

第1部
コロナ対策の
比較憲法的分析

マスクをするソウルの人々
（AP／アフロ）

❸ 韓国
—— 五つのソーシャルディスタンス

はじめに

　韓国では2020年1月20日に最初の新型コロナウイルス感染者が発生した。前日に中国の武漢からの入国者に発熱などの症状があったため検査を行ったところ、感染が確認された。[*1] 2月中旬には宗教礼拝を通じてクラスター感染が生じ、大邱および慶尚北道を中心に感染者が急増した。その後、積極的にPCR検査を行うなどの迅速な対応により、一時は1日当たりの新規感染者を1桁に抑えることができたが、5月にはソウルのナイトクラブでクラスター感染が生じ、また8月にもソウルの宗教礼拝でクラスター感染が生じるなど、完全な撲滅には至っていない。

　韓国の迅速なコロナ対策は日本でも大きく報道されたが、韓国ではいわば「都市封鎖」などの強い制約まではこれまでのところ行っていない。[*2] 本章では、新型コロナウイルス発生以降、韓国ではどのような規制が行われてきたかをみていきたい。なお、今回の新型コロナウイルスへの対応は目まぐるしく変化しているため、本書の刊行後も新たな変化が起きているであろうことをあらかじめご了承いただきたい。

1 韓国における緊急財政経済命令

大韓民国憲法では37条2項において、「国民のすべての自由及び権利は、国家の安全保障、秩序維持又は公共の福利のために必要な場合に限り、法律でこれを制限することができ、制限する場合にも、自由及び権利の本質的な内容を侵されない。」と規定している。ここでは、国家の安全保障や秩序維持のためにも権利を制限できるかのような点が大きな特徴となっている。

また、韓国憲法は76条1項で、「大統領は、内憂、外患、天災、地変又は重大な財政及び経済上の危機に際し、国家の安全保障又は公共の安寧秩序を維持するために緊急の措置が必要となり、国会の集会を待つ余裕がないときに限り、最小限に必要な財政及び経済上の処分を行い、又はこれに関して法律の効力を有する命令を発することができる。」としており、緊急財政経済命令を発令する権限を大統領に認めている。だが緊急財政経済命令は、民主化以降では1993年8月の金泳三政権時代に、金融実名制を導入するときの1回限りとなっている。

2020年の2月に、大邱広域市を中心にクラスター感染が発生したため、権泳臻大邱市長が政府に対して「緊急命令」を発動してでも救助してほしいと要請したことがあるが、政府はこれまでのところ発令せず、慎重な姿勢をとっている（ただし、大邱と慶尚北道の一部の地域は3月15日に、災難及び安全管理基本法60条に基づき「特別災難地域」とされ、財政や医療などの支援の対象とされている）[4]。[3]

2 韓国における「コロナ三法」

韓国の国会は、2020年2月26日に「感染病の予防及び管理に関する法律」（以下「感染病予防法」とする）、「検疫法」、「医療法」の改正案を通過させ（いわゆる「コロナ三法」）、改正法はそれぞれ2020年3月4日に公布された。

感染病予防法では、第1級感染病や保健福祉部長官が告示した感染病に罹患した者は入院治療を受けなければならないとしており（41条1項）、感染者が拒否した場合、1年以下の懲役または1000万ウォン以下の罰金が科されることになった（79条の3第1号）。

また感染病予防法では、49条1項において、「保健福祉部長官、市・道知事又は市長・郡守・区庁長は、感染病を予防するために次の各号に該当するすべての措置を行い、又はそれに必要な一部の措置をしなければならな

い。」と規定しており、必要な場合は行政命令を出すことが認められている。たとえば、交通の遮断（1号）、集会等の制限または禁止（2号）、感染病の疑いがある者の隔離（14号）といったことが挙げられている。こうした規定に基づき、韓国では、新型コロナウイルスの感染状況に合わせて、段階別での社会的距離（ソーシャルディスタンス）を確保するよう決定し、段階別に様々な規制を加えることができる。

検疫法では、感染病の発生状況や予防についての情報を知る権利と、国や地方自治体の施策に協力しなければならない義務が明文で追加され（3条の2第1号・3号）、また空港や港湾、鉄道の駅や国境に国立検疫所が設置されることとなった（29条の7）。医療法では、医療関連感染を防ぐための監視システムの構築（47条4項）といったことが規定された。

3 韓国の防疫体制

韓国では、感染病予防法34条1項において、保健福祉部長官は、感染病の拡散および流入への危機管理対策を樹立・施行しなければならないとしており、2項で危機管理対策として様々な事項を挙げている。その中でも2号では「災難及び危機状況の判断、危機

警報決定及び管理体系」としており、これに基づいて危機警報を発している。

韓国では感染病による災難の類型を、第1に海外の新型感染病が国内でみられた場合、第2に国内で原因不明の感染病が発生した場合、第3に危機評価会議で必要とされた場合という三つに分類し、危機警報を「関心」、「注意」、「警戒」、「深刻」で構成している。[★5]

まず「関心」の段階では、感染病の流入を防ぐため、防疫体制をチェックする。[★6] 韓国では2020年1月8日に、新型コロナウイルスのような症状をもった者が現れたことで、「関心」警報が出された。[★7]

国内に感染者が生じると「注意」警報が発令され、感染者の隔離や出入国者に対する追跡管理等が行われる。[★8] 1月20日に韓国初の感染者が生じたため、感染病危機警報のレベルを、「注意」に引き上げ、防疫を強化すべく「中央防疫対策本部」を稼働させた。[★9]

国内の感染者が広がると「警戒」が発令される。[★10] 韓国では2020年1月27日に4人目の感染者が生じたことで、危機警報が「警戒」へと引き上げられ、さらに「新型コロナウイルス感染症中央事故収拾本部」が設置された。[★11]

新型感染病が全国的に拡散されると「深刻」が発令される。[★12] 韓国では2020

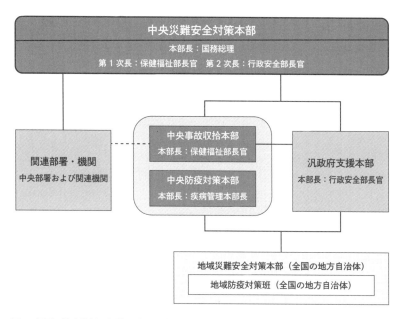

図1　韓国の防疫体制の組織図（2020年2月25日の時点）出典：大韓民国保健福祉部ウェブサイト http://ncov.mohw.go.kr/baroView2.do?brdId=4&brdGubun=42 を和訳（2020.7.27 アクセス）

年2月中旬に大邱の宗教施設で大規模な感染がみられ、その後感染者数が全国的に急増したことから、2月23日には「深刻」へと引き上げられた。このステージでは医療法59条に基づき、保健福祉部長官または市・道知事の指導・命令を通じて、医療人や疫学調査官を動員しなければならない。[13] またこのとき、政府全体で対応を行うため、「中央災難安全対策本部」が設置された。[14] 中央災難安全対策本部の本部長は国務総理である丁世均が務め、第1次長および中央事故収拾本部の本部長を保健福祉部長官である朴凌厚が、第2次長および汎政府支援本部の本部長を行政安全部長官である陳永がそれぞれ務めている。[15] また、中央防疫対策本部の本部長は疾病管理本部長（その後9月12日に疾病管理庁へと改編）の鄭銀敬が務めている（以上、図1）。

4 社会的距離制限

　韓国では防疫体制の確立後、改正された感染病予防法に基づき、様々な規

制を行っている。感染病予防法49条
1項において、保健福祉部長官、市・
道知事または市長・郡守・区庁長は、
感染病予防のための措置をとることが
できる旨規定し、違反した者には300
万ウォン以下の罰金（80条7号）が課
せられる。またその後、マスク着用義
務違反に対しては10万ウォン以下の
過料（83条4項）が加わっている。

　こうした規定に基づき、新型コロナ
ウイルスの感染状況に応じて、段階別
に社会的距離をとることになっている。
当初は、「生活の中での距離確保」「緩
和された社会的距離の確保」「強力な
社会的距離の確保」という名の3段階
に分類されていたが、段階ごとの基準
や措置が曖昧であったとして、2020
年6月28日には「社会的距離確保第1
段階」「第2段階」「第3段階」へと再
整備された。[★16]その後さらに同年11月
7日から、「第1.5段階」と「第2.5段
階」を加え、5段階に整備している。[★17]
この数か月の間に、制度の区分や名称
が目まぐるしく変更されているが、
2020年12月31日現在、以下のように
分類されている。また、各自治体に
よって実際の段階よりも独自に強い制
限を加える事例もみられる。

（1）社会的距離確保第1段階
　第1段階では、週あたりの1日平均

感染者数が首都圏の場合100名未満、
忠清道・全羅道・慶尚道では30名未満、
江原道と済州島では10名未満にとど
まる状態を指しており、「日常生活や
経済活動を維持しながら、新型コロナ
予防の心得を遵守」することが求めら
れる。[★18]

　施設の利用についてみると、主要な
ものとして「重点管理施設」に分類さ
れるものと「一般管理施設」に分類さ
れるものが挙げられる。重点管理施設
は、感染の危険度が高いものとされて
おり、クラブやルームサロン（高級なキャ
バクラ）等の遊興酒店、団欒酒店（歌
える飲み屋）、感性酒店（踊れる飲み屋）、
コーラテック（ノンアルコールのディス
コ）、ナンパ屋台といった遊興施設5
種と、カラオケ、立見席となっている
室内公演場、訪問販売などの直接販売
を行う者、食堂や喫茶店の合計9種が
挙げられている。[★19]

　一方、一般管理施設は、危険度は低
いがクラスター感染のおそれがある場
所とされており、インターネットカフェ、
結婚式場、葬儀場、予備校、職業訓練
校、公衆浴場、公演場、映画館、遊園
地やウォーターパーク、ゲームセンター
やマルチバン（DVD鑑賞やゲームなど
ができる複合娯楽施設）、室内体育館、
理容室や美容室、商店やマートおよび

スーパーマーケット、自習室や勉強カフェといった14種が挙げられている。[20]

重点管理施設に対しては、マスク着用・利用者の名簿の作成・換気と消毒などの感染対策の義務化のもとで、利用者の人数を制限したうえでの営業が認められており、一般管理施設に対しては、同様の感染対策の義務化のもとで正常な営業が可能となっている。[21]

日常および社会経済的活動についてみると、公共交通や医療機関、デモや集会時、宗教施設、室内体育館などにおいてマスクの着用が義務づけられ、500名以上の集会を行うときは地方自治体に申告して協議をする必要がある。[22] スポーツ観戦では50％までの観客の収容が認められ、学校への登校は3分の2の密集度を原則とし、宗教礼拝は座席を1席ずつ空けて食事は自粛を勧告し（ただし宿泊は禁止）、職場では適正比率（5分の1）を在宅勤務とすることを勧告している。[23]

2020年4月19日には、新型コロナウイルスの1日当たりの感染者数を1桁台まで抑えることができ、5月6日には「生活のなかの距離確保」と呼ばれる緩い基準へと下げられたことがあるが、これが現在の第1段階に相当するものとされる。その後8月に引き上げられたことがあったが、2020年の秋夕（旧盆）の大型連休期間を「特別防疫期間」として感染拡大を阻止したため、10月12日には再度第1段階へと引き下げられた。

（2）社会的距離確保第1.5段階

第1.5段階では、地域的に感染の流行が始まり、週当たりの1日平均感染者数が首都圏の場合100名以上、忠清道・全羅道・慶尚道では30名以上、江原道と済州島では10名以上に及び、または60代以上の者の週当たりの1日平均感染者数が首都圏の場合40名以上、忠清道・全羅道・慶尚道では10名以上、江原道と済州島では4名以上に及ぶ状態を指し、「危険地域では徹底した生活防疫」を行うことが遵守事項とされる。[24]

施設の利用についてみると、重点管理施設に対しては人数制限が強化され危険なものは禁止されるのに対して、一般管理施設については施設の性質に応じて人数に制限が加えられる。[25]

日常および社会経済活動についてみると、屋外の競技場においてもマスク着用が義務化され、集会についてはお祭りなどの一部の行事は100人以上の集合が禁止される。[26] スポーツ観戦では30％までの観客の収容が可能であり、学校への登校は3分の2の密集度を遵守し、宗教礼拝は座席数の30％まで

に制限され食事は禁止となり、職場では在宅勤務を3分の1まで拡大することを勧告している。[27]

2020年11月19日には、首都圏において社会的距離確保が第1段階から第1.5段階へと引き上げられた。

（3）社会的距離確保第2段階

第2段階では、全国への感染の流行が始まり、第1.5段階の措置をとり1週間後に感染者数が第1.5段階の基準の2倍となった場合、複数の圏域において第1.5段階が1週間以上続いた場合、全国の感染者が1週間以上にわたり300名を超過した場合のいずれかに該当した状態を指し、「危険地域では不要な外出や集会（……）大衆利用施設の利用を自制」することが遵守事項となる。[28]

重点管理施設のうち遊興施設での集合は禁止、その他の重点管理施設についても21時以降の営業が制限され、一般管理施設についても、人数制限が強化され、危険なものは禁止される。[29]

日常および社会経済的活動についてみると、室内でマスクをすることが義務化され、100人以上の集会は禁止、スポーツ観戦については10％までしか観客の収容が認められず、国際航空便を除き公共交通機関内での飲食が禁止される。[30]学校への登校は、3分の1

の密集度（高校は3分の2）を原則とし、最大でも3分の2以内での運用が可能であり、宗教礼拝は座席数の20％以内までとされている。[31]

2020年3月22日には「強力な社会的距離の確保」がとられ、新規感染者や集団感染の減少がみられたことから、4月20日から5月5日まで「緩和された社会的距離の確保」へと移行したが、[32]これが現在の第2段階に相当する。ちなみにこの時期、プロ野球が5月5日に無観客試合で開幕した（その後、無観客試合は第2.5段階で実施されるよう変更されている）。

このときの社会的距離は、その後さらに緩和されたものの、同年8月に、ソウルの宗教施設などでクラスター感染が発生したといわれており、8月16日にはソウルおよび京畿道において第2段階へと引き上げられ、8月23日には全国規模で引き上げられた。また2020年11月24日からも、首都圏において第2段階へと引き上げられたが（その他の地域は12月8日から）、首都ソウルでは10人以上の集会を禁止したりと、独自に制限を強化した。

（4）社会的距離確保第2.5段階

第2.5段階では、全国的に感染の流行が本格化し、全国の週平均感染者が400から500名以上となり、または第

2段階において感染者が倍増した状態を指し、「なるべく家にとどまり、外出や集会、大衆利用施設の利用を最大限自制」することが遵守事項となる。[★33]

施設の利用についてみると、重点管理施設については、訪問販売やカラオケ、立見席となっている室内公演場での集合が禁止され、一般管理施設についても21時以降の営業が中断される。[★34]

日常および社会経済的活動についてみると、第2.5段階では室内のみならず、屋外でも2メートル以上他者との距離を維持できない場合はマスク着用が義務とされ、50人以上の集会は禁止、スポーツ観戦についても無観客試合に、公共交通については高速バスや高速鉄道は予約制限を乗車率50%までにすることが勧告されている。[★35] 学校への通学については3分の1の密集度を遵守しなければならず、宗教礼拝は非対面で20名以内に人数が制限され、職場勤務は3分の1以上を在宅勤務とすることが勧告される。[★36]

なお首都圏では2020年12月8日、釜山広域市では12月15日より第2.5段階に引き上げられており、12月23日にはソウル特別市、京畿道、仁川広域市において、5人以上の集会を禁止するなど、独自に制限を設けている。

（5）社会的距離確保第3段階

第3段階では、全国的に大流行し、全国の感染者が週平均800から1000名以上となり、または第2.5段階において感染者が倍増した状態を指しており、「原則として家にとどまり他者との接触を最小化」することが遵守事項となる。[★37]

施設の利用についてみると、生活に必須の施設以外での集合が禁止される。[★38]

また、日常および社会経済的活動についてみると、第3段階では10人以上の集会も禁止され、スポーツ観戦は競技中断となり、高速鉄道や高速バス等の公共交通については乗車率50%までに予約が制限される。[★39] 学校は遠隔授業へと転換され、宗教礼拝は個人での映像のみ許容され、職場勤務は必要な人員以外は在宅勤務等が義務化される。[★40]

2020年3月22日から4月19日にかけて、「強力な社会的距離の確保」がとられたが、[★41] これが現在の第3段階に相当する。だが当時は体系化が不完全だったこともあり、外出の自粛や遊興施設に対する運営中断の勧告にとどまっていたため、4月の桜の開花の時期には大勢の者が外出したとされる。[★42] それに対して6月の改編以降のものについては、「都市封鎖」レベルと評す

る報道もみられる。そのため、現在では第3段階の完全な実施は躊躇がみられるようで、たとえば2020年12月1日から数日間にわたり、忠清北道の堤川市が「準第3段階」、釜山広域市が「第3段階水準」といった非常に曖昧な運用を行った。

5 入国規制

韓国では新型コロナウイルスの発生を受け、まず2020年2月4日に、中国の湖北省で発給された旅券の所持者や、駐武漢大韓民国総領事館で発給されたビザの所持者、14日以内に湖北省を訪問したすべての外国人に対して入国制限が実施された。また同日には、中国から入国するすべての外国人および自国民に対して、専用の入国ゲートを作り、韓国での滞在地や連絡先、実際に連絡できるかどうかを確認したうえで入国を許可する「特別入国手続」がとられることになった。なお、特別入国手続は、2月12日にはその対象を香港とマカオ、3月9日には日本に、12日にはイタリアとイラン、15日にはフランス、ドイツ、スペイン、イギリス、オランダに対して、16日にはヨーロッパ全域、そして19日には全世界からの入国者に適用した。入国する際には、携帯電話に「自己隔離者

安全保護アプリ」や「自己診断アプリ」をインストールして、毎日連絡をしなければならないとする。

2020年4月1日からは、韓国に入国するすべての者に対して、14日間の隔離が行われることになった。隔離措置に違反した場合、韓国籍であれば懲役1年または1000万ウォン以下の罰金が科せられ、外国籍であればビザが取り消され、重大であれば、強制追放、入国禁止となる。

またビザについても、4月13日には、同月5日以前に発給された短期ビザの効力を停止し、また協定国からの無ビザでの入国を制限するなどの措置がとられた。なお10月8日には、日韓の間で短期出張者のためのビジネストラックと長期在留者のためのレジデンストラックでの往来が可能となった(ただし入国後14日間の待機期間あり)。

おわりに

以上のように、韓国では新型コロナウイルスに対して、政府が緊急財政経済命令のような強行的な手段をとるようなことはせず、既存の法律を改正して罰則を強化することなどで実効性を高めようとしている。また、社会的距離確保のたび重なる改編により、現在ではいわば「都市封鎖」が制度的には

可能になったようにみえるものの、これまでのところその実施は躊躇しているようである。感染の規模に応じて制限の程度を体系的に整理している点は、感染拡大の防止と国民の人権の調和に苦慮しているようであり、また立法府に対しても可能な限り配慮しようとしていることがうかがえる。

こうした韓国の取り組みは、どこまで効果が発揮されるか、またどのような問題が起こりうるか、日本にとっても注目してみる価値があるだろう。

〔水島玲央〕

★

1. "국내서 中신종폐렴 확진자 첫 발생…우한 다녀온 중국인 여성", 중앙일보, 2020년 1월 20일, http://news.joins.com/article/print/23686226 (검색일: 2020. 7. 21.).

2. 「『検査・治療・追跡 韓国の新型コロナ対策』(時事公論)」NHK ウェブサイト 2020年4月24日 (http://www.nhk.or.jp/kaisetsu-blog/100/428212.html) (2020年8月27日最終アクセス)。

3. "대구시장 "대통령 긴급명령으로 3000 병상 구해달라"", 조선일보, 2020년 3월 3일, https://www.chosun.com/site/data/html_dir/2020/03/03/2020030300267.html (검색일: 2020. 9. 11.). 大邱市長は「緊急命令」という言葉を使っていたが、緊急命令だと「重大な交戦状態」である

4. "문대통령, 대구 및 경북 일부 지역 특별재난지역 선포(종합)", 연합뉴스, 2020년 3월 15일, https://www.yna.co.kr/view/AKR20200315037500001?section=search (검색일: 2020. 11. 30.).

5. 행정안전부 공식 블로그, https://blog.naver.com/mopaspr/221795745002 (검객일: 2020. 8. 17.).

6. 행정안전부, 위의 블로그.

7. "입국자 전수조사·전세기 투입… 확산 차단 총력전", 대한민국 정책주간지 공감 (문화체육관광부), 2020년 2월 3일, http://gonggam.korea.kr/newsView.do?newsId=GAJMvCbZsDGJM000&pageIndex=1 (검색일: 2020. 8. 17.).

8. 행정안전부, 앞의 블로그.

9. 질병관리본부, https://www.cdc.go.kr/board.es?mid=a20501000000&bid=0015&act=view&list_no=365794 (검색일: 2020. 8. 17.).

10. 행정안전부, 앞의 블로그.

11. 질병관리본부, http://www.cdc.go.kr/gallery.es?mid=a20503010000&bid=0002&b_list=9&act=view&list_no=144607&nPage=1&vlist_no_npage=2&keyField=&keyWord=&orderby= (검색일: 2020. 8. 17.).

12. 행정안전부, 앞의 블로그. なお補足だが、「深刻」となったのは2009年11月の新型インフルエンザ以来である。

13. "감염병 위기단계 '경계'→'심각' 격상 무엇이 달라지나?", 의협신문, 2020년 2월 10일, https://www.doctorsnews.co.kr/news/articleView.html?idxno=133171 (검색일: 2020. 11. 28.)

14. "코로나19 중앙재난안전대책본부 설치…국무총리가 본부장 맡아", 연합뉴스, 2020년 2월 23일, https://www.yna.co.kr/view/AKR20200223067000017 (검색일: 2020. 8. 17.).

15. 연합뉴스, 위의 기사.

16. 보건복지부, http://ncov.mohw.go.kr/ tcmBoardView.do?contSeq=355170 (검색일: 2020. 11. 18.).

17. 서울특별시, https://news.seoul.go.kr/ welfare/archives/524124 (검색일: 2020. 11. 18.).

18. 보건복지부 공식 블로그, https://blog. naver.com/mohw2016/222133570176 (검색일: 2020. 11. 18.).

19. "다중이용시설 방역 분류, 중점관리시 설과 일반관리시설로 단순화", News1 Korea, 2020년 11월 1일, https://www. news1.kr/articles/?4105135 (검색일: 2020. 11. 18.).

20. News1 Korea, 위의 기사.

21. 보건복지부, 앞의 블로그.

22. 보건복지부, 위의 블로그.

23. 보건복지부, 위의 블로그.

24. 보건복지부, 위의 블로그.

25. 보건복지부, 위의 블로그.

26. 보건복지부, 위의 블로그.

27. 보건복지부, 위의 블로그.

28. 보건복지부, 위의 블로그.

29. 보건복지부, 위의 블로그.

30. 보건복지부, 위의 블로그.

31. 보건복지부, 위의 블로그.

32. 보건복지부, http://www.mohw.go.kr/ react/al/sal0301vw.jsp?PAR_MENU_ ID=04&MENU_ID=0403&page= 1&CONT_SEQ=354112 (검색일: 2020. 8. 12.).

33. 보건복지부, 앞의 블로그.

34. 보건복지부, 위의 블로그.

35. 보건복지부, 위의 블로그.

36. 보건복지부, 위의 블로그.

37. 보건복지부, 위의 블로그.

38. 보건복지부, 위의 블로그.

39. 보건복지부, 위의 블로그.

40. 보건복지부, 위의 블로그.

41. 보건복지부, https://www.mohw.go.kr/ react/al/sal0301vw.jsp?PAR_MENU_ ID=04&MENU_ID=0403&page=1&

CONT_SEQ=353673 (검색일: 2020. 8. 11.).

42. 「韓国の『社会的距離の確保』規制は、 意外と緩かった……」Newsweek 日本版 (https://www.newsweekjapan.jp/stories/ world/2020/04/post-93235_1.php) (2020年8月11日最終アクセス)。

43. "사회적 거리두기 3단계 알고보니 '도 시봉쇄' 수준", News1 TV, 2020년 8월 25 일, https://m-tv.news1.kr/video/?9173& cid=7 (검색일: 2020. 12. 2.). なお、6月 28日の3段階への改編時は在宅勤務につ いては「勧告」とされていたが、11月7 日の「5段階」への再改編時に、「義務化」 に強化されている。

44. "신종 코로나바이러스 검염증 중앙 사고수습본부 정례 브리핑(2월 4일)", eMD Medical News, 2020년 2월 4일, https://www.mdon.co.kr/news/article. html?no=25362 (검색일: 2020. 7. 27.).

45. eMD Medical News, 위의 기사.

46. 보건복지부, http://ncov.mohw.go.kr/ baroView2.do?brdId=4&brdGubun=42 (검색일: 2020. 7. 27.).

47. 駐日本国大韓民国大使館ウェブサイ ト (http://overseas.mofa.go.kr/jp-ja/brd/ m_1068/view.do?seq=760619#btnPrint) (2020年11月27日最終アクセス)。

48. 駐日本国大韓民国大使館・同前。

49. "무비자 입국 제한, 단기비자 효력 정 지", TBS뉴스, 2020년 4월 9일, http:// tbs.seoul.kr/news/newsView.do?typ_80 0=9&idx_800=2390783&seq_800=10 384669 (검색일: 2020. 11. 28.).

香港政府ホームページでは、
感染者数、重傷者数、死者数等のほか、
建物ごとの感染者数も確認できる。

❹香港
──柔軟かつ迅速な施策

はじめに

　香港の正式名称は、中華人民共和国 香港特別行政区（英語表記では、The Hong Kong Special Administration Region of the People's Republic of Chinaとなる。以下それぞれを「中国」、「香港」という）といい、中国南部に位置する特別行政区であり、2020年時点約750万人[★1]もの人口が1104㎢の面積内で暮らしている。香港では、2003年頃のSARS流行当時、1755名が感染し299名が死亡した[★2]。その苦い経験をもとに、香港では、政府、居民（resident）ともに、感染症に対する防疫対策の意識が高く、法制度や日常生活でも新型コロナウイルス対策を迅速に導入することができた地域としてみられている[★3]。実際にも、香港では、強制検疫、強制検査、営業規制、集合規制、入境規制、マスク着用の義務づけと、厳格な強制的措置が迅速に導入されてきたように思われる。

　筆者は、2019年8月まで香港に駐在していたが、本章では、香港基本法と香港における法制度を簡単に紹介し（下記1）、香港における新型コロナウイルス対策の概要について触れた後（下記2）、新型コロナウイルス対策に関する法令を紹介し（下記3）、これらに対する現時点での評価を述べたい（下記4）。

1 香港基本法と香港における法制度

香港における憲法的な法律として中華人民共和国香港特別行政区基本法[★4]が存在し、香港基本法（Hong Kong Basic Law）と略称されることが多い。

香港基本法上、香港は中国の不可分の一部分でありながら（1条）、香港領域内では中国本土の社会主義制度や法が適用されず（5条・18条）、返還前のイギリス統治時代からの制定法、イギリス由来の判例法（common law）、衡平法（rules of equity）等が引き続き効力をもつ（8条）という、いわゆる「一国二制度（one country, two systems）」（前文）が採用されている。香港の法令は、英語と繁体字の中国語（中国本土の簡体字と異なる）で表記され（9条）[★5]、弁護士も事務弁護士であるソリシタ（solicitor）と法廷弁護士であるバリスタ（barrister）に分類され、裁判官が他のコモンローの国（英米法を採用する国）から招聘されることすらある（92条）。

また、香港基本法上、香港居民には、法の下の平等（25条）、選挙権・被選挙権（26条）、言論、報道、出版の自由（27条）、結社、集会の自由（27条）、不当な逮捕、拘禁からの自由（28条）、通信の秘密（30条）、国内外移動の自由（31条）、信教の自由（32条）、職業選択の自由（33条）、婚姻の自由（37条）等の基本的人権が保障されている。

香港の法令を一見すると、返還前のイギリス統治時代からの制定法がそのまま受け継がれているものもあり、中国本土よりもむしろイギリスに近い法制度であるという印象を受けることが多いが、ひとたび香港基本法を紐解けば、香港基本法自体が、中国全国人民代表大会[★6]により制定された中国の法律であり（前文）、香港は中国中央政府の直下において高度の自治を享受するとされ（12条）、香港基本法の解釈権は中国全国人民代表大会常務委員会（The National People's Congress Standing Committee）に属することとされているほか（158条1項）、裁判所による解釈権にすら限界が設けられている（同条2項、3項）ことがわかる。

この中国全国人民代表大会常務委員会が香港基本法の解釈権をもち、裁判所の解釈権にすら限界づけがあるという規定（158条1項〜3項）は、まったく空文ではなく、実際、1997年の香港返還直後より、最高裁判所（The Hong Kong Court of Final Appeal）の判決後、中国全国人民代表大会常務委員会が最高裁判所判決の解釈を覆したという事例が複数存在するのである。[★7]

2 香港における新型コロナウイルス 対策の概要

　以下では、新型コロナウイルス対策に関する法制度について具体的に触れる前に、香港が行った新型コロナウイルス対策の概要について、外出規制、営業規制、交通規制、入境規制の項目の順にみていきたい（感染者数の状況等に応じ、厳格化と緩和を繰り返しているが、本章執筆時点ですでに緩和されたものも含めて取り上げることとする）。

(1) 外出規制（集合規制・マスク着用規制）

　香港では、後記の政令により、特定の公共の場での人の集合が最大2名(最大人数は50名、8名、4名と時期により変化した)までに制限される一方、住宅の同居者や交通手段の同乗者等は2名を超えても可能とされる等の例外も設けられた[★8][★9]。また、屋内外の公共の場所および公共交通手段利用時にはマスク着用が義務づけられ[★10]、マスクを着用しない者の外出が禁止され、当該規制の違反者には罰金が課せられることとされた。なお、香港基本法は、集会の自由を保障しているが（27条）、1997年の香港返還前は、長い期間、警察当局の許可を得ず、公共の場で3名以上が集まり議論することが禁止されてい

る（したがって、家族での飲茶会も形式上は法令違反となりうる）時期もあった。[★11]

(2) 営業規制

　香港では、時期に応じて、レストラン、バー、ゲームセンター、浴場、ジム、クラブ、ナイトクラブ、カラオケ店、麻雀店、マッサージ施設、スポーツ場、スイミングプール等の営業停止や時間制限等が義務づけられた[★12]。たとえば、レストランについて、全面的に営業が禁止された時期もあるが、午後6時から翌午前4時59分までの店内飲食を禁止する、1テーブルの利用を最大2名までとする、収容人数は通常座席数の50%までとする、最低1.5mの距離規制を設ける、隔壁の使用を義務づける、酒類提供場所を閉鎖する等の諸規制を設けたうえで営業を許可した時期もあり、状況に応じて、規制を厳格化または緩和して対応している。

　また、裁判所、入国管理局を含む行政部門の公共サービスを停止し、学校等を休校としたほか、公務員、民間企業、学校に社員、職員の在宅勤務を要請していた。[★13]

(3) 交通規制

　香港は、境界外との行き来が非常にしやすく、マカオとのフェリー、中国本土との高速鉄道、香港・珠海・マカオ大橋のシャトルバス等はいずれも観

光名所でもあり、領域内の香港島と九龍半島との間のビクトリア・ハーバーを渡すフェリーも有名である。

これらは利便性が高い反面、人口密度が高いことも多く、2020年1月以降、高速鉄道[★14]、フェリー[★15]、香港・珠海・マカオ大橋のシャトルバスが運行停止された[★16]。

(4) 入境規制

香港国際空港は、2015年には、貨物取扱量では世界第1位、利用旅客数では第3位（アジア第1位）の国際航空であり[★17]、トランジットでの利用者数も非常に多い。

香港政府は、水際対策として、（ア）海外から航空機で香港国際空港に到着したすべての非香港居民の入境禁止、（イ）中国本土、マカオ、台湾から入境する非香港居民で、過去14日以内にこれらの国・地域以外の海外に滞在歴のある者の入境禁止[★18]、（ウ）中国本土、マカオ、台湾からのすべての入境者への14日間の強制検疫等[★19]の措置を講じ、違反者に罰金または懲役を科すこととした。

また、香港政府は、2020年1月28日には、すでに中国本土からの帰還者に14日間の自主隔離を求める等、防疫措置の初動対応が非常に早く、柔軟であった。

3 香港における新型コロナウイルス対策に関する法令

上記 **2** のとおり、香港における新型コロナウイルス対策は、対応が柔軟であり、また、初動対策が早かったことが見受けられるが、このような施策は、いかなる法令により実施されたのであろうか。これに対する回答として、香港は、新型コロナウイルス対策における施策の導入にあたり、2008年に制定された「疫病の予防及び管理に関する法律」（Prevention and Control of Disease Ordinance (Cap.599)、以下「本件法律」という）を改正し、本件法律およびその下位法規の政令（Cap.599A、Cap.599C〜Cap.599K）等を通じて新型コロナウイルス対策に取り組んできたといえる。

各法令の概要を大まかにいえば、（1）既存の法令である本件法律とその下位法規であった「疫病の予防及び管理に関する政令」（Cap.599A）に加えて、新設された各法令、すなわち、（2）強制検疫・強制検査に関しては、「香港に到着した特定個人の強制検疫に関する政令」（Cap.599C）、「国外から香港に到着した個人の強制検疫に関する政令」（Cap.599E）、「疫病の予防及び管理（特定個人に対する強制検査）に関す

る政令」(Cap.599J)、(3) 情報開示に関しては、「疫病の予防及び管理（情報開示）に関する政令」(Cap.599D)、(4) 営業規制に関しては、「疫病の予防及び管理（要件及び通達）（営業及び事業場）に関する政令」(Cap.599F)、(5) 集合規制に関しては、「疫病の予防及び管理（人の集合禁止）に関する政令」(Cap.599G)、(6) 入境等規制に関しては、「疫病の予防及び管理（越境に利用される乗物及び旅客の規制）に関する政令」(Cap.599H)、(7) マスク着用に関しては、「疫病の予防及び管理（マスク着用）に関する政令」(Cap.599I)、(8) 「疫病の予防及び管理（ワクチンの使用）に関する政令」(Cap.599K) 等が存在する。

以下では、これらの各法令が果たす役割について個別にみていきたい。

(1) 従前から存在する法令

基本的法令である本件法律（Prevention and Control of Disease Ordinance (Cap.599)）は、指定感染症（scheduled infectious disease）、指定伝染性病原体（scheduled infectious agent）による感染の拡大防止を定めている。同法は、別紙において指定感染症、指定伝染性病原体を定義したうえで、衛生担当官（health officer）に物品の差押え、没収権限を与え（2条・3条）、同法に違反

した者に対する無令状逮捕権限を与える（5条）等の規定を置いているほか、食品保健局長（Secretary for Food and Health）に政令を定める権限を与え（7条）、また、公衆衛生上の緊急事態（public health emergency）下において香港行政長官（Chief Executive）に議会において政令を定める権限を与えている（8条）。新型コロナウイルスに関しては、法改正により、COVID-19が指定感染症のリスト（別紙1・8A）、SARS-CoV-2が指定伝染性病原体のリスト（別紙2・26A）に加えられた。

「疫病の予防及び管理に関する政令」(Prevention and Control of Disease Regulation (Cap.599A)) は、2008年に制定された、本件法律7条の委任に基づく政令であるが、2020年に改正された。当該政令は、政令の中では、一般的な準則を定めており、医療従事者から当局への感染症の通知義務（4条以下）、感染者、接触者の所在地への立入検査等の権限（10条以下）等を定めているほか、検疫や人、物、場所の隔離（22条以下）、香港領域外からの航空機の入国・出国に対する規制（55条）、香港領域外への出国規制（57条）、旅客の体温測定（59条）に関する規定も置いている。

なお、上記法令については、新型コ

ロナウイルスに限らず、一般的な感染症についても適用されるものであり、また、時限的法令という性格もない。

(2) 強制検疫・強制検査に関する法令

　強制検疫・強制検査に関する法令としては、香港外の中国からの入境者に対する強制検疫については、「香港に到着した特定個人の強制検疫に関する政令」（Cap.599C）、中国以外の外国からの入境者に対する強制検疫については、「国外から香港に到着した個人の強制検疫に関する政令」（Cap.599E）、強制検査については、「疫病の予防及び管理（特定個人に対する強制検査）に関する政令」（Cap.599J）が存在する。なお、これらの政令において、適用が想定される感染症はCOVID-19のみとされており（2条）、たとえば、複数の感染症に対する適用が想定された本件法律本体とは異なる建て付けとなっている。

　「香港に到着した特定個人の強制検疫に関する政令」（Compulsory Quarantine of Certain Persons Arriving at Hong Kong Regulation（Cap.599C））は、2020年2月、本件法律8条の委任に基づき、廃止時期を定めたうえで（13条）、新たに制定された政令であり、香港以外の中国から香港に到着した個人に対する14日間の強制検疫に

ついて定めており（3条）、個人が虚偽申告をした場合の罰則（5条）、強制検疫期間中の滞在場所の指定（6条）、強制検疫期間中の禁止事項（8条）についても定めている。当該法令は専ら中国から香港に到着した個人を対象として制定された政令であったが（3条）、2020年3月には、中国に限らず、香港領域外の中国から香港に到着した個人に対する14日間の強制検疫について定めた、国外から香港に到着した個人の強制検疫に関する政令（Compulsory Quarantine of Persons Arriving at Hong Kong from Foreign Places Regulations（Cap.599E））も新たに制定されることとなった。当該政令も、本件法律8条の委任に基づき、廃止時期を定めたうえ（13条）で制定されている。

　「疫病の予防及び管理（特定個人に対する強制検査）に関する政令」(Prevention and Control of Disease（Compulsory Testing for Certain Persons）Regulation（Cap.599J））は、2020年11月、本件法律8条の委任に基づき、廃止時期を定めたうえで（28条）、新たに制定された政令であり、特定個人への強制検査等について定めている。すなわち、当該政令は、通達により特定される期間、所定の医療従事者に対し（3条）、

指定感染症に接触したと疑われる者に対して強制検査を要求する権限を与え（4条）、その経過について行政庁に報告すべき旨を定め（5条）、また、行政長官に対して、特定個人に対して、強制検査を要求する権限を与えており（10条）、これらの要求に従わない場合の罰則について定めている（8条・13条）。また、当該政令は、当該要求に従わない場合等に、行政長官に対し、強制検査命令を発令する権限を与えており（14条）、当該強制検査命令については、該当者に対して、情報提示命令（19条）等も予定されている。この点、違反者は、5000香港ドルの定額の罰金（fixed penalty）を支払うことにより、一部の違反に基づく刑事責任等を免れることができるとされている（24条）。なお、かかる所定の医療従事者による検査要求（4条）、行政長官による検査要求（10条）、強制検査命令（14条）については、必要な限度を超えて個人の権利を制限するものであってはならない旨が定められている（22条）。

（3）情報開示に関する法令

「疫病の予防及び管理（情報開示）に関する政令」（Prevention and Control of Disease（Disclosure of Information）Regulation（Cap.599D））は、2020年2月、本件法律8条の委任に基づき、廃止時期を定めて（5条）、新たに制定された政令であり、個人に対する情報開示命令について定めている。すなわち、当該政令は、公衆衛生上の緊急事態（public health emergency）下において、権限が与えられた担当官（authorized officer）が、個人に対して情報を開示するよう命じることができる旨を定めており（3条）、命令に違反した場合の罰則（3条）や虚偽申告をした場合の罰則（4条）についても定めている。なお、当該政令もCOVID-19のみに適用されることが想定されている（2条）。

（4）営業規制に関する法令

「疫病の予防及び管理（要件及び通達）（営業及び事業場）に関する政令」（Prevention and Control of Disease（Requirements and Directions）（Business and Premises）Regulation（Cap.599F））は、2020年3月、本件法律8条の委任に基づき、廃止時期を定めて（14条）、新たに制定された政令であり、事業場、商業施設の営業に対する規制について定めている。当該政令は、飲食物の販売や店舗での消費を規制するほか（3条）、病院、学校、政府庁舎等の事業場（別紙1）、ゲームセンター、美容院、事務、ホテル、カラオケ店、麻雀店等の商業施設（別紙2）を指定したうえで、営業活動の方法や営業開始・終了

時間を規制し（8条）、担当官に対し、検査のために事業場等に立ち入る権限（12条）、令状により捜索を与える権限（12A条）を付与している。なお、当該政令もCOVID-19のみに適用されることが想定されている（2条）。

(5) 集合規制に関する法令

「疫病の予防及び管理（人の集合禁止）に関する政令」（Prevention and Control of Disease (Prohibition on Group Gathering) Regulation (Cap. 599G)）は、2020年3月、本件法律8条の委任に基づき、廃止時期を定めて（16条）、新たに制定された政令であり、公共の場における一定人数以上の人の集合禁止について定めている（政令改正により、上限となる人数は時期により増加と減少を繰り返してきた）。当該政令は、一定人数以上の人の集合（group gathering）について（2条）、公共の場、事業場、商業施設等で行うことを禁止し（3条）、罰則を設け（6条）、担当官に対し、一定人数以上の人の集合を強制的に解散させる権限（10条）、検査のために事業場、商業施設等に立ち入る権限（11条）、令状により捜索を行う権限（12条）を付与する一方、行政長官が例外的に一定人数以上の人の集合を行うことを許可できる旨を定めている（5条）。また、違反者は5000

香港ドルの定額の罰金を納めることで、違反に基づく刑事責任等を免れることができることとされている（8条）。なお、当該政令もCOVID-19のみに適用されることが想定されている（2条）。

(6) 入境規制等に関する法令

「疫病の予防及び管理（越境に利用される乗物及び旅客の規制）に関する政令」（Prevention and Control of Disease (Regulation of Cross-boundary Conveyances and Travellers) Regulation (Cap.599H)）は、2020年7月、本件法律8条の委任に基づき、廃止時期を定めて（9条）、新たに制定された政令であり、香港領域外との境界における交通手段や旅客に対する規制について定めている。当該政令においては、旅客機の着陸、船舶の入港、滞留の禁止（3条）、特定の地域からの入境者に対する条件付与（5条）、旅客に対する健康状況、渡航歴等の申告義務（7条）等について定めている。なお、当該政令もCOVID-19のみに適用されることが想定されている（2条）。

(7) マスク着用に関する法令

「疫病の予防及び管理（マスク着用）に関する政令」（Prevention and Control of Disease (Wearing of Mask) Regulation (Cap.599I)）は、2020年7月、本件法律8条の委任に基づき、廃止時期を定

めたうえで（7条）、新たに制定された政令であり、特定の公共の場でのマスク着用等を義務づけている。当該政令は、特定の公共の場（public place）、地下鉄区域内（MTR paid area）におけるマスク着用を義務づけたうえで（4条・5A条）、警察官や管理者等に、マスクを着用しない者への乗車拒否、マスク着用の要請、特定の公共の場や地下鉄区域内からの排除等の権限を与え（5条・5B条）、これらに違反した場合の罰則についても定めている（6条）。また、違反者は5000香港ドルの定額の罰金を納めることで、違反に基づく刑事責任等を免れることができることとされているほか（6A条）、2歳以下の者、身体または肉体の疾患等によりマスクが着用できない者等はマスク着用義務の適用除外とされている（4条・5A条）。なお、当該政令もCOVID-19のみに適用されることが想定されている（2条）。

(8) ワクチンの使用に関する政令

「疫病の予防及び管理（ワクチンの使用）に関する政令」(Prevention and Control of Disease (Use of Vaccines) Regulation (Cap.599K)) は、2020年12月、本件法律8条の委任に基づき、廃止時期を定めて（12条）、新たに制定された政令であり、ワクチンの認可

および使用について定めている。当該政令もCOVID-19のみに適用されることが想定されたものであり（2条）、食品保健局長（Secretary for Food and Health）に対し、ワクチンを認可する権限（3条）、条件を付与する権限（4条）、認可を取り消す権限（6条）等を与えており、認可を受けたワクチンの使用にあたり、「医薬品及び毒物に関する政令」(Cap.138A) の一部の規制は適用されないこと等が定められている（7条）。

4 香港における新型コロナウイルス対策に対する評価（特徴、香港基本法との関係、感染者数等）

上記2の対策および3の法令を踏まえ、香港の新型コロナウイルス対策にどのような特徴があるのか、香港基本法との関係や感染者数等について紹介したい。

(1) 香港における新型コロナウイルス対策の特徴

上記2の対策および3の法令を踏まえると、香港の新型コロナウイルス対策の特徴として、(a) 柔軟な対応策、(b) 迅速な意思決定、(c) 徹底した情報公開の3点の特徴があると思われた。

(a) 柔軟な対応策として、香港政府

は、公共の場での2名以上の集会を禁止する、レストランの営業時間、使用人数を制限する、公共の場でのマスク着用を義務づける等、感染症対策として必要な人と人との接触を最小化するために、様々な施策が柔軟に講じられ、違反に対する罰金も導入された。これらの施策は上記3のとおり、時限的政令に依拠する部分が大きく、感染者数を見据えつつ、そのつど廃止時期が延期されている状況にあるが、廃止前であっても営業時間規制を段階的に緩和する等、柔軟な対応がみられる。たとえば、「疫病の予防及び管理（人の集合禁止）に関する政令」（Cap.599G）において、条例が適用される人の集合の人数は政令改正により柔軟に増減を繰り返している。また、違反に対する罰金については、その場で定額の罰金（fixed penalty）を支払うことで刑事罰を免れる旨の規定が多く設けられており、規制を強化する一方で、（裁判所の開廷もままならない状況のもと）刑事事件となる件数を増加させないような工夫もみられ、また、定額の罰金の金額についても2000香港ドルを5000香港ドルに引き上げる等の対応がみられた。なお、日本と同様、香港でも、政府主導のもと、香港IDを保有するものに対して無償でマスクが配布された

が、香港現地では品質の高さも含め、概ね好評を得たという印象である（再配布もなされ、2020年12月1日時点では概ね1人当たり合計2枚を基準に配布されている）。[20]

（b）迅速な意思決定として、香港政府は、2020年1月時点で、すでに、（中国本土との）高速鉄道の営業停止、公務員の在宅勤務措置、中国本土からの帰還者に14日間の自主隔離を求める等の施策を導入していた。WHOによれば、2019年12月31日に武漢で感染症発生が公式に報告され、2020年1月4日にWHOが感染症まん延を公表したが、同日からわずか1か月内の施策としては極めて迅速であったと評価できる。なお、日本で緊急事態宣言が発令されたのは2020年4月7日のことであるが、香港ではその頃にはすでに強制検疫、営業規制、集合規制についてはすでに政令（Cap.599C, E, F, G）も施行済みの状況にあり、香港と比較すると、日本はやや意思決定が遅かった印象が否めない。[21]

（c）徹底した情報公開として、香港政府は、商業施設に係る営業規制につき、業種ごとにマスク着用、検温、消毒液、距離等の規制の内容を一覧表にし、ホームページ上で随時公表している。感染者数、回復者数、入院者数、

重症者数、死者数に関する最新情報をインターネット上で随時公表しており、地区ではなく、ビルごとに過去14日以内に何名の感染者がいたか、14日より前に何名の感染者がいたか等を確認できる。狭い領域面積の地域であるとはいえ、ビルごとの感染者が確認でき、居住者個人の感染症対策に活かせ[★22]るという状況は、世界中でもごく一部に限られるのではないかと思われる。

(2) 香港における新型コロナウイルス対策と香港基本法との関係

上記1のとおり、香港基本法上、居住者は、言論の自由（27条）、集会の自由（27条）、通信の秘密（30条）、海外渡航の自由（31条）が保障されており、これらの自由権と上記2の対策、上記3の法令は当然ながら、緊張関係に立つ。

特に、上記2（1）の公共の場での集合が時限的な措置とはいえ最大2名に制限されたという規制については、集会の自由（27条）と鋭い緊張関係に立つし、担当官に対し、一定人数以上の人の集合を強制的に解散させる権限、検査のために事業場、商業施設等に立ち入る権限、令状により捜索を行う権限等が与えられている点については、是非が問われる可能性もある。特に、2020年7月には、抗議デモへの

参加者が新型コロナウイルス対策のための条例を根拠に逮捕され、罰金を科されたことも報道されており、抗議デモ[★23]参加者の表現の自由、集会の自由と抵触するのではないか、抗議デモへの規制として新型コロナウイルス対策のための条例が用いられたのではないかという懸念も存在するところである。

また、昨年2019年10月5日、時限的な措置とはいえ、公共の場で、マスク等の顔面を覆うもの（facial covering）の着用を（罰則付きで）禁止する、「顔面を覆うものの禁止に関する政令」（Prohibition on Face Covering Regulation（Cap.241K））が制定されていたところ[★24]であるが、2020年7月には、「疫病の予防及び管理（マスク着用）に関する政令」（Cap.599I）が定められ、公共の場でのマスク着用を（罰則付きで）義務づけられることになり、わずか1年以内で文字どおり真逆の内容の規制が設けられたことにつき、現地では当惑する意見も多い。

しかしながら、香港基本法との関係では、香港国家安全維持法の制定に関する議論が着目を集め、新型コロナウ[★25]イルス対策に関する議論については、筆者が把握する限り、あまり活発ではなく、議論も成熟していない印象を受ける。たとえば、香港国家安全維持法

と香港基本法との関係については、米国議会調査局（CRS）のレポートが取り上げ、香港大学の学者等による書籍が発刊されているが、いずれも新型コロナウイルス対策については傍論として紹介されるにとどまっている。

(3) 香港における感染者数、死者数

上記（2）のとおり、香港基本法との緊張関係はあるものの、上記2の対策を、迅速かつ柔軟に実施し、徹底した情報公開に努めた結果、香港では、2021年1月21日現在、人口約750万人（面積1104㎢）に対し、感染者数9868名、死者数167名という状況にある。

これに対し、旧宗主国イギリスのロンドンでは、2021年1月18日現在、人口約890万人（面積1572㎢）に対し、感染者数59万1214名、死者数1万927名という状況にある。なお、東京都についても、2021年1月21日現在、人口約1396万人（面積2193㎢）であり、感染者数9万659名、死者数761名である。

（人口は概数を用いているうえ、公表母体や日付も異なるため、非常に粗い比較ではあるが）人口中の感染者、死者の比率を比べると、香港が約760.0人中1名の感染者、約4万4910.2人中1名の死者となり、ロンドン（約15.1人中1名の感染者、約814.5人中1名の死者）や東京（約154.0人中1名の感染者、約1万8344.3人中1名の死者）と比べても、香港の感染者、死者の比率は圧倒的に少ない。もちろん上記（2）のような香港基本法との関係における懸念事項もあるが、新型コロナウイルス対策の成果に着目する限り、香港の柔軟かつ迅速な対応は功を奏していると評価できる。

おわりに

香港では、この1年、抗議デモ参加者の逮捕、香港国家安全維持法の制定、香港行政長官による三権分立の否定発言と、香港基本法に関連しうる事象が数多く発生した。とりわけ、抗議デモへの参加者が新型コロナウイルス対策のための条例を根拠に逮捕されたという事案については、前述のとおり、香港基本法との関係での懸念も存在するところである。

これに対して、日本の新聞等では、香港に対する否定的な報道が多く目立ったが、反面、香港における新型コロナウイルス対策が感染者数、死者数の観点から、日本よりも功を奏しているという肯定的な報道はごく限定的なように思われた。上記のとおり、新型コロナウイルス対策の成果に焦点を当

てる限り、その防疫対策は迅速であり、変化にも柔軟かつ機敏に対応しており、学ぶべき点も多いと見受けられる。

今後の先行きが不透明な面もあるが、香港独自の法制度・行政対応には優れた点も多く存在するのは当然であり、香港の政治的な立ち位置や法制度の特殊性についての否定的な言説ばかりにとらわれず、優れた点にも公正に目を向ける必要があると思われた。

〔松井博昭〕

★

1. 香港政府ホームページ（統計）（https://www.censtatd.gov.hk/hkstat/sub/so20.jsp）。

2. 国立感染症研究所感染症情報センター「重症急性呼吸器症候群（SARS）の国別報告数のまとめ（2002年11月1日～2003年7月31日）」（http://idsc.nih.go.jp/disease/sars/cumm-0926.pdf）。

3. たとえば、日本貿易振興機構【中国・潮流】SARSを踏まえた香港の新型コロナウィルス対策」（https://www.jetro.go.jp/biz/areareports/2020/ef9c45150f6df637.html）。

4. 中華人民共和国香港特別行政区基本法（The Basic Law of The Hong Kong Special Administrative Region of The People's Republic of China）（https://www.basiclaw.gov.hk/en/basiclawtext/images/basiclaw_full_text_en.pdf）。

5. たとえば、雇用法（Employment Ordinance

（Cap.57））、雇用仲介業者に関する政令（Employment Agency Regulation (Cap.57A)）のように、法律はOrdinance、政令はRegulationと呼ばれ、英語と繁体字の中国語が併記された形で、いずれも以下URLの電子版香港法令（Hong Kong e-Legislation）において公表される（Ordinance、Regulationは、特別行政区における地方性法規であり、厳密には条例、規則と訳すべきかもしれないが、中国本土とは異なる法体系にあることも踏まえ、本章ではあえて法律、政令と訳している）。末尾の（Cap.57）の部分は、日本における法令番号に相当する、法律、法令に振られる通し番号であり、強いて対訳すれば「法令第57号」となる（なお、Cap.はChapter（章）の略語である）（https://www.elegislation.gov.hk/）。

6. 全国人民代表大会（the National People's Congress）は、中国の最高権力機関であり立法機関と位置づけられ、常務委員会（the Standing Committee）は、その常設機関とされている（中華人民共和国憲法57条）。

7. たとえば、Ng Ka Ling v Director of Immigration (1999) 2 HKCFAR4、Chan Kam Nga v Director of Immigration (1999) 2 HKCFAR4等。

8. 「疫病の予防及び管理（人の集合禁止）に関する政令」（Cap.599G）2条・3条・別紙1（適用除外となる人の集合）。

9. 公共の場での集合の制限、営業の制限については、香港政府がQ&Aや最近の規制状況を公表しており参考になる（https://www.coronavirus.gov.hk/eng/social_distancing-faq.html）。

10. 「疫病の予防及び管理（マスク着用）に関する政令」（Cap.599I）5条・5A条・5B条。

11. Danny Gittings, Introduction to the Hong Kong Basic Law 263 (2nd ed. 2015).

12. 「疫病の予防及び管理（要件及び通

達）（営業及び事業場）に関する政令」（Cap.599F）2条・8条・別紙2（所定の事業場）。

13. 香港政府ホームページは、すでに2020年1月28日時点で、公務員の在宅勤務を公表し、民間企業にも同様の措置を求めている（https://www.news.gov.hk/eng/2020/01/20200128/20200128_114401_545.html）。

14. 香港鉄道（High Speed Rail）の香港西九龍駅は2019年1月30日付で閉鎖した（https://tnews.highspeed.mtr.com.hk/en/d/#Alert_248）。

15. 香港政府のフェリーサービスWebサイト上でも運航停止が報じられている（https://crossboundaryferryservices.mardep.gov.hk/en/）。

16. Macau News, Buses between Hong Kong and Macau suspended from Sunday (5 Apr, 2020)（https://macaunews.mo/buses-between-hong-kong-and-macau-suspended-from-sunday/）。

17. 「香港国際空港、第3滑走路建設費2.2兆円」日本経済新聞Web2015年3月19日（https://www.nikkei.com/article/DGXLASGM19H6E_Z10C15A3FFE000/）。

18. 「疫病の予防及び管理（越境に利用される乗物及び旅客の規制）に関する政令」（Cap.599H）3条。

19. 「国外から香港に到着した個人の強制検疫に関する政令」（Cap.599E）3条。

20. 香港政府ホームページ（マスク配布）（https://www.qmask.gov.hk/en/）。

21. WHOホームページ（https://www.who.int/news/item/27-04-2020-who-timeline---covid-19）。

22. 香港政府ホームページ（https://www.coronavirus.gov.hk/eng/index.html）。

23. South China Morning Post, Hong Kong protests: dozens flout Covid-19 social-distancing rules as they gather to mark anniversary of Yuen Long attack (19 Jul, 2020)（https://www.scmp.com/news/hong-kong/politics/article/3093812/hong-kong-protests-dozens-flout-covid-19-social-distancing）。

24. 詳細には立ち入らないが、当該政令については香港基本法に反しないか等が争われており、すでに判決も出ている（https://legalref.judiciary.hk/lrs/common/search/search_result_detail_frame.jsp?DIS=127372&QS=%24%28mask%29&TP=JU）。

25. 香港国家安全維持法については、日本語の文献としても鈴木賢「香港版国家安全法は香港の何を変えるか」法学セミナー789号（2020年）54頁等が存在する。

26. Susan V. Lawrence et al., "China's National Security Law for Hong Kong: Issue for Congress," *Congressional Research Service* (Updated August 3, 2020)（https://crsreports.congress.gov/product/pdf/R/R46473）。

27. Cora Chan and Fiona de Londras ed., *China's National Security: Endangering Hong Kong's Rule of Law?* (Hart Publishing, 2020).

28. 感染者数、死者数は香港政府ホームページによる（https://www.coronavirus.gov.hk/eng/index.html）。

29. 感染者数、死者数はロンドン市ホームページによる（https://data.london.gov.uk/dataset/coronavirus--covid-19--cases）。

30. 感染者数、死者数は東京都ホームページによる（https://stopcovid19.metro.tokyo.lg.jp/）。

31. 「香港警察、デモ参加者289人逮捕 議会選延期など抗議」日本経済新聞Web2020年9月7日（https://www.nikkei.com/article/DGXMZO63514440X00C20A9MM0000/）。

32. 「香港国家安全法が施行 何が狙い、なぜ問題？」日本経済新聞Web2020年6月30日（https://www.nikkei.com/article/DGXMZO60844530W0A620C2I00000/）。

33. 「香港行政長官、三権分立を否定 国家
安全法で統制強化『今から誤り正す』」毎
日新聞Web2020年9月2日（https://mai
nichi.jp/articles/20200902/k00/00m/
030/101000c）。

34. たとえば、「香港民主化、大きく後退
デモ1年 中国、議会選へ強硬」日本経済
新聞Web2020年6月9日（https://www.
nikkei.com/article/DGKKZO60105750Y
0A600C2FF8000/）等。

【コラム】 中国——徹底した強制型アプローチを支える自由と秩序の観念

中国では、2019年の暮れから武漢を中心に「原因不明の肺炎」が確認され、徐々に新型コロナウイルスによるものであることが突き止められたといわれている。これを受けて同年1月20日に習近平国家主席の「講話」が行われ、同月23日に1000万人都市武漢の閉鎖が行われた。新型コロナウイルスによる都市封鎖の世界第一号であり、またその対応が極めてドラスティックであったため世界中の注目を浴びた。同時に、政府の公表と異なるSNS上の情報発信についても、「謡言」(デマ)の拡散を戒める広報が広く行われ、李文亮医師の発言に対する行政処分とその事実上の訂正、といった混乱も生じた。他の地域においても都市封鎖や外出制限措置が相次いでとられ、春節(旧正月)の大連休に続けて工場の操業停止、商業ビルの入場制限などが行われた。

これらには、強制力を伴うもの、強制ではないものの事実上従わざるをえないもの、など様々であるが、基本的には「自律」にゆだねる措置はない。しかし、そのような措置にあえて抗う人が多いかといえばそうでもない。国家の強大な警察権力が背景に存在するからであろうか。たしかにそれはある。強大な警察権力の存在が、人々の言動

に関する意思決定に影響を与えていることは否定するべくもない。しかしさりとて、人々が反発したい気持ちを押し殺して、窮屈な生活を余儀なくされているかといえばそうでもないというのが上海に駐在する筆者の実感である。それはなぜか。実は、このような措置がとられる一方で、丁寧な広報活動が徹底して行われている。この徹底した広報活動が、痛みを伴う政策の実施を円滑化させている。これは一種の洗脳とも考えられないでもないが、そう単純でもない。

このように、新型コロナウイルスに対する中国の感染防止策は、日本など近代立憲主義国家とされる国とは大きく異なり、極めて興味深い問題を提示しているといえよう。そこで、本コラムでは、中国でこれまでとられてきた(また現在もとられている)比較憲法学的に検討に値すると思われる主な感染予防措置を紹介する。

中国のコロナ感染状況

前提として、中国における新型コロナウイルスの感染状況を概観しておきたい。

「外防輸入、内防反弾」(=「国外か

らの感染流入を防ぎ、国内での感染の再燃を防ぐ」）。これが、中国の新型コロナウイルス対策における政府のキャッチフレーズである。新型コロナウイルス対策を対外政策と国内政策とに分け、対外政策に重点を置くものといえる。このキャッチフレーズは、2020年3月末頃から使われるようになった。実際、中国では、統計をとり始めた2020年1月21日に291名の新規感染者を記録した後、新規感染者が増加し、2月11日に2015名、同月12日に1万5111名[★1]、同月13日に5090名の新規感染者が記録されたのをピークに、感染者数は一転減少に転じた。2月29日以降は、入国感染者と国内感染者を統計上分け始め、3月18日には新規の国内感染者が0人となった。その後、月に数回程度1日の感染者が二桁を超える日が存在したものの、8月以降はほとんどの日において国内新規感染者が出ていないのである。10月に入り、青島、広州、内モンゴル、上海、北京などで一桁ないし二桁の国内感染者が記録されているが、いずれも外国からの貨物を扱う物流業者や入国感染者の濃厚接触者等であるとされている。公式統計による限り、純粋な意味での国内感染者はほぼ皆無に近い状態となっている[★2]。これに対し、入国感染者についてはゼロになったことはほとんどなく、ほぼ毎日一桁または二桁の感染者が報告されている。WTOに報告されている中国の日々の新規確定感染者のほとんどはこの国外からの入国感染者で占められているのが実情である[★3]。

都市封鎖および居住区封鎖

上記のとおり、都市封鎖は2020年1月23日にまず武漢で実施された。日本でも大きく報じられたが、地下鉄、バス、高速鉄道、フェリー、飛行機等がすべて運休となり、高速道路、幹線道路、駅、空港などはすべて封鎖され、市内外の人の移動がほぼ完全に遮断された。のみならず、「街道」などと呼ばれる最小行政区画ごとに人の外出等が厳しく制限された。食糧物資などの供給はいわば後付けで進められた。

このような、都市封鎖や居住区封鎖は武漢以外でも行われた。また、現在でも入国者の空港検疫とその後の隔離施設以外での感染が確認されると、居住区の封鎖が行われている。封鎖は、厳格かつ強制的であり、抜け駆けをして外出することはまずできない。人の往来はほぼ完全に遮断される。したがって、封鎖期間中（最近ではおおむね2週間）は外食はもちろん、出勤もできない。フードデリバリーやオンライン

ショッピングは完全非接触で行われる。

隔離制度

　冒頭で述べたとおり、中国では感染防止措置をとり始めて約2か月で国内の感染状況を収束に向かわせることができたとされ、それ以後の感染防止策は、主として外国からの入国者を対象とする水際対策に向けられてきた。入国者の感染防止策は、その具体的施策について変遷がみられるところ、ほぼ一貫しているのは、①入国時、入所時、出所時におけるPCR全件検査と、②完全な導線を確保したうえでの移送、と③原則2週間の隔離である。

　まず、入国時のPCR検査について。政策導入時には、空港に検査スペースもなく、屋外で数時間待たされるケースも報告されたが、徐々にロジスティックが整備された。ロジスティックが整備されてから導入するのではなく、対象者に多少の苦痛を強いてでも目的のために実施すべきことはまず実施し、苦痛緩和措置は後から考える、という進め方は、「中国らしさ」を表しているといえよう。2020年末現在の日本から上海への入国を例にとると、搭乗48時間前に日本において指定医療機関においてPCR検査とIgM抗体検査を受け、いずれも陰性である旨の証明を

在日中国大使館の指定するアプリ等でアップロードすることが入国の条件とされており、入国時のPCR検査の結果が出る前に隔離場所への移動を許容し、隔離場所で結果を受け取る手はずとなっている。

　次に、空港から隔離場所への導線について。移送手段は政府側が手配する。対象者は隔離場所の所在地域ごとに手配された小型バスや車に乗る。運転手は完全防護服姿である。地域によっては、一定の場所に到着後さらに細かく行先の分かれた小型バスや車に乗り換える。いずれにしても、目的地まで完全な交通手段が手配される。裏を返せば、他の交通手段を用いることは許されず、一般人との接触は一切ない状態で隔離場所まで移送されることとなる。

　そして最後に隔離方法について。隔離については、大きく「自宅隔離」と「集中隔離」と呼ばれる方法がとられている。「自宅隔離」とは、文字どおり自宅における隔離措置を意味する。自宅といっても、外出は一切できず（制度として禁止されているのみならず、具体的な施策は異なるものの、監視カメラ、人による監視など、物理的にも外出はほぼ不可能である）、客人を迎えることも一切できない。フードデリバリーなども完全非接触の状態で行われる。他方「集中隔離」とは、指定さ

れた施設における隔離措置を意味する。通常、ホテルが指定施設とされる。入国者の隔離制度が導入された3月頃の時点では、集中隔離施設が十分に確保できず、自宅隔離措置が中心であったが、その後、「7+7政策」（はじめの7日は集中隔離とし、後半の7日を自宅隔離とする）を経て、脱稿時の上海では、原則として集団隔離措置がとられている。現在上海市とその郊外に所在する約150のホテルが集団隔離施設として指定されているといわれるが公式の発表はない。いずれにしても、本人がその中から隔離施設を選択することは原則としてできず、施設ごとに異なる宿泊費（2020年末現在、上海であれば、概ね3000円から7000円とある程度幅がある）はすべて自弁とされる。毎日一定の時刻に全身防護服の担当者が検温に訪れ、食事が定時に非接触の状態で提供される。上記の食事の授受以外、自室のドアを開けることはなく、自室から出ることも許されない。期間は原則として14日間であり、期間中発熱などの症状が出ず、入国時、入所時および出所時に行われるPCR検査においていずれも陰性結果がでていることが出所の条件となる。そのほか、同じフライトの近くの座席に陽性反応者がいなかったことなども条件となっている。なお、集団隔離にあたっては、メンタルケアのための注意書きのチラシ等が配られ、隔離対象者同志のコミュニケーションを支援するSNS上のグループチャットの利用などが勧められている。

健康コードと行動監視体制

中国は、新型コロナウイルス対策に関するスマートフォン上のアプリケーション（アプリ）の運用においても、異彩を放っている。新型コロナウイルス対策のアプリは、まずアリババのお膝元である杭州市で2月11日に使用が開始された（「杭州健康コード」と呼ばれる）。次いで、上海市で2月28日に「随申碼」と呼ばれるアプリが導入され、同月6日に全国版アプリ「通信ビッグデータ行程コード」の使用が始まったとされる。その後、主要な省や直轄市でそれぞれの地方版健康コードが開発され使用されるに至っている。ここでは、上海において利用されている「随申碼」を例にその概要を述べる。

上海市では、「随申碼」の使用は「広く推奨される」ものとされ、義務とはされていない。しかし、飛行機、高速鉄道、地下鉄等の公共交通機関を使用する場合や政府機関やその窓口、商業ビルや商業施設に立ち入る場合にはほぼ必ず提示が求められる。外国籍者も例外ではない。商業施設などにおいて

は、一応の代替措置（身分証明書やパスポートを提示して、氏名、携帯番号、行先などを登録簿に手書きするなど）が準備されてはいるが、これを利用する者は実際にはほとんど見かけず、アプリは極めて広く普及していると思われる。アプリには、QRコードが表示され、そのQRコードが本人の健康状態、移動履歴、感染者との接触の程度等により、赤、黄、緑のいずれかの色で表示されることとなっており、赤または黄色のQRコードが表示された場合には、公共の場所に立ち入ることが認められない。問題はこのQRコードの色がどのようにして判断されるかであるが、公式の説明によれば、「上海市のビッグデータ資源プラットフォームによって取得、収集される国家および上海市の公共管理機構のデータを元に解析、評価を行うことにより判断される」とされている。実際には、携帯電話基地局からの位置情報、衛星測位システム、電子決済記録などスマートフォンから得られる多くの情報が結合されている。アプリの利用者は、利用時および随時更新されるエンドユーザ使用許諾契約（EULA）に同意することがアプリの使用の前提条件とされていることから、利用者はすべてこの条件に同意しているものとして運用されている。

なお、直近の情報（2020年12月4日）によると、中国国家衛生健康委員会は、ポストコロナの健康対策として、さらに利用の効率化を図るべく、各地のアプリケーションを通じて得られるビッグデータを全国共有とし、スマートフォンの使用に慣れない老人にも家族による登録によりデータの提供が可能となる道を開き、さらには、医療機関における受診履歴や既往症などのデータも統合することを発表したと伝えられる。

政府広報と報道

上記のように、極端なまでに合理化された厳格な政策が次々と実施される背景には、丁寧な政府広報と徹底した報道政策が存在している。政府や関係部門の広報として、新型コロナウイルスとはどのようなものか、どのように重篤化するのか、感染のメカニズムとはどのようなものか、感染防止に有効な対策とは何か、といったことが、テレビ、ラジオ、新聞、ポスター、道路の横断幕、チラシ、ウェブサイト、SNS、エレベーターの中の液晶画面等、ありとあらゆる媒体を通じて何度も丁寧に伝えられる。また、報道番組では、封鎖された都市に派遣される医療従事者とそれを涙ながらに見送る家族、防護服に身を包まれ夜を徹して施設の消毒を行う労働者、封鎖された都市に食

料物資を運ぶ物流業者等をドラマチックな音楽を背景に映し出すドキュメンタリータッチのシーンがいくつも流される。まるで、出征兵士を送り出すドラマのワンシーンのようである。そのような中で、毎日の感染者数とともに、健康コード等のビッグデータ管理を通じて濃厚接触者が特定された事例等が次々と紹介されていく。政策を批判する意見は一切報道されず、SNSへの投稿も、政策を支持し、国民の一致団結等を呼びかける投稿のみが残っていく。

任意か強制か、自由か秩序か

以上、中国の主な感染対策としてとられた措置について実務の面から概観した。日本などと比較すると極めて厳格である。そこで、これらが強制か任意か、という質問をたびたび受ける。しかし、この質問は、おそらく上海に暮らしている人にとっては、その人が法律家であったとしても、その趣旨すら正確に理解されないかもしれない。すなわち、中国は「人治の国」といわれていた時代を脱却し、「依法治国」（法により国を治める）を推し進めてきた。上記の都市封鎖や居住区封鎖にせよ、入国者の強制隔離にせよ、かつてのSARS（重症急性呼吸器症候群）の経験を生かして、「伝染病予防治療

法」、「突発性事件対応法」および「突発性公共衛生事件応急条例」に必要な改正を行っており、明文の根拠も処罰規定も整備されているので、強制するのは当然であり、まったく問題はないはずだ、との回答が返ってきそうである。

しかし、近代立憲主義を基調とする我々の立場からみれば、法令の制定機関に選挙等を通じた正当な民主的基盤が中国では極めて希薄であることに加え、これらの規制内容につき、移動の自由、報道の自由、表現の自由、さらにはプライバシーといった個人の尊厳の根幹に関わる自由ないし基本的人権に係る制約原理や制約の程度に関する検討が不十分である。また、都市封鎖、移動制限等について必要な措置をとることができる旨の規定が法令に存在していても、その基準や条件に関する規定が一切なく、行政権の行使への抑制機能が果たせていない。このようにいわば白紙委任された状態で行われる行政の措置への違反が処罰の対象となるのであれば、市民は行動の予測可能性を奪われ、萎縮的効果を生じることとなる。問題がないどころか、問題だらけである、といえよう。

ところが、中国はそもそも近代立憲主義を基調とはしていない。近代立憲主義が個人の尊厳を至上価値とすることの前提として観念する自然法の存在

にも懐疑的である。むしろ近代立憲主義がその根本価値とする個人の尊厳や人は生まれながらにして自由であるという価値観が生んだ様々な歪み、とりわけ「自由」が「奔放」へと変容し退廃的な価値観を作り上げる状況や富の偏在が急速に進む状況を問題視し、近代立憲主義を福祉国家的に微調整するのではなく、根本的に変革することを内容とする共産主義思想を基調としている。そのうえで、共産主義を目指す社会主義国家建設の弱点とされる競争意欲の低減という問題を克服するべく市場経済的要素を取り入れて修正する、というアプローチをとっているのである。

そのような観点からは、国民の満足度を上げるため、人権保障はたしかに重要であり、憲法にもその旨明記はするが、合理的な価値秩序を形成、維持するための一定の制約は免れないと考える。ときに一部の人民に犠牲を強いて、他のより多くの人民を救う措置をとることも厭わない。ただ、その場合には、戦地に赴く兵士や殉職者と同様にこの国を救った者として称えることを忘れない。このように、我彼の立場は根本から異なるのである。

むろん、これに対しても、その犠牲となる者が犠牲となることを正当化する根拠がさらに必要となるところ、その最後の砦となる民主的基盤が極めて希薄であることが根本的な問題として露呈する、と近代立憲主義の立場からは異を唱えることになる。

しかし、中国としては、国民による選挙を中核とする民主制度を作り、それに必要な情報公開を進めても、望ましい政策にたどり着けるとは限らない、と反論するであろう。選挙を行っても、選挙民が精緻な政策論争を合理的に進められるとは限らず、むしろ問題を過度に単純化した議論になりがちであり、時として、とるべき政策はほぼ明らかであるにもかかわらず、政争の道具となり無為な議論を繰り返し、結果としてただ実行が遅れるばかりか、妥協の末効果の乏しい政策に変容してしまうことも少なくないのではないか。社会が高度に複雑化すればするほど、こうした「民主主義の代償」と称すべき問題が多発することとなる。むしろ、少数の専門家集団により短期集中的に議論を行い、政策を断行し、好ましい結果を出すことの方が人民の満足を得るうえでは重要ではないか。会社の経営において、取締役会における検討資料をすべて株主に開示するようなことはしないのと同様である。そこでは、むしろすべての情報の公開ではなく秘密の保持と適切な開示のバランスが肝要となる。むろん、会社と国家は異なり、国家は自身で帰属を決められない、

というかもしれないが、資本主義社会で、転職の機会が名実ともにある者はどのくらいいるのであろうか。一部の選ばれし者を除けば、転職はそう簡単にできるものではなく、大多数の者は組織に縛られ、いわば隷属を余儀なくされているのではないか。その意味では、この差異も相対的ではないか。そうであれば、少数精鋭の政策集団により短期的に優れた政策を決定、実施できる方法を構築すべきで、人民の付託は、選挙という形式的プロセスから得るのではなく、よい結果を示すことにより得るべきではなかろうか。中国共産党は現在約9000万人の党員がしのぎを削り、し烈な競争を繰り広げる超エリート集団で、政策立案能力も非常に高く、実行力もある――。そのような回答が返ってきそうである。

筆者は、中国の社会主義体制を礼賛するものではないし、日本がそうなってほしいとも思わない。また、近代立憲主義が苦難と直面しながらも200年以上守り続けてきた個人の尊厳を基調とする考えは、時に非常に脆弱であり、一度手放せば回復は容易ではない。内心の自由、思想信条の自由は統治者からの自由を中心に構成されるべきであるし、「法の支配」に基づく三権分立も、近代立憲主義が生み出した少数者保護等の他に替えがたい価値を担っている

というべきであろう。しかし、さればこそ、日本の憲法学においても、この中国の政治思想について、表層的な批判を行うだけでなく、より深い検討をする必要があると思われる。中国の政治思想は、マルクス・レーニン主義を基調としてはいるが、毛沢東思想を経て、鄧小平理論により、そこに市場経済原理が取り入れられている。さらに、「三つの代表」の思想により、中国共産党はすでに労働者階級のみを代表する存在ではなくなっている。その後提唱された科学的発展観は、市場経済原理の導入により加速された格差社会の是正を目指すことが内容とされているが、かつての純粋なマルクス・レーニン主義に回帰しようというものではなく、「人間を基本とし、全面的で、均衡のとれた、持続可能な発展を堅持する」ことを目指している。そして、現政権に入り、新時代の中国の特色ある社会主義思想が新しい政治思想として導入されたが、そこでは、目覚ましい経済発展を遂げた中国がさらに「強くなる」(強起来)ことが強調されている。このように変容を遂げた中国の政治思想は、もはや〈共産主義の実現を目指す第一段階としての社会主義〉と聞いて一般的に想起されるイメージとはまったく異なる内容となっているが、その政治思想の連続性については精

緻な理論的検討も行われている。中国は決して積極的に議論を仕掛けないが、近代立憲主義の立場からの批判に対する反論は十分に用意できているといってよい。

　新型コロナウイルスの感染防止に関する問題は、同時期に、すべての国に対して等しく与えられた課題であり、各国の施策について、その内容のみならず、意思決定のプロセスやそれに要した時間、さらには効果と負の影響をかなり正確に比較することを可能とするものである。そして、それらの比較を通じて、各施策と政治思想との関連性や親和性も検討することが可能となろう。そう考えると、この問題は、まるで異質である中国の政治思想についての比較研究の絶好の機会を与えているとはいえまいか。筆者は憲法学の研究者ではなく、残念ながらその能力を

もたないが、これを機に近代立憲主義の観点からの中国の政治思想に対する研究が進むことを願ってやまない。

〔森脇　章〕

★

1.　　ただし、同日の数値については、当時PCR検査が間に合わず、症状のある検査待ちの患者が武漢市を中心として膨大な数に及び検査体制が崩壊したことから、暫定的に臨床診断を基礎として確定診断をすることとしたため、と説明されている。

2.　　中国の公式統計は客観的に検証しがたく信憑性が乏しいとの指摘も耳にする。たしかに検証は容易ではないが、上海に居住している筆者の生活実感としては、国内感染の可能性はほぼなくなっているようにみえる。

3.　　2020年末現在。

【コラム】 スウェーデン——放任型アプローチの試み

放任型

2020年のコロナ禍に際し、特別なコロナ対策を行わないスタンスで挑んだ国が少なくとも2か国存在した。ブラジルとスウェーデンである。両国では、多くの国にみられるようなロックダウンを行わず、マスク着用すら推奨しなかった。

ただし、両国のアプローチは必ずしも同じではなく、また正確にいえば、まったくコロナ対策を行わなかったわけではない。ブラジルではボルソナロ（Jair Bolsonaro）大統領がコロナをただの風邪だとみなし、放置しておけば終息する、というアプローチをとった。実際、大統領はマスク着用を拒み続け、自身の新型コロナウイルスの感染が判明した後もマスクをせず、裁判所から着用義務の命令を受けたくらいである。その意味では放任型の典型であるが、実際に新型コロナウイルス対策を行うのは州や地方自治体であり、地方レベルでは厳しい規制が行われた。そのため、ボルソナロ大統領の発言や感染者数の多さに気を取られてしまうと、ブラジルが何も対策をしていないようにみえてしまうが、実際にはブラジルも地方ごとに対策を行ってきたといえる。

一方、スウェーデンは、ソーシャルディスタンシングを要請するだけで、マスク着用やロックダウンなどを行わない方針をとった。公衆衛生庁（Public Health Agency）がマスク着用による感染予防効果に疑問を呈したことを受けて、マスク着用で安心してソーシャルディスタンシングをとらなくなるおそれがあるとして、ロベーン（Stefan Löfven）首相はマスク着用を推奨しなかった。またロックダウンについても、それが有効であるとの科学的証拠がなく、そもそも憲法との関係で困難であるとの理由で、それを実施しなかった。

もっとも、ソーシャルディスタンシングを要請し、50人以上の規模の集会や高齢者施設への訪問を禁止するというアプローチをとったので、まったく対策を行わなかったわけではない。正しくは緩やかな対策をとった国という位置づけになろう。また、集団免疫獲得を目指すと明言したわけではないので、その意味でも、単に放置によって終息を図るというスタンスではなかったということになる。

とはいえ、他の欧米の国々が次々とロックダウンに踏み切り、それが強制型の典型例であることを踏まえると、

スウェーデンの対策は緩く、少なくとも当初のスタンスは放任型と呼びうるものであったといえる。

スウェーデンがこのようなアプローチをとったことについては、ロックダウンの効果についての科学的証拠が不十分であったこと以外にも、国に対する国民の信頼度が高いことから強制的手段を用いる必要がなかったこと、個人主義が強いことから新型コロナウイルス対策も個人の自由と責任に任せられている側面があること、公衆衛生庁などの専門機関の提言が政策に反映されていること、意思決定プロセスが透明であることなど、文化的・制度的要因があったとも指摘されている。

展開と転換

スウェーデンの対応については当初から国内の医師や専門家の批判もあり、ソーシャルディスタンシングだけでいいのかどうかについては状況をみて判断するしかなかった。2020年春から夏にかけては一時的に感染者数や死亡者数が増加し続け、周辺の北欧諸国と比べるとその数が多かったこともあり、この方法は失敗だったのではないかという意見が増え始め、専門家からも批判されるようになった。しかし、夏になると感染者数が減少し、一時的

には感染者数がゼロになった日もあった。そうなると、周りの評価も一変し、スウェーデン流の方法が外国メディアでも紹介されるようになった。

ところが、10月下旬頃から感染が急速に拡大し、11月に入るとこれまでの最多感染者数を大幅に上回る日が続くようになった。そのため、政府は9人以上が集まることを禁止したり、飲食店の同席可能人数を8人までとしたり、学校におけるリモート授業への切り替えなどを要請した。

しかし、12月に入っても感染者数の増加に歯止めがきかず、12月17日、状況を見かねたグスタフ（Carl XVI Gustaf）国王がスウェーデン流の方法が失敗だったという声明を出した。そのため、ロベーン首相は翌日になるとこれまでの方針を転換し、公共交通機関では混雑時にマスクを着用するよう国民に呼びかけ、飲食店の同席可能人数を4人までとし、アルコールを販売できる時間を20時までとし、さらに図書館や博物館などの公共施設に一定期間閉鎖を求めたりするなど、規制を行うようになった。

これまでにも緩やかな規制を行っていたものの、政府は明確な方針転換を行ったわけではなかった。そのため、12月18日以降、スウェーデンは明確に放任型から穏健型に転換したという

ことができる。ただし、政府はロックダウンの実施については否定しており、2020年末の時点で強制型への移行は予定されていない。

類似性？

　スウェーデンの対応は日本と部分的に類似する側面があったといえる。ソーシャルディスタンシングやリモートワークを呼びかけ、その対応を国民の自発性に委ねた点は日本に近いといえるからである。しかし、一般に、日本は集団主義的で、スウェーデンは個人主義的といわれるように、国民の自発性に委ねる場合でもその土壌は異なる。そのため、日本の場合は誘導的方法が有効となりやすいのに対し、スウェーデンの場合は個人に最終的決定を委ねるという方法が望ましいということになろう。また、日本は緊急事態宣言を出して外出自粛要請や休業要請を行ったのに対し、スウェーデンは緊急事態宣言を出していない。当初のスウェーデンの対応はせいぜい多人数で集まることを禁じていた程度であり、ほとんど規制を行っていない。そのため、ソフトな手法という点では日本と共通するが、スウェーデンの当初の対応策はやはり放任型といって差し支えないだろう。

　スウェーデン政府は2020年12月に政策転換を行ったが、その是非についてはなお検討の余地がある。感染者数が減ると一躍脚光を浴び、増えたとたんに失敗と非難されたように、その評価は表面的な数字に左右される側面があるからである。それはロックダウンを行った国も同様であり、感染者数が変化するたびに、成功と失敗の異なる評価がなされてきた。

　スウェーデンの評価については、ロックダウンを行った北欧諸国と比較して、感染者数や死亡者数が多いことがしばしば取り上げられるが、それがロックダウンの有無による差なのかどうかは明らかになっていない。

　スウェーデン流のアプローチの成否についてはコロナ禍終息後の検証まで待たなければならないが、政策転換後もロックダウンに踏み切らないスタンスは個人の自由を尊重する社会に由来しているように思える。スウェーデンの自由がこの試練にどこまで耐えられるか。公衆衛生上も憲法上も、目が離せない国である。

〔大林啓吾〕

第2部

緊急事態宣言の比較憲法的分析

公衆衛生上の緊急事態を宣言する
エイザー保健福祉省長官
（ロイター／アフロ）

❶ アメリカ
──支援型の緊急事態宣言

はじめに

　新型コロナウイルスのまん延を受けて、アメリカも他国の例に漏れず、緊急事態宣言を出した。もっとも、この件に限らず、アメリカはこれまでに何度も緊急事態宣言を出してきた印象がある。2001年の同時多発テロの際の緊急事態宣言はその典型であり[★1]、今回と同じく感染症マターである2009年のH1N1インフルエンザの際にも緊急事態宣言が出された[★3]。2019年、メキシコとの国境の壁建設の費用捻出のために出された緊急事態宣言も記憶に新しい[★4]。

　ある種、アメリカでは見慣れた光景ともいえる緊急事態宣言であるが、その印象とは裏腹に、合衆国憲法は緊急事態宣言に関する明示の規定を置いているわけではない[★5]。それにもかかわらず、ことあるごとに緊急事態宣言が出されるのはなぜだろうか。実はその答えの一つは法制度にある。

　日本では武力攻撃事態対処法や原子力災害特措法[★7]など緊急事態に関する法律はわずかしか存在しないが、アメリカには緊急事態に関する法律が、連邦レベルだけでゆうに500近く存在する[★8]。安全保障を筆頭に、公衆衛生問題、経済問題、輸出入関係、外交関係など対

象も幅広い。つまり、分野ごとに緊急事態に関する規定が設けられているわけである。しかし、むやみやたらに緊急事態を宣言してきたわけではない。各分野において、法律の定める緊急事態の要件を満たす状況に直面したときに緊急事態宣言を出せるようになっているがゆえに、適宜のタイミングで緊急事態宣言を出し、適切な対応をとることができるようにあらかじめ整備されている。いわば、各分野にいて緊急事態が制度化されているのである。

制度化された緊急事態は当該分野の特徴に照らして整備されているため、それぞれの分野の制度がどうなっているかを理解することが重要である。そこで感染症に関する緊急事態制度およびその実践に目を向けると、注目すべき点が浮かび上がる。それは緊急事態宣言が異なる法律に定められており、今回のコロナ禍においても法律ごとに別々に緊急事態宣言が出されていたという点である。それでは、なぜ緊急事態宣言を別々に出す必要があったのだろうか。

以下では、コロナ禍において出された複数の緊急事態宣言について、根拠となる法律の規定と緊急事態宣言の内容を中心に考察し、その意義や特徴、課題を検討することにする。なお、ア

メリカをはじめ、連邦制を採用する国は州が第一次的な公衆衛生対策の責務を負い、それぞれ緊急事態宣言を出すことが多い。そのため、州の緊急事態宣言も考察すると多層的・多角的分析ができるが、相応の紙幅が必要になるため、ここでは連邦政府が出す緊急事態宣言に焦点を絞って考察する。

1 最初の緊急事態宣言 ——公衆衛生法に基づく宣言

最初の緊急事態宣言は、2020年1月31日にエイザー（Alex Azar）保健福祉省長官が宣言した公衆衛生法（Public Health Service Act: PHSA）に基づく緊急事態であった。[9] その前日の1月30日、WHOが緊急事態宣言を出したばかりであり、それを意識したのは明らかである。

宣言の根拠になった公衆衛生法319条は、「保健福祉省長官は、必要であれば公衆衛生担当者と協議した後に、(1)疾病又は障害が公衆衛生上の緊急事態を発生させている、又は(2)深刻な感染症の伝播又は生物テロ攻撃を含むその他の公衆衛生上の緊急事態を発生させていると判断した場合、同長官は公衆衛生上の緊急事態に対して、助成金の付与、経費の手当、契約の締結、(1)や(2)の疾病や障害の原因、治療、

予防のための調査の実施や支援を含む、適切な対応を行うことができる。」[10]と定めている。

　この規定を見る限り、緊急事態を宣言するかどうかの判断は保健福祉省長官に広く委ねられているといえる。宣言に際し、公衆衛生担当者との協議が規定されているだけで、専門家委員会やその他の関係機関との相談などは規定されておらず、大統領への相談すら規定されていない。

　また、同条には緊急事態宣言に関する要件も特に明記されていない。そのため、保健福祉省長官は自らが緊急事態と考える状況であれば、緊急事態宣言を出すことができる仕組みになっている。

　エイザー長官によれば、新型コロナウイルスは公衆衛生に深刻な危機をもたらしているが、アメリカにおけるリスクはまだそれほど高くないという（当時）。エイザー長官はその理由として政府が全力を尽くしてきたことを挙げながら、この緊急事態宣言が最新の政府対応であると説明した。

　緊急事態宣言を出すことにより、保健福祉省長官は助成金の付与、経費の手当、契約の締結、疾病や障害の原因、治療、予防のための調査を行うことができる。また、連邦と州などが連携するために必要な資金を拠出したり、疾病予防管理センター（Centers for Disease Control and Prevention: CDC）[11]が適切な対応を行えるように資金を提供したりするなど必要な資金を利用でき、また保健福祉省に提出しなければならないデータや報告書の期限を緩和・免除するなど一定の責務を緩和・免除することができ、また一時的に対策に必要な人材を配置・派遣するなど人的資源を活用することができるようになる。

　また、他の法令と連動して緊急措置が可能になる部分もある。連邦食品医薬品化粧品法（FDC法）は未承認薬の緊急使用を認める要件を設定しており、その中に公衆衛生上の緊急事態が含まれている[12]。そのため、公衆衛生上の緊急事態が宣言された場合には一定の条件のもと、未承認薬を使用することができるようになる。

2 二つ目の緊急事態宣言

　もう一つは、ニューヨーク州などでの感染拡大を踏まえ、3月13日にトランプ（Donald Trump）大統領が出した緊急事態宣言である[13]。正確にいえば、ここでも2種類の緊急事態宣言が出されている。一つは国家緊急事態法および社会保障法上の緊急事態宣言

であり、もう一つはスタフォード法（Stafford Act）[★14]に基づく緊急事態宣言である。前者は国民に向けて発したものであるが、緊急事態というインパクトを与える側面が強い。一方、後者は閣僚に向けた文書の中で発せられたにもかかわらず、緊急事態宣言の理由を説明し、さらに実質的な緊急事態対応につながるものになっている。

まず、前者について、トランプ大統領は、これまでの状況経過を概観しつつ、3月12日の時点で47の州から1645人の感染者が出ていることに言及しながら、次のような宣言を出した。[★15]

　　以上を踏まえ、今、私は大統領として、憲法及び法律、国家緊急事態法201条及び301条に基づき、社会保障法1135条[★16]にも合致する形で、アメリカにおける新型コロナのまん延が2020年3月1日以来国家緊急事態を引き起こしていると宣言する。この宣言に基づき、私は以下のことを命じる。

第1条　緊急事態権限。保健福祉省長官は社会保障法1135条[★17]に基づき新型コロナに対してなされた公衆衛生上の緊急事態が宣言されている間、メディケア、メディケイド、州の子どもの健康保険プログラムや医療保険の相互運用性と説明責任に関する法律のプライバシールールの要求を一時的に免除又は修正する。

第2条　証明及び通知。保健福祉省長官はこれを行うに際して、社会保障法1135(d)条の定めに従い、証明書を出し、事前に連邦議会に文書で通知する。

第3条　一般規定。(a)この宣言は以下の事項について阻害又は影響を与えるように解釈してはならない。

　　(i) 執行府の省庁若しくは行政機関、又はその長に法律によって付与された権限

　　(ii) 予算、運営、又は提案に関する予算管理局長官の機能

(b) この宣言は適用可能な法律と整合的に実施され必要な調整が行われなければならない。

(c) この宣言は、合衆国、省庁、行政機関、法人、公務員、被雇用者、又は代理人、又はその他の者に対して、法律又は衡平法上実施可能な実質的又は手続的な権利又は利益を付与することを意図しておらず、また付与しない。

以上の内容をみると、一定の規制の免除または緩和以外、これといった具体策を提示しているわけではなく、緊

急事態を宣言するというインパクト的効果にすぎないように思える。というのも、この宣言は緊急事態管理庁（The Federal Emergency Management Agency）が実際の施策に進むためのトリガー的意味合いが強いからである。

3 実質的な緊急事態宣言

　もう一つの緊急事態宣言は、スタフォード法に基づいて出したものであり、未曽有の災害に直面したときに州や地方自治体に対して技術や財政など様々な支援を行う手はずを整えるものである。緊急事態管理庁がそうした支援の実務を担うことになる。

　スタフォード法501(a)は緊急事態宣言について次のように規定している。

　大統領に対する緊急事態宣言の要請はすべて緊急事態に直面した州知事によってなされなければならない。その要請は当該状況が極めて深刻かつ大規模で、その対応が州や地方自治体の許容範囲を超え、連邦の支援が必要であるという判断に基づかなければならない。その要請の前提として、かつ本章における緊急支援を受ける前提として、知事は州法に基づき適切な対応を行い、州の緊急事態計画の実施を指示しなければならない。知事は州及び地方自治体が緊急

性を緩和するために用いた努力や資源に関する情報を提示しなければならず、それによって必要な連邦の援助の種類や程度が明らかにされることになる。そのような知事の要請に基づき、大統領は緊急事態が存在することを宣言することができる。[18]

　つまり、州知事が連邦の手を借りなければ対処できない事態に直面した場合、州知事が大統領に緊急事態を宣言するように要請し、それを受けて大統領が緊急事態を宣言するというプロセスになっている。

　もともと、アメリカ合衆国が成立するまで、各州は邦として自治を行っていたのであり、ポリスパワー（police power）[19]を行使してきた。そのため、州は感染症のような公衆衛生の問題についても第一次的に対応する責務と権限を有しており、感染症が流行した場合にはまずは州が対応することとなる。[20]日本でも地方自治体が感染対策について一定の役割を果たすが、アメリカの州はより広範な権限をもっており、感染対策においても広く権限を行使することになる。

　しかし、州のもっている資源だけでは感染症に十分対応できないことがありうる。たとえば、未知の感染症に対

する研究や対策は国レベルで対応することが想定されている。また感染症が州を越えてまん延した場合には州単独では対応できない。そこで州だけで対応できない場合には連邦の支援を受ける形になっているのである。

したがって、スタフォード法に基づく緊急事態宣言は、緊急事態管理庁が主導して支援を行うことになっていることからもうかがえるように、公衆衛生プロパーというよりも、緊急事態という観点から全米レベルで公衆衛生上の支援を行うという制度になっているところが特徴である。

もっとも、今回の緊急事態宣言はこの規定ではなく、もう一つの規定であるスタフォード法501(b)に基づいて出された。同条は次のように規定している。「大統領は、合衆国憲法及び法律に基づき、緊急事態が合衆国の排他的又は先占的に責務及び権限を行使する分野に関連していることから合衆国が当該対策に関する主要な責務を負う緊急事態が発生していると判断するとき、当該緊急事態について本章の5192条又は5193条によって付与された権限を行使することができる。緊急事態が発生しているかどうかを判断する際、可能であれば、大統領はその影響を受ける知事と協議しなければなら

ない。この大統領の判断は(a)の規定と関係なく行われる」[21]。

501(a)も501(b)も全国レベルの対応を行うために緊急事態宣言を出すという点では共通している。だが、501(a)が州の要請を緊急事態宣言の前提としているのと異なり、501(b)は国が対応しなければならない緊急事態が発生した場合には大統領自ら緊急事態宣言を出す点が異なる。新型コロナウイルスのケースでは、公衆衛生対策だけでなく、全米レベルの安全保障や経済対策に関わる問題に対応しなければならないことから、トランプ大統領は501(b)に基づく緊急事態宣言を出すことにしたのだと考えられる。

もっとも、この緊急事態宣言は財務省長官、保健福祉省長官、緊急事態管理庁長官の3人に宛てて出した次の文書の中で示された[22]。

私は、現在の新型コロナウイルスのパンデミックはスタフォード法501(b)がいうところの緊急事態を発するほど深刻かつ大規模な事態に当たると判断した。

スタフォード法501(b)に該当すると判断したのは今国全体が重大な公衆衛生上の緊急事態に直面しているからである。WHOは我々がグローバルパンデミックの真っただ中にいると公式

に宣言した。

WHOが宣言した時、アメリカでは32の州、三つの海外領土、四つの先住民部族、一つの先住民居留地に新型コロナウイルスの感染が広がり、これらの地域は緊急事態を宣言した。この病原菌が全米レベルで広まったことを宣言するのに必要な諸々の調整を行うのは連邦政府である。外国由来のウイルスが全米レベルに広がったことへの対応は連邦政府が果たすべき責任であり、連邦政府は州を越えた問題や外国との通商を規制し、外交関係を処理する権限を行使する。たとえば、連邦政府は保健福祉省やその部局、疾病予防センターを通じて、州、地方自治体、先住民族の公的機関と協力しながら、外国から各州や属領にまたは一つの州や属領から別の州や属領に、感染症が入り込んだり、伝播したり、まん延したりするのを防ぐために必要な対策をとる権限がある（42 U.S.C. §264(a)）。さらに、連邦政府は全米の利益を守るために国境を守ったり外国からの入国を監視したりする責任を負っている。

このパンデミックはアメリカの安全保障と経済保障に深刻な影響を及ぼす可能性がある。公衆衛生の担当者からの助言に基づき、私はすでにアメリカで新型コロナウイルスのまん延を強めるおそれのある国に最近まで滞在していた外国人がアメリカに入国する

のを制限する厳しい措置をとっている。また、保健福祉省や疾病予防センターは新型コロナウイルスが公衆衛生上の脅威をもたらしていることを宣言するために適切な対応を行ってきた。これらの対応は国民の健康にとって最善のものであったが、新型コロナウイルスはすべてのアメリカ人に対して一時的に財政負担を押し付けるおそれがあった。そのため、我々は連邦政府が提供できる必要な救済を実施するためにあらゆる権限を用いることが重要である。

以上のことを実践するために、私はスタフォード法501(b)に基づき全米が緊急事態にあると判断する。

この判断により、緊急事態管理庁はスタフォード法502条および503条に基づき、他の連邦法では認められていない緊急の保護措置を行うために適切な支援を行うことができる。ゲイナー（Peter Gaynor）緊急管理庁長官はスタフォード法に基づく必要な支援を実施する際に他の連邦の行政機関と協力したり指示をしたりするが、連邦政府の新型コロナウイルス対策において行政機関を主導する役割を担う保健福祉省の指示に服しなければならない。

この緊急のパンデミックが引き起こした様々な問題に対応するために、すべての州及び地方自治体は緊急オペレーションセンターを開設し緊急予防計画をチェックすることが望ましい。ま

た、緊急事態管理庁は各州に行う支援がこの文書や法律が付与する権限と合致しているかどうかをチェックし続けることが求められる。

また、私は、合衆国法典26編7508A(a)条に基づき、ムニューシン(Steven Mnuchin)財務長官にコロナ禍によって影響を受けたアメリカ人に対して税金の支払いの期日を適切な形で猶予するように指示している。

慎重な考慮の末、私はこの災害の全米レベルでの重大な深刻性がスタフォード法401(a)条が規定する大規模災害の宣言の要件を十分満たしていると考えている。

すべての州知事および部族の代表者はスタフォード法の規定に基づき、同法の要件に従って、連邦の支援を求めることを考えてほしい。私はそうした要請に迅速に対応する準備がある。

この文書では、新型コロナウイルスが全米に広がり、公衆衛生のみならず安全保障や経済対策を全米レベルで行う必要が生じたことが緊急事態宣言につながったと説明されている。そして、スタフォード法に基づく緊急事態を宣言したことで、緊急事態管理庁が様々な支援策に動き出すように促し、保健福祉省長官と連携するように求め、また財務省長官には税金の支払猶予策を講じるように求めている。とりわけ、緊急事態管理庁が様々な支援策を進めることが可能になった点は重要である。これにより、連邦と州の連携、資源配分、管理運営の調整などを行うことができるからである。実際、緊急事態宣言を出したことで、支援策として400億ドル以上の予算執行が可能になったといわれている。[★23]スタフォード法に基づく緊急事態宣言は、国家全体が支援に取り組む姿勢を表すだけでなく、実際の支援の遂行と連動しているのである。

新型コロナウイルスのケースでは、緊急事態宣言は州からの要請ではなく、国家的対応が必要であるとの大統領の判断をもとに出されたが、公衆衛生上の問題に対してこの手法が用いられたのは初めてであった。[★24]また、この宣言が出された後、さらにスタフォード法に基づく大規模災害の宣言が出されたのも初めてのケースであった。[★25]ニューヨーク州をはじめ多くの州が大規模災害宣言の指定を大統領に要請し、大統領は3月22日にはすべての州に対して大規模災害宣言の指定を行った。

4 二つの緊急事態宣言の異同

さて、公衆衛生上の緊急事態宣言とスタフォード法上の緊急事態宣言は、

両方とも公衆衛生に関する緊急事態宣言という点では共通しているものの、次の点が異なっている。

公衆衛生上の緊急事態については宣言を出すかどうかについて特に要件が設定されていないが、スタフォード法上の緊急事態は、州の要請または国家的対応の必要性が存在しなければならない。この点、日本では法令で要件がある程度細かく定められているのと対照的である。

公衆衛生上の緊急事態は保健福祉省長官が主体となって助成金の付与、経費の手当、契約の締結、疾病や障害の原因、治療、予防のための調査を行い、またCDCに必要な資金を提供するなど、公衆衛生の観点から様々な支援を講じるところが特徴である。これに対し、スタフォード法の緊急事態は全米レベルの対応を主眼とし、緊急事態管理庁が緊急事態の観点から公衆衛生上の支援策を講じるというところに特徴がある。そのため、公衆衛生上の緊急事態はより専門的見地からの対策につながるのに対し、スタフォード法の緊急事態は全米レベルの視点から州や地方自治体の支援を行うという違いがある。

だからこそ、最初に公衆衛生上の緊急事態宣言が出され、それでも足りず全米レベルでの対応が必要になった場合にスタフォード法上の緊急事態宣言が出されるという順番になっていたといえる。

また、二つの緊急事態宣言が出されて初めて効果が生じる部分もある。社会保障法1135条は公衆衛生の緊急時に州内で活動するのに必要な医師免許の要件などについて、規制を緩和したり免除したりする規定を設けているが、公衆衛生法上の緊急事態とスタフォード法上の緊急事態の両方が宣言されていることを前提条件としている。★26

このように、それぞれの緊急事態宣言は機能が分かれている点が特徴である。また、緊急事態宣言の発動につき、いずれも宣言者の裁量が広く認められている点も注目される。スタフォード法には一定の要件があるといっても501(b)は大統領の裁量が極めて広い。これは制度化された緊急事態である点に関わる。つまり、憲法が暗黙のうちに緊急事態権限を認めていると解されるからこそ、宣言者に広い裁量を認める立法措置が施されていると考えられるのである。ただし、憲法上の緊急事態権限の根拠は、立法府の権限と執行府の権限の両方にそれぞれ存在しているため、分野によっては立法統制が強く働く場合もあるといえるだろう。

おわりに

アメリカでは、制度化された緊急事態の発想のもと、分野ごとに緊急事態対応が整備されている。緊急事態宣言も分野ごとに異なることから、何度も緊急事態宣言が出される場合においても、単なる繰り返しと考えずに、緊急事態宣言ごとにその根拠法、宣言の内容および効果を把握しなければならない。

感染症のまん延に対しても同様であり、新型コロナウイルスのケースでは、公衆衛生法、国家緊急事態法、社会保障法、スタフォード法など、様々な法律をもとに緊急事態宣言が出されている。これらのうち、最も重要な機能を果たしたのはスタフォード法に基づく緊急事態宣言である。なぜなら、これによって全米レベルの緊急対応が必要であることが明示され、かつ緊急事態管理庁が州等の支援に乗り出すことが可能になったからである。

スタフォード法に基づく緊急事態宣言は、州等に対する緊急事態管理庁の支援が中心であることから、緊急事態によって政府（地方自治体を含む）が諸々の規制を行えるようになるという発想とは一線を画している点に留意すべきである。日本では、新型インフルエン

ザ特措法に基づく緊急事態宣言が発令されてから、特定都道府県が自粛要請や土地使用等を行う前提となっていることから、規制権限の発動につながるものとしてみられがちであるが、アメリカでは、少なくともスタフォード法は支援策の実施の発動なのである。

このことは、アメリカの緊急事態宣言の要件が日本ほど細かく設定されていない点にも関わる。先述したように、公衆衛生上の緊急事態もスタフォード法に基づく緊急事態も、その発動について細かな要件を設定していない。それは制度化された緊急事態であることや緊急事態においては裁量が必要であることを反映しているからと思われるが、これらの緊急事態宣言が国民の行動を制限するよりも、支援を推進することが中心になっているがゆえに、要件が厳密になっていないともいえるだろう。

それとは反対に、日本の新型インフルエンザ特措法に基づく緊急事態宣言は国民の行動を制約することにつながるため、行政のフリーハンドに任せるわけにはいかない。だからこそ、現行制度においては緊急事態宣言にアメリカよりも厳密な一定の要件が設定されているのである。そのため、アメリカの緊急事態宣言の要件が緩いからと

いって、日本の緊急事態宣言の要件を緩く解釈すべきではないだろう。

　日本の現行制度の法改正をめぐる議論において、地方自治体からは支援措置と強制措置を追加すべきとの意見が出ている。[★27] 緊急事態宣言との関係からすれば、強制措置を盛り込む場合は緊急事態宣言の要件を一層厳格化する方向で再検討する必要が生じることになろう。他方で、規制や強制ではなく、アメリカのような支援型の緊急事態制度に切り替えるのであれば、その要件の緩和を検討する余地が出てこよう。

〔大林啓吾〕

★

1.　Proclamation 7463 of Sep. 14, 2001, Declaration of National Emergency by Reason of Certain Terrorist Attacks, 66 F.R. 48197.

2.　2009年に発生したインフルエンザで、WHOはパンデミック宣言を出している。

3.　Proclamation 8443 of Oct. 23, 2009, Declaration of a National Emergency with Respect to the 2009 H1N1 Influenza Pandemic, 74 F.R. 55439.

4.　Proclamation 9844 of February 15, 2019, Declaring a National Emergency Concerning the Southern Border of the United States, 84 F.R. 4949.

5.　もっとも、コモンロー系諸国においては国家が黙示の緊急事態権限を有してい

るという見解があることに加え、アメリカにおいては、平穏維持と共同防衛に言及した規定（前文）、戦争宣言規定（1条8節11項）、民兵招集規定（1条8節15項）、人身保護令状の停止（1条9節2項）、執行権付与規定（2条1節1項）、総司令官規定（2条2節1項）、憲法擁護宣誓規定（1条1節8項）、誠実執行義務規定（2条3節）等により、憲法も緊急事態権限を想定していると考えられている。

6.　武力攻撃事態等及び存立危機事態における我が国の平和と独立並びに国及び国民の安全の確保に関する法律（平成15年法律第79号）。

7.　原子力災害対策特別措置法（平成11年法律第156号）。

8.　National Emergency Powers, CRS REP. 98-505, 3 (2020).

9.　U.S. Department of Health and Human Services (HHS), "Secretary Azar Declares Public Health Emergency for United States for Coronavirus Disease 2019," press release, January 31, 2020.

10.　42 U.S.C. 247d(a). なお、緊急事態宣言の効力は90日を超えることはできないが、更新可能である。

11.　連邦政府の機関であり、健康関連の調査や研究を行い、それに関する情報を提供する。感染症問題についてのリスク評価や報告書は世界的に信頼ある情報とみなされている。

12.　21 U.S.C. 360bbb-3(b)(1)(C).

13.　なお、緊急事態宣言を出した際、トランプ大統領は、記者会見で、検査の拡大、遠隔治療の実施、学生ローンの金利の免除などについて言及している。

14.　42 U.S.C.5121 et seq. スタフォード法は、州や地方自治体への効果的な災害支援を行うために1988年に制定されたもので、緊急事態管理庁が様々な支援策に乗り出す根拠法令となるものである。

15.　Proclamation 9994 of March 13, 2020, Declaring a National Emergency

Concerning the Novel Coronavirus Disease (COVID-19) Outbreak, 85 F.R. 15337.

16. 50 U.S.C. 1601 et seq.

17. 42 U.S.C. 1320b-5.

18. 42 U.S.C. 5191(a).

19. ポリスパワーとは州が固有に有している権限のことを指し、治安、安全、衛生、秩序などの警察権限をはじめ、福祉や経済など、幅広く統治に関する権限のことをいう。

20. そのため、州や地方自治体もそれぞれ緊急事態宣言を出している。

21. 42 U.S.C. 5191(b).

22. Letter from Donald J. Trump, President of the United States, to Acting Secretary Wolf, Secretary Mnuchin, Secretary Azar, and Administrator Gaynor, March 13, 2020.

23. Charlie Savage, *Trump Declared an Emergency Over Coronavirus. Here's What It Can Do*, N.Y TIMES, Mar. 14, 2020, A at 7.

24. Stafford Act Declarations for COVID-19 FAQ, CRS REP. R46326 at 4 (Apr. 22, 2020).

25. *Id.* at 6.

26. Social Security Act, §1135 (g)(1)(A), 42 U.S.C. 1320b–5.

27. 朝日新聞2020年7月8日夕刊9面「知事にアンケート、国の認識とズレ　コロナ特措法、問題点の早期検証を」。

新型コロナウイルス感染症による緊急事態への対応の中核を担う
G.コンテ首相（左）と A.ボッレッリ災害防護庁長官（右）
（AP／アフロ）

❷ イタリア
──行政への権限付与のための緊急事態宣言

はじめに

イタリア共和国憲法において、実質的に緊急事態に対処する手段としては緊急法律命令に関する規定（77条）が置かれており、「両議院は、戦争状態を議決し、必要な権限を政府に与える」という戦争状態に関する規定（78条）も設けられているものの、いわゆる緊急事態に関する規定は設けられていない。緊急法律命令とは、緊急性および必要性の要件を満たした非常の場合に政府が制定する、法律と同等の効力を有する命令で、公布後60日以内に、国会の定める法律により承認されなけ

れば失効するものである。緊急法律命令は、新型コロナウイルス感染症対策においても国の主要な立法手段として用いられた[★1]。さらに、今回の新型コロナウイルス感染症に対して、戦争状態に関する規定の拡大適用を認めうるとの主張も一部でみられたが、認められないというのが学説の多数派とされている[★2]。[★3]

こうした憲法規定とは別に、緊急事態宣言を出す現在の根拠となっているのが、2018年1月2日立法命令第1号「災害防護（市民保護）法典」[★4]（以下「法典」という）であり、宣言に基づく措置（災害防護命令等）もあわせて定

められている。そこで、本章では、法典の関係規定をまず確認する。続いて、当該規定に基づいて行われた、新型コロナウイルス感染症に対する緊急事態宣言の決定とその延長をめぐる動向について検討を行う。あわせて、過去にどのような緊急事態宣言が行われてきたのかについても簡単に振り返り、最後に総括を行う。

1 災害防護法典

(1) 概　観

法典は、1992年2月24日法律第225号[★6]（以下「92年法」という）により、災害防護の体制として設けられた「災害防護国民サービス」について、それまでの関係法令を整理・統合し、改めて詳細に定めている。

災害防護国民サービスとは、自然または人の活動による災害のもたらす被害または危険から、生命、身体の安全、財産、住居、動物および環境を保護することを目的として（1条）、予測、予防、緊急事態への対応（救援）、緊急事態の克服（復旧・復興）の四つの活動を行うものである（2条）。同サービスは、国、州、自治県および地方団体から構成され（4条）、首相、州・自治県の知事およびコムーネ・大都市の首長がそれぞれの権限において方針[★7]

を決定し、体制の統一性を保障することとされている（3条）。

(2) 緊急事態宣言

法典は、災害に係る緊急事態について、次の三つの類型に分類しており（7条）、各類型は、概ねコムーネ、県または州、国のレベルに対応している。

---

a) 自然または人の活動による災害に関連した緊急事態で、通常の権限を有する各団体および行政機関により実施可能な措置により対処することができるもの

b) 自然または人の活動による災害に関連した緊急事態で、その状態および範囲から複数の団体または行政機関の間で調整された措置が必要であり、かつ、事前に限定された期間に適用され、州および自治県がその立法権の行使により規律する特別な手法および権限により対処する必要があるもの

c) 自然または人の活動による災害に関連した全国的に重大な緊急事態で、その激しさまたは範囲のために、24条に基づき事前に限定された期間に適用される特別な手法および権限により即時に対処する必要があるもの

このうち、災害防護庁[★8]の評価等により c) に該当するとされた災害を対象に、

内閣は、関係する州または自治県の要請を受けるかまたはその同意を得た首相の提案に基づいて、適用期間および適用地域とともに、全国的に重大な緊急事態を決定する（24条）。適用期間は12か月を超えることはできず、延長可能であるが、それでもさらに12か月を超えることはできない。緊急事態の取消しにあたっても、緊急事態決定のための手続が尊重される。

緊急事態の決定と同時に、内閣は、住民に対する救援・扶助活動や、公的サービス等の機能回復、廃棄物等の処理および地域行政の継続性の保障といった緊急活動の開始に充てる当初の資金を定める。当該資金は、全国緊急事態基金[★9]により負担する。また、災害防護庁と関係する州および自治県が共同して実施した災害の実際の影響の評価後、災害防護庁長官の報告に基づき、内閣は、上述した活動や、住民等に対する初期の経済・社会的支援の促進のほか、残存する危険の軽減や安全の保護のための緊急措置の開始のために、必要な追加資金を定める。

(3) 災害防護命令等

あわせて、内閣は、災害防護庁長官が災害防護命令を制定することを承認する。災害防護命令は、全国的に重大な緊急事態の期間において行われるべき措置の実施の調整のために制定されるものであり、緊急事態決定において示された限界および方式に従い、法体系およびEU法の一般原則を遵守して、現行法の規定を適用除外することができる（25条）。当該命令は、地域的に関係する州および自治県の同意を得て制定され、現行法の例外を含む場合には、抵触する主要な規定を明らかにし、具体的に理由を示さなければならない。[★10]

災害防護命令は、住民に対する救援・扶助、公的サービス等の機能回復、廃棄物等の処理、地域行政の継続性の保障、住民等に対する初期の経済・社会的支援、残存する危険の軽減・安全の保護、被害を受けた施設・インフラの修復等を目的とした措置を行うものとする。また、災害防護命令は、制定の日から効力を有する。制定後、情報提供の目的で、首相と関係する州または自治県に送付されるほか、緊急事態の決定から30日目までは経済・財務省に事後送付するだけでよいが、その後は制定にあたり、経済・財務省の事前同意が必要とされている。

このほか、生命・身体・最も重要な財物を危うくするような激しさを示している例外的な災害に際して、首相は、災害防護庁長官の提案に基づき、自らの方策をすべて用いたと主張する州ま

たは自治県の要請により、当該州等を支援するために他州からの組織されたボランティア等の動員を命じることができる（23条）。

(4) 州による緊急事態宣言

また、州は、その立法権の範囲内で、上述のb）に該当する緊急事態に対して、国が上述のc）に該当する緊急事態について定めたものに準じた規定を設けることができる（24条）。

たとえば、イタリア中部トスカーナ州の2020年6月25日州法第45号「災害防護の州制度及び関連活動の規律」★11は、州知事が、当該緊急事態に対して適用期間（最長6か月。さらに6か月の延長可能）および適用地域とともに緊急事態を宣言すると定めている。加えて、緊急事態宣言から30日の間に、州政府は、関係コムーネの確定、災害の評価および救援・扶助活動等に充てる資金を定めるものとしている。

2 新型コロナウイルス感染症に対する緊急事態宣言

(1) 緊急事態宣言とその内容

2020年1月30日、世界保健機関（WHO）が新型コロナウイルス感染症による世界的な公衆衛生に係る緊急事態を宣言した。また同日に、イタリア国内では初めて新型コロナウイルス感染者（中国人旅行者2名）が確認された。こうした状況のもと、2020年1月31日に開催された閣議により、法典7条および24条等に基づいて、新型コロナウイルス感染症に対する緊急事態宣言が行われた（2020年1月31日閣議決定「伝染性ウイルス感染者による病理の発生に関連した衛生上の危険を理由とした緊急事態宣言」）★12。宣言の内容は、以下のとおりである。第1に、緊急事態の期間は、2020年7月31日までの6か月間とされた。第2に、新型コロナウイルス感染症により影響を受けた者に対する救援・扶助や、関係地域の行政の継続性の保障等に向けた措置を実施するため、災害防護庁長官は、災害防護命令を制定することを承認された。第3に、新型コロナウイルス感染症の実際の影響の評価が出る前に初動措置を実施するため、全国緊急事態基金の負担により500万ユーロ（約6億円）が計上された★13。決定の理由において、世界保健機関による緊急事態宣言に加え、考慮すべき要素として、「イタリアにも影響を及ぼしている、伝染性ウイルス感染者に関連した公的および私的な安全に対する危険の発生によってもたらされた広範な国際的危機の現状」、「そのように危険な状況を踏まえ、特に完全な予測・予防活動を実施する

必要があり、国内にいる人々に生じうる損害に適切に対処するため、特別かつ緊急の措置を即座にとる必要があること」および「保健施設および空路・陸路の国境管理施設の強化も含む保健省および国民保健サービス〔全国民を対象とした公的医療サービス──筆者注〕の活動を支援する必要があること」等が挙げられている。

(2) 緊急事態宣言の延長

その後、緊急事態の適用期間は、法典24条等に基づいて行われた2020年7月29日閣議決定「伝染性ウイルス感染者による病理の発生に関連した衛生上の危険を理由とした緊急事態の延長」[★14]により、まず2020年10月15日まで延長された。そこでは、「専門・科学委員会[★15]が、2020年7月24日付意見において、イタリアの流行曲線の現状が前月に比べて減少したことを認めながら、国際レベルおよび国内レベル双方の状況について懸念を表明し、生じる可能性の高い重大な状況に適切に対処するための、より容易で迅速に適用可能な手段を決定権者に提供することを可能にする、緊急規定で採用された抑止及び予防措置を維持するための客観的条件が存在していると結論づけたこと」等の理由が挙げられた。

また、決定に先立ち、首相は、上下各院に対して報告を行った。両院とも討論の後、政府与党の会派長から提出された決議と、野党の会派長から提出された決議の一部を可決した[★16]。与党の決議は、政府に対して「①緊急事態の期限を2020年10月15日に定めること、②基本的自由の制限措置は、今後一次法により定めること、③緊急事態の実施段階に国会が十分に参加できるよう保障すること、④衛生状況の安全を十分に尊重しながら、経済・社会活動の一層の秩序立った回復を図り、最も時宜を得て正常に戻れるよう保障するために必要な活動を伴った計画を推進すること、⑤必要な衛生措置を尊重しながら、教育機関における教育活動の再開により2020-2021学校年度が通常どおり9月に開始されるよう保障すること、および可能な限り短期間での大学の活動の再開を保障すること、⑥衛生のための方策をとることも含め、地方選挙および国民投票のための運動が正常に遂行できるよう保障すること、⑦学校の建物を可能な限り避けて、選挙および国民投票を行うのに適した場所を定めること、⑧居住型精神医療施設の閉鎖を克服するのに適した措置を実行すること」を求めるものであり、野党の決議は「基本的自由・権利の制限措置について、一部の州に関係する

場合は当該州の知事、全土に関係する場合は州・自治県会議の議長の意見を聴取すること」を求めるものであった。この首相による報告および国会側の対応は法典に規定があるものではないが、緊急事態の統治に関してより一貫した国会の統制を保障する必要性に応えるものと評されている。[17]

さらに、緊急事態の適用期間は、2020年10月7日閣議決定により、7月の時点とほぼ同様の理由に基づいて[18]2021年1月31日まで延長された。

(3) 災害防護命令等

1(3)で述べた災害防護命令は、新型コロナウイルス感染症に対しても55件制定されている。たとえば、当該感染症対策のために初めて制定された2020年2月3日災害防護（庁長官）命令第630号「伝染性ウイルス感染者による病理の発生に関連した衛生上の危険についての緊急事態に関する災害防護の緊急初動措置」[19]は、全国的な緊急事態への対処のために必要な措置について調整する権能を災害防護庁長官に与え、同長官が当該措置の実施のために専門・科学委員会を用いることとともに、災害防護庁長官等が、あらかじめ列挙された公共調達に関する規定を適用することなく手続を進められる旨などを定めている。

また、「新型コロナウイルス感染症による緊急事態の抑止及び対策のために必要な措置の実施及び調整のための特別委員」[20]のとる措置も、憲法、法体系およびEU法の一般原則を遵守して、現行法の規定を適用除外することができる。ただし、この措置も、目的に適切に比例していることのほか、即時に国家-州会議（中央政府と州の代表者による協議機関）および影響を受ける州に対する通知が求められ、当該州は再検討を求めることができる。実際に、マスク1枚あたりの最高小売価格を0.5ユーロ（約60円）と定める命令等が制定されている。[21]

3 過去の緊急事態宣言の事例

(1) 概 観

法典に基づく緊急事態宣言は幅広く用いられており、直近5年間の事例は、洪水等の気象災害に対して55件、地震・火山災害に対して6件、環境・衛生上の危険に対して5件、国際的な緊急事態6件となっている。[22]

(2) 気象災害

気象災害の例では、2016年10月の大雨と竜巻による被害について、ジェノヴァ県（イタリア北部）を対象に、途中2度の延長により合計1年3か月の緊急事態が宣言されている。また、

2017年6月には水不足とそれに伴う干害について、パルマ県（イタリア北部）などを対象に緊急事態が宣言され、その後、対象となる地域を拡大するとともに宣言は1年間継続した。

（3）地震・火山災害

地震・火山災害の内訳は、地震災害が5件、火山災害が1件となっている。前者には、2016年8月に発生し、約300人の死者を出したイタリア中部地震等が含まれている。後者の対象は、2019年7月～8月に発生したストロンボリ島（イタリア南部）の大規模な噴火であった。

（4）環境・衛生上の危険

環境・衛生上の危険による緊急事態には、ヴェネト州（イタリア北部）の一部での有害化学物質による水質汚染（2018年3月～2020年3月）、43人の死者を出したジェノヴァでの高架橋崩落（2018年8月～2021年8月 ※特例）等のほか、今回の新型コロナウイルス感染症による緊急事態も含まれている。

（5）国際的緊急事態

このほか、緊急事態は、国外における自然災害等について援助活動を行うような場合にも宣言することができる。直近5年間では、2016年エクアドル地震、2017年イラン・イラク地震、2019年にモザンビークに上陸したサイクロン、2019年アルバニア地震、2020年ウクライナ洪水、2020年ベイルートでの爆発事故が対象となった。ただし、国際的な緊急事態に係る要件等は、他の類型とは異なる。

おわりに

イタリアにおいて、緊急事態宣言については、憲法ではなく、災害防護法典という法律レベルの規定が統一的に規律している。緊急事態宣言は頻繁に出されており、その対象は、幅広い自然災害および人為的な災害のうち、全国的に重大なものと定められている。宣言の主な内容は、初動措置のための資金の決定とともに、災害防護庁長官が災害防護命令を制定することについての承認である。つまり、宣言自体は、市民に対する権利上または経済・社会上の制限を直接もたらすものではなく、同長官を中心とした体制に権限と資金を与えるものとなっている。新型コロナウイルス感染症対応において、むしろ様々な制限措置は、憲法で定められた緊急法律命令とその実施のための首相令等という、いわば別の系統の立法が中心となって実施された。

緊急事態宣言の決定・延長は、関係する州等の協力のもと、内閣が行うものと法典は定めている。しかし、新型

コロナウイルス感染症に対する緊急事態宣言の延長に際して、法典上の規定とは別に、国会による関与を強化する動きもみられた。これは、決定の迅速性など本来の要請に支障を及ぼさない限り、多様な意見を反映させるとともに決定過程の透明性を高めるものとして望ましいだろう。日本をはじめ他国においても緊急事態時の首相等に対する権限集中が議論の対象となっており、その対応策の一例として参考になる。

　また、緊急事態宣言の適用に伴い制定が可能になる災害防護命令は、時限的とはいえ行政による法律の適用除外を認めていることが注目される。たしかに、あくまで行政立法にとどまることから、緊急性に配慮しつつ、**1(3)**で述べた要件を満たした慎重な運用が必要である。とはいえ、このような制度を法律で定められることは、わが国において、緊急事態時に一時的に現行法の適用除外を可能にするような制度を検討する場合には、参照に値するのではないかと考える。

〔芦田　淳〕

[追記] 脱稿後、緊急事態の適用期間は4月末まで延長された。なお、本章の意見にわたる部分は、筆者の私見である。

★
1.　緊急法律命令による対応とその評価に関しては、本書第1部❷を参照。
2.　Alfonso Celotto, *Necessitas non habet legem?*, Modena: Mucchi, 2020, pp.60-64.
3.　Antonello Lo Calzo, "I fondamenti teorico-costituzionali del diritto dell'emergenza, con particolare riferimento alla pandemia," Bruno Brancati, Antonello Lo Calzo, Roberto Romboli (a cura di), *Coronavirus e Costituzione*, Pisa: Pisa University Press, 2020, pp.39-40.
4.　立法命令とは、法律の定める一定の原則・指針のもとに、政府が制定する法律と同等の効力を有する命令である。
5.　Decreto Legislativo 2 gennaio 2018, n. 1, Codice della protezione civile. なお、法典の概観については、芦田淳「【イタリア】災害防護（防災）法典の成立」外国の立法No.279-1（2019年）4〜5頁による要約を一部用いている。
6.　Legge 24 febbraio 1992, n. 225, Istituzione del Servizio nazionale della protezione civile.
7.　イタリアの地方自治制度は、原則として、コムーネ（基礎的自治体）、県・大都市、州・自治県の3層になっている。このうち、州・自治県を除いたものを総称して、「地方団体」という。
8.　災害防護庁は、1982年から首相府に設置されており、現状において、災害防護国民サービスの活動を統括する組織となっている。法典は、災害防護庁長官が、災害に係る全国的に重大な緊急事態に際して、災害防護国民サービスの構成員および実働組織間で措置の調整を図るために、対策委員会を招集し、主宰する等の規定を設けている（14条）。
9.　全国緊急事態基金は、法典44条により、内閣が緊急事態を宣言した全国的に重大な緊急事態に対する措置のために、災害防護庁に設けられた。政府は、国会に対

して、当該基金の使用に関して毎年報告
するものとされている（5条）。

10. さらに、国務院によれば、適用除外を
最小限にとどめるために、適用除外とそ
れを実際に必要とする状況が比例してい
るかについて詳細に理由を示さなければ
ならず、適用除外が、時間的にも空間的
にも実際に限定されており、必要かつ緊
急とされた状況に対応するために必要不
可欠であることを示さなければならない。
Pierangelo Sorrentino, "Emergenza, *salus
publica* e Costituzione," Gian Andrea
Chiesi e Maurizio Santise (a cura di),
Diritto e Covid-19, Torino: Giappichelli,
2020, p.441.

11. Legge Regionale 25 giugno 2020, n.
45, Sistema regionale della protezione
civile e disciplina delle relative attività
(Toscana).

12. Delibera del Consiglio dei ministri
31 gennaio 2020, Dichiarazione dello
stato di emergenza in conseguenza del
rischio sanitario connesso all'insorgenza
di patologie derivanti da agenti virali
trasmissibili.

13. その後、2020年3月5日閣議決定により、
全国緊急事態基金の負担で1億ユーロ（約
120億円）が追加されている。

14. Delibera del Consiglio dei ministri
29 luglio 2020, Proroga dello stato di
emergenza in conseguenza del rischio
sanitario connesso all'insorgenza di
patologie derivanti da agenti virali
trasmissibili.

15. 専門・科学委員会は、保健省事務次官、
高等保健研究所長等の専門家から構成され、
災害防護庁長官による新型コロナウイル
ス感染症対策についての調整活動に対して、
専門的支援を行うことを任務としている。
Decreto del Capo Dipartimento n. 371 del
5 febbraio 2020, Istituzione del Comitato
scientifico.

16. *Resoconto stenografico dell'Assemblea

del Senato della Repubblica, Seduta
n. 245, XVIII Legislatura, 28 luglio
2020, pp.5-63; *Resoconto stenografico
dell'Assemblea della Camera dei Deputati*,
Seduta n. 382, XVIII Legislatura, 29
luglio 2020, pp.1-47.

17. Giuseppe Lauri, "Governo e parlamento
di fronte all'emergenza," Brancati, Lo
Calzo e Romboli, *op.cit.*, p.78.

18. Delibera del Consiglio dei ministri
7 ottobre 2020, Proroga dello stato di
emergenza in conseguenza del rischio
sanitario connesso all'insorgenza di
patologie derivanti da agenti virali
trasmissibili.

19. Ordinanza del Capo del Dipartimento
della protezione civile n. 630 del 3
febbraio 2020, Primi interventi urgenti di
protezione civile in relazione all'emergenza
relativa al rischio sanitario connesso
all'insorgenza di patologie derivanti da
agenti virali trasmissibili.

20. 当該委員は、2020年3月17日緊急法
律命令第18号122条に基づき任命され
た。新型コロナウイルス感染症による緊
急事態の抑止のために有益な物の生産支
援、必要な人的・物的資源の特定、薬品・
医療器具・保護具の取得・配分等を行う
ことにより、当該緊急事態に対処するた
めに有益な措置を実行・監督するものと
される。

21. Ordinanza 26 aprile 2020, n. 11,
Prezzi massimi di vendita al consumo
delle mascherine facciali.

22. "Stati di emergenza." Dipartimento
della Protezione Civile website <http://
www.protezionecivile.gov.it/servizio-
nazionale/attivita/emergenza/stati-di-
emergenza>.

第2部
緊急事態宣言の
比較憲法的分析

連邦議会で説明するシュパーン
連邦保健大臣とメルケル首相
（ロイター/アフロ）

❸ドイツ

——ワイマールの教訓と「緊急事態」の議会的統制

はじめに

　ドイツにおける緊急事態宣言を考えるには、「緊急事態宣言」とは何か（緊急事態宣言の定義および分類）をまず考えなければならない。緊急事態宣言に法的根拠があるか、それは憲法レベルか法律レベルか（法的根拠の有無およびその規範的位階）、どの機関が宣言するか（主体）、どのような手続でどの機関にどのような権限が付与されるか（手続・組織・権限）、どれほど長く宣言が続くのか（期間）、宣言下でどのように法的統制が及ぶのか（法的統制）などである。ここでいわれる「緊

急事態宣言」は、国や州・自治体によって、また時期によって異なり、法的にソリッドなものから、単なる事実上の注意喚起レベルのものまで様々である。

　日本でも、北海道知事が全国にさきがけて、2020年2月23日に3週間の緊急事態宣言を発出した。もっとも、これは法律に根拠のないものであり、なんら法的効果を伴うものではなかった。これに対し、当時の安倍晋三内閣総理大臣（新型コロナウイルス感染症対策本部長）が発出した緊急事態宣言は、2020年3月13日に改正された新型インフルエンザ特措法32条1項の規定に基づくものであり、宣言の対

象となった区域の知事には、同法で定められた緊急事態措置を行う権限が与えられる。

おそらく、新型コロナウイルスとの関係での最大公約数的なイメージでの「緊急事態宣言」は、法的根拠の有無を問わず、〈中央政府または地方政府によってなされる、緊急事態であることの宣言〉であり、その宣言は、法的作用の有無にかかわらず、緊急対応の指示を伴う場合が多い。もちろんドイツでも、連邦政府および州政府は、新型コロナウイルス対応に主導的な役割を果たしている。それは間違いない。

しかしドイツでは、この意味での、すなわち政府による「緊急事態宣言」は発出されなかった。緊急事態を宣言する主体とされたのは、政府ではなく、連邦議会であった。

このことの意味を理解するには、ドイツにおける憲法上の「緊急事態」条項が限定されたものであることや、なぜそれが限定されているのかを知る必要がある。以下では、ドイツにおける「緊急事態」の歴史的意味、憲法における「緊急事態」の取り扱い、コロナ禍という緊急事態への対処の仕方についてみていきたい。

1 ドイツの緊急事態憲法

ドイツにおいて「緊急事態（Notstand）」という言葉のもつ意味は、一般的に観念されているよりずっと重い。彼の国には、ワイマール期において「緊急事態」によって憲法体制が有名無実化され、破滅への道を歩んだ経験があるからである。

国家緊急権が定められたワイマール憲法48条2項によれば、「ドイツ国内において、公共の安全及び秩序に著しい障害が生じ、またはそのおそれがあるときは、大統領は、公共の安全及び秩序を回復させるために必要な措置をとることができ、必要な場合には、武装兵力を用いて介入することができる。この目的のために、大統領は、一時的に……定められている基本権の全部または一部を停止することができる」。この条項のルーツは、「戒厳状態」に関する1851年プロイセン法と、「戦争状態」を規定した1871年の帝国憲法68条だとされるが、ワイマール憲法の「公共の安全および秩序」という表現はより一般的に定式化されている。[★1]当時のコンメンタールによれば、[★2]それは「経済および財政組織体の罹病を意味し、さらにここには立法活動や行政活動の通常の（国家の必

須事項を確保する）機能を阻害または脅かすような議会組織の障害も属する」とされ、そのようなものとして、たとえば失業、資本・信用危機、資本流失、貨幣暴落、公的金庫の破産も挙げられている。1933年に発生したドイツ国会議事堂放火事件をきっかけに、ヒンデンブルク（Paul von Hindenburg）大統領は「国民と国家の保護のための大統領令（Verordnung des Reichspräsidenten zum Schutz von Volk und Staat）」（同年2月28日）を発布し、ヒトラー（Adolf Hitler）政権はこれを利用して、いわゆる「全権委任法（Gesetz zur Behebung der Not von Volk und Reich）」（同年3月24日）の成立にこぎつけた。これにより、民主制を掲げたワイマール憲法体制が空洞化してしまったこと、そしてその後に起きた悲劇は周知のことであろう。

このことの反省として、戦後に作られた西ドイツの憲法である「ドイツ連邦共和国基本法」（1949年）では、緊急事態条項はほとんど規定されていなかった。緊急事態を理由として議会統制が効かなくなるというような事態は、可能な限り避けるべきと考えられたからである。しかし、1956年の再軍備に伴って緊急事態に関する法整備が進み、1968年の基本法改正で本格的な

緊急事態憲法（Notstandsverfassung）が整備された。もっとも、ドイツの「緊急事態」は、広く執行府に強大な権限を与えるようなものではなく、事項的に限定され、手続・権限上も控えめに作られている。

ドイツ基本法上の緊急事態は、外的緊急事態と内的緊急事態に分けられる（外的緊急事態は、基本的に防衛関係を対象とするものであり、本章では取り扱わない）[★3]。内的緊急事態は、①災害事態：「自然災害又は特に重大な災厄事故」（基本法35条2項第2文および3項）、②国内緊急事態：「連邦若しくは州の存立又はその自由で民主的な基本秩序に対する差し迫った危険」（同法91条、87a条4項第1文および第2文）、③重要事態：「公共の安全及び秩序を維持し又は回復するために、……特別の重要性を有する場合」（同法35条2項第1文）に三区分される。内的緊急事態は、州政府が認定し、原則として州政府が対応することを前提としつつも、当該州が連邦および他州の警察を含む行政機関や軍の人員・設備の供与を求めることができるような建て付けになっており、必要があれば、連邦政府に、州への指示や連邦警察および軍を出動させる権限が与えられる。連邦の命令や措置は、連邦参議院の要請により中止さ

れることになっている。中止について、連邦参議院の関与が重要となるのは、同院が州の代表という性格を有するためである。たとえば、災害事態では、洪水などの自然災害や原発事故などが想定されているが、州を跨いで危険（広域災害事態）が生じた場合には、連邦政府に、他州に一定の協力の指示をしたり、軍等を出動させたりする権限が付与される（基本法35条3項第1文）。このような連邦の措置は、連邦参議院の要請があればいつでも、その他の場合には危険が除去されたのち遅滞なく中止される（同第2文）。国内緊急事態では主に内乱が、重要事態では大規模集団示威運動や大規模火災が想定されているとされる。

コロナ禍との関係では、たしかにそれが内的緊急事態にあたると主張することもできないではない。災害事態には、「流行病（Massenerkrankungen）」も含まれると考えられているからである。★4 もっとも、内的緊急事態条項は、連邦や州の警察または軍の出動を要請したり、命じたりすることができるように、一時的に権限を配置しなおすものにすぎず、新たな規制権限を付与するものではない。つまりは、連邦システムを事項的・時間的観点から限定的に流動化させるものにすぎず、これまでの事態の推移において役立つ場面はなかった。ほかにも仮に、コロナ禍により外出禁止措置がとられる中で、大規模集団示威運動が起き、州の警察力だけではコントロールできないような事態に至れば、「重要事態」にあたるとされる可能性はないわけではない。しかし、今のところそこまでの事態が起きているとの認識はなく、ドイツ基本法上の緊急事態条項は用いられていない（ただし、各地で権利制限に反対する大規模デモが起きていることには注意を要する）。

2 連邦議会による「全国規模の流行状況の認定」

ではドイツにおいて、緊急対応の必要性が認識されていなかったのかというと、そんなことはない。即時対応が可能となるような権限の付与および集中も模索された。もっとも、そのありようは特徴的である。第1に、時間が限られている中でも法律を整備することによって、この事態に対処しようとしている点（法治国家的対応）、第2に、行政官庁への新たな権限付与を可能とする宣言を連邦議会にさせる法整備を行った点（民主国家的対応）である。ここでは、第2の点を中心にみていく。

2020年3月中頃に社会的接触回避等のガイドラインが、連邦政府と州政

府の合意に基づいて発表されて基本的指針が示され、また感染症予防法（Infektionsschutzgesetz）32条に基づき、各州で州政令が発出されて、保育所や店舗の閉鎖、集会の禁止など様々な規制が設けられた。★5 さらに3月下旬にかけて、新型コロナ対応の立法が行われた。そのうちの一つが、3月27日に成立した感染症予防法の改正を含む「全国規模の流行状況において住民を保護する法律（Gesetz zum Schutz der Bevölkerung bei einer epidemischen Lage von nationaler Tragweite）」（以下「第一次法」という）である。

ここで重要となるのは、同法により改正された感染症予防法5条（全国規模の流行状況）である（下線筆者）。

第5条　①ドイツ連邦議会が全国規模の流行状況を認定する。ドイツ連邦議会は、その認定の前提条件がもはや存在しない場合には、全国規模の流行状況の認定を再び廃止する。廃止は、連邦官報で公布しなければならない。

②連邦保健省は、全国規模の流行状況の枠内で、州の権限を損なうことなく、以下の権限を与えられる。〔第1〜8号〕……

④第2項……に基づいて公布され

た法規命令は、全国規模の流行状況の認定の廃止により、そうでなければ遅くとも2021年3月31日が過ぎると効力を失う。……

これによれば、連邦議会が「全国規模の流行状況」を認定し、★6 これに基づいて、連邦保健省に規制権限（詳しくは後述）が与えられる。この認定の廃止は、連邦議会が行うことになっており、廃止されなかったとしても、それに基づいて公布された法規命令は、2021年3月31日には効力を失う。ここで認められる連邦保健省の活動が、その根拠においても、そして権限的・時間的にも限定されているという点は、民主的コントロールという観点からは特筆すべきであろう。実際、FDPやAfDは、すでに何度か認定の廃止を提案している。その間、連邦保健省のシュパーン大臣（Jens Georg Spahn）は、議会や保健委員会で、何度も認定の必要性を説明しており、議会に決定が留保されていることによって、当該認定の公開性や透明性が実効的に担保されやすくなるということもできる。単なる説明責任ではなく、ここでの連邦保健省の活動根拠自体が議会に留保されていることの意味は大きい。

実は、2020年3月23日に連邦保健省が作成した政府草案は、実際に成立したものとはかなり違ったものであった。それによれば、感染症予防法5条は、次のように改正されることになっていた（下線筆者）。

第5条　①全国規模の流行状況が存在するのは、以下の理由により、連邦政府がドイツ連邦共和国全体において公衆の健康に深刻な危険が存在することを認定した場合である。
1. 世界保健機関が国際規模での健康上の緊急状態を宣言し、ドイツ連邦共和国への危険な伝染病の持ち込みが懸念されるという理由か、または
2. ドイツ連邦共和国において、危険な伝染病の動的な蔓延が、複数の州にまたがって懸念されるという理由。
　全国規模の流行状況の認定は、官報において公布されなければならない。
②連邦政府は、その認定の前提条件がもはや存在しなくなる場合には、遅滞なく全国規模の流行状況の認定を廃止しなければならない。連邦議会または連邦参議院の要請に基づき、全国規模の流行状況の認定は遅滞なく廃止されなければならない。その廃止は、連邦官報で公布しなければならない。第3項による命令は、全国規模の流行状況の認定の廃止により、廃止されたものとなる。
③全国規模の流行状況が認定されると、連邦保健省は、州の権限を損なうことなく、以下の権限を与えられる。〔第1～8号〕……
⑤……。第3項に基づく法規命令は、遅くとも発効後6か月後には、効力を失う。その妥当期間は、連邦参議院の同意により、延長されうる。……

　この政府草案の場合には、一定の要件のもとで、連邦政府が「全国規模の流行状況」を認定することになる。その廃止については、第2項で議会の関与が確保されているとはいえ、認定権限が連邦政府にあるというのは、最初に述べたような一般的な意味での「緊急事態宣言」に近いものといえるだろう。政府草案について、「これは広く限界づけから解放された（entgrenzt）連邦政府の自己授権になってしまう。それが議会過程で抵抗にあった。連邦議会は、ここでは時間的制約があったにもかかわらず素晴らしい行動力を発揮し、認定権限を自らの側に引き寄せた」と評されている。[7] 3月23日段階

では、政府草案で話が進んでいたにもかかわらず、連邦議会にこの草案が提出された形跡はなく、第一次法が連邦議会を通過したのが同月25日であることを考えると[★8]、なんらかのドイツ的な安全装置がはたらいたとみるほかない。政府草案や第一次法に対しては、法案が連邦議会を通過した直後から、憲法学者らによって緊迫感のある批判的リアクションがみられた[★9]。他国では一般的に用いられているスキームが、ドイツにおいてこれほど否定的視線にさらされる背後には、上述したナチス独裁誕生という「1933年のトラウマ」[★10]があるように思われる。

現在すでに、感染症予防法5条1項は、2020年11月18日に成立した「全国規模の流行状況において住民を保護する第三次法律」(以下「第三次法」という)により、以下のように変更されている(下線筆者)。

第5条　①〔第1文〕ドイツ連邦議会は、〔本項〕第4文の前提条件がある場合に、全国規模の流行状況を認定することができる。〔第2文〕ドイツ連邦議会は、第4文の前提条件がもはや存在しない場合には、全国規模の流行状況の認定を再び廃止する。〔第3文〕その認定および廃止は、連邦官報で公布される。〔第4文〕全国規模の流行状況が存在するのは、以下の理由により、ドイツ連邦共和国全体において公衆の健康に深刻な危険が存在する場合である。

1. 世界保健機関が国際規模での健康上の緊急状態を宣言し、ドイツ連邦共和国への危険な伝染病の持ち込みが懸念されるという理由か、または

2. ドイツ連邦共和国において、危険な伝染病の動的なまん延が、複数の州にまたがって懸念されるまたは生じているという理由。

〔第5文〕全国規模の流行状況が認定されている限り、連邦政府は、ドイツ連邦議会に定期的に口頭で全国規模の流行状況の展開について知らせなければならない。

第三次法による変更では、第一次法の政府草案にあったのと類似の「全国規模の流行状況」の認定要件が第4文に追加され、どのような場合に「全国規模の流行状況」を認定できるかが明確化されている。また第5文で、連邦議会に対する連邦政府の報告義務が追加されたことも重要である。このような改善を経てきてはいるが、連邦保健省に権限を付与・集中するスキーム自

体に対する批判は引き続き妥当するだ
ろう。

なお連邦議会は、第一次法成立の際
に全国規模の流行状況の認定を行い、
第三次法が成立した18日にも、賛成
422（CDU/CSU、SPD、緑の党中心）、
反対90（AfD中心）、棄権134（FDP、
リンケ中心）で、全国規模の流行状況
が存続していることを認定している。

3 連邦保健省に与えられる権限

第一次法による感染予防法の改正は、
感染予防に関する州と連邦との関係に
大きな変化をもたらしている。改正前
において、「感染症予防法の実施主体
は州政府及び州の行政機関であること
が一貫している規定」となっていた
ため、「2020年3月に行われた措置は、
いずれも州政府によるもの」であった。
これに対して第一次法は、とりわけ「全
国規模の流行状況の認定」を経由して、
連邦保健省に多くの権限を与えるもの
になっている。これにより、連邦保健
省は、列挙された権限に限るとはいえ、
議会を迂回する形で感染症予防の司令
塔を務めることになる。

第一次法の改正を受けた感染症予防
法5条2項では、1〜8号で連邦保健
省に与えられる権限が列挙されてい
る。1号では、感染地域からの入国に
際して、伝染病の検出および流入防止
を目的としてのみ、入国しようとする
者に対して、身分証明書・旅行経路・
接触データの提出、診断書の提示など
を命令する権限が定められている。2
号では、公共交通機関や旅行主催者
に、伝染病の検出および流入を目的
としてのみ、1号に基づく命令の実
施への協力や、一定の旅客輸送を差し
控えることなどを命じる権限があると
定められている。3号では、伝染病の
予防と管理、特定の施設・企業・人の
感染予防および食品を扱う際の係員の
健康上の要件に関して、連邦参議院の
同意なしに、感染症予防法の規定の例
外を内容とする法規命令を発する権限
が与えられる。4号では、医薬品や消
毒用製品等の供給を確保するための措
置を、連邦参議院の同意なしに、法規
命令により行う権限が定められている。
5号は、特許法13条4項（公共の福祉
または連邦の安全のための特許権制限）
についての法規命令制定権を、6号
は、4号の措置につき必要な措置を実
施する権限と、それに関する下級行政
機関への指示権限を与える。7号では、
薬局や病院などで健康管理を維持する
ための措置を、既存の法律による要件
を逸脱して、連邦参議院の同意なしに、
法規命令で規定する権限が与えられて

いる。8号では、介護施設の看護を維持するための措置を、既存の法律による要件を逸脱して、連邦参議院の同意なしに、法規命令で規定する権限が与えられている。

第三次法による改正で、感染症予防法5条2項のうち1〜3号は廃止された。そのほかにも同条8項で、全国規模の流行状況の認定の間、連邦保健省がドイツ赤十字のような福祉団体に協力を委託することが可能になっている。

4 州に与えられる権限

感染症予防法では、もともと28条において、一定条件のもと、権限ある官庁が、29〜31条（監視、隔離、職業活動禁止）に例示される必要不可欠な保護措置を行うことが認められていた。

この点、第三次法は、2019年新型コロナウイルス感染症の拡大予防のための特別措置を定めた28a条を新設した。同条1項によれば、連邦議会による「全国規模の流行状況の認定」のあいだ権限ある官庁がとりうる「必要不可欠な保護措置」（28条）とは、とりわけ①公共空間における距離要請の命令、②口・鼻ガード着用の義務づけ（マスク着用義務）、③私的ならびに公共空間における外出または接触制限、④公衆の往来を伴う事業、施設または企画

に対する衛生計画の作成と実施の義務づけ、⑤余暇イベントおよび類似の催しの禁止または制限、⑥余暇利用に属しうる施設の事業の禁止または制限、⑦文化イベントまたは文化施設の事業の禁止または制限、⑧スポーツイベントやスポーツ実施の禁止または制限、⑨特定の公共の場または公的にアクセスできる特定の施設におけるアルコール販売または消費の包括的禁止または一定時間に限定された禁止、⑩イベント、集合、行進、集会ならびに宗教的または世界観的会合の開催のための条件づけまたは禁止、⑪旅行の禁止または制限（これはとりわけ観光旅行に当てはまる）、⑫宿泊提供の禁止または制限、⑬飲食施設の事業の禁止または制限、⑭事業、商売、小売業または卸売業の閉鎖または制限、⑮健康活動施設または社会活動施設への立ち入りまたは訪問の禁止または制限、⑯33条の意味での共同体施設、すなわち大学、社会人教育の学校外施設または類似の施設の閉鎖または事業継続の条件づけ、または⑰新型コロナウイルスによる感染発生後に感染経路を追って遮断できるように、顧客、ゲストまたは企画参加者の接触データを処理する命令であるとされる。これらは旧法時と同様、完結的なリストではない。28a条5項に

よれば、これらの保護措置に関する法規命令は、一般的な理由と期限を付さなければならず、原則として4週間有効で、延長することができる。また同条7項によれば、連邦議会による認定が廃止された場合であっても、個々の州において感染が拡大していて、当該州の議会が認めれば、同条1〜6項は引き続き適用されうる。

新設された28a条は、それまでの各州でなされてきた取り組みに対して、法律上明確な根拠を与えたものといえる。これも、法治国家的取り組みの一つといえるだろう。もっとも、個々の措置については、憲法上の疑義も唱えられている。

おわりに

新型コロナへの各国の対応を比較した場合、ドイツの対応において特徴的な点は、第1に、憲法上の緊急事態として対応していない（通常時の基本権保障等を生かしながら対処している[14]）こと、第2に、迅速に、かつ事態の変化に合わせて継続的に立法措置を行っていること、第3に、法律上の「緊急事態」（ここでは「全国規模の流行状況」を意味する）の認定を議会に留保させていることである。民主的・法的統制の権限を保持したまま、事態に対処するさまは、民主的法治国家の面目躍如といえよう。

日本でも、この事態を機に、緊急事態条項を憲法に挿入するといった議論もあるが、それなしに何ができるのか[15]、執行府に権限を集中させつつもその危険性を防ぐ方途としてどのようなものがありうるのかを考えるにあたって、ドイツのやり方は参照に値しよう。一方でドイツでは、緊急事態を理由として議会を迂回する道を行政機関に対して開くことには、とりわけ抵抗が強い。この点をどのように評価するかは、まさに本書の他章でも紹介される他国の法状況と比較したうえで検討されるべきであり、そこからさらに日本について示唆を得る必要があろう。他方で、具体的な規律枠組みに対しては、――たとえば、権限の付与の範囲が不明確だとか、基本権制限が過剰であるといった――様々な観点から憲法上の疑義も唱えられている。この点については、なお検討の余地が残されている。

〔石塚壮太郎〕

★

1.　ライナー・ヴァール（石塚壮太郎訳）「ワイマール憲法―十分な民主主義者なき民主制」戸波江二先生古稀記念『憲法学の

創造的展開　上巻』（信山社・2017年）92頁以下参照。

2.　*Gerhard Anschütz*, Die Verfassung des Deutschen Reiches vom 11. August 1919, Kommentar, 14. Aufl. 1933, Art. 48 II, S. 278.

3.　ドイツの緊急事態憲法の内容については、国立国会図書館調査及び立法考査局編『米国・フランス・ドイツ　各国憲法の軍関係規定及び緊急事態条項』（国立国会図書館・2019年）15頁以下〔河島太朗執筆〕を参照。

4.　Vgl. *Jörn Ipsen*, Notstandsverfassung und Corona-Virus, Recht und Politik, Bd. 56, Heft 2 (2020), S. 122.

5.　この間の状況については、泉眞樹子「【ドイツ】新型コロナウイルス感染症対策関連法」外国の立法283-2号（2020年）4頁、横田明美＝阿部和文「ドイツにおける COVID-19〔新型コロナウィルス感染症〕への立法対応」JILISレポート3巻2号（2020年）1頁、泉眞樹子「【ドイツ】新型コロナウイルス感染症対策関連法（その2）」外国の立法284-1号（2020年）12頁、松原光宏「ロックダウン社会と絶対的な生命保護？」NewsLetterひかくほう59号（2020年）2頁を参照した。法制については、横田＝阿部・前掲論文が詳しい。

6.　「認定（Feststellung）」の法的性質については、*Klaus Ferdinand Gärditz*, Die Feststellung einer epidemischen Lage von nationaler Tragweite, Medizinrecht Bd. 38, Heft 9 (2020), S. 741 ff.

7.　*Gärditz* (Fn. 6), 741.

8.　当時いかに時間がない中で立法がなされたかを示すものとして、連邦参議院のウェブサイトに、実際に成立した法律の説明として、政府草案の要約が誤って掲載されていたことが挙げられる。筆者（石塚）は、連邦参議院に問い合わせを行い、広報部を通じて、その要約が誤りであること、政府草案で成立することを前提に法律の説明を準備していたが、非常に短い間に法案の内容が変更されたため見落としが起きたことを確認している。多くの立法が同時並行で扱われていたという事情もあったようである。現在、誤った記述は削除されている。泉・前掲注5）283-2号7頁の「⑥感染拡大による緊急事態の決定」の内容（5～9行目）は、この誤った記述に基づくものと思われる。同記事の正誤表として、外国の立法285-2号（2020年）裏表紙。

9.　たとえば、*Christoph Möllers*, Parlamentarische Selbstentmächtigung im Zeichen des Virus, Verfblog, 26.3.2020 (https://verfassungsblog.de/parlamentarische-selbstentmaechtigung-im-zeichen-des-virus/); *Klaus Ferdinand Gärditz/Florian Meinel*, Neues Infektionsschutzgesetz: Unbegrenzte Ermächtigung?, FAZ vom 26.3.2020, S. 6.

10.　*Gärditz/Meinel* (Fn. 9), S. 6. 歴史的タブーに触れているという意味で、この問題は、日本でいえば憲法9条問題に相当するといえるのかもしれない。

11.　*Thomas Mayen*, Der verordnete Ausnahmezustand, Anwaltsblatt Online 2020, 398.

12.　横田＝阿部・前掲注5）7頁。

13.　詳しくは、横田＝阿部・前掲注5）9頁以下。

14.　本章では、ドイツにおける対応で重視されている法治国家性、民主国家性、基本権保障のトリアーデのうち、コロナ禍における基本権保障の内容についてほとんど詳しく触れられなかったが、ある弁護士事務所の調べでは、2020年11月末時点で、280件を超える新型コロナウイルス関連の判決・決定が下されている。その中には、連邦憲法裁判所による違憲判断も含まれる。山本真敬「COVID-19とドイツの法状況」ジュリスト1546号（2020年）71頁参照。

15.　江藤祥平「匿名の権力―感染症と憲法」法律時報92巻9号（2020年）75頁以下

が、「もし政府が今回の感染症対策で十分に身動きが取れなかったと感じているなら、その原因は憲法に緊急事態条項がなかったためではな」く、緊急事態に備えた法律レベルの仕組みの整備などを「やろうともしないで、憲法に緊急事態条項を設けて自由に行動させてくれというのは、些か虫の良すぎる話である」と評しているのはまさに道理であり、この問題を精緻に議論することが求められよう。この点、林知更「憲法・非常事態・コロナ」法律時報92巻13号（2020年）1頁以下は、正当にも、憲法上の非常事態と法律上の非常事態を明瞭に区別し、憲法上の非常事態が必要となる場合とそうでない場合とを整理しつつ、憲法が非常事態条項という「特別のモードを設けるにせよ設けないにせよ、重要なのはそこで憲法原理の保障がいかに確保されるかである」としている。

第2部
緊急事態宣言の
比較憲法的分析

外出制限期間中の公道で警察官から
外出理由証明書の呈示を求められる市民
（AP／アフロ）

❹ フランス
——新たな法律上の「緊急事態」の創設

はじめに

　フランスには、国家的危機に対応するための例外レジーム（régime d'exception）として、憲法上の大統領の非常事態権限（16条）と戒厳（36条）のほかに、法律上にも「緊急事態（état d'urgence）」が存在する。新型コロナウイルスに対しては、公衆保健法典（Code de la santé publique）を改正し「衛生緊急事態（état d'urgence sanitaire）」を創設することによって、すなわち「法律」による新たな緊急事態を創設することによって、まん延対策が行われてきた。衛生緊急事態は、2021年1月までに2020年3月23日〜7月10日と10月17日〜2021年2月16日の2度発動された。衛生緊急事態について特に注目されるのは、その創設から1年を経ずして、権力分配と人権保障をめぐる多くの課題が指摘されてきた点である。そこで本章では、新たな例外レジームとしての衛生緊急事態をめぐって生じている憲法上の課題とその背景を検討する。

1 「衛生緊急事態」の創設と変遷

　日本では、新型コロナウイルスに対し、感染症法に加え新型インフルエンザ特措法という別の感染症に関する法枠組みの中で対策を講じてきたが、フ

ランスでは、国会が迅速に対応し、新型コロナウイルス対策のための法律を制定することによってこのパンデミックに対応してきた。

　従来、感染症対策の法的しくみは公衆保健法典の中に体系的に規定されている。[★1] 衛生緊急事態の創設以前から、国内で感染症が確認された場合には、「重大な衛生的脅威及び危機」への対応として、保健担当大臣（厚生大臣）に「あらゆる措置を講じる」権限が与えられている（公衆保健法典L3131-1条。以下特に明示しない限り、条文は公衆保健法典）。新型コロナウイルスがフランス国内で確認された2020年1月中旬以降、当初はこの規定に基づき、入国者の検疫措置や大規模集会の禁止、営業制限、休校等の措置が講じられてきた。しかし、流行の拡大に伴い、大統領は国民に対するメッセージにおいて「これは戦争である」と述べ（3月16日）、同日まもなく、首相がデクレ[★2]（政令）を発し全国規模の外出禁止を命じた。その後、3月23日に2021年4月1日まで有効な時限立法として〔ママ〕「covid-19のまん延対策に関する法律第2020-290号」（以下「創設法律」という）が制定され、この法律によって公衆保健法典に新たに創設されたのが衛生緊急事態に関する8条の条文であ

る（L3131-12～L3131-20条）。同法律は、ほかにも自ら2か月の期間で衛生緊急事態を宣言し、喫緊の課題に対応するための規制緩和等を定め、さらに憲法38条に基づき2か月にわたり内閣にオルドナンス[★3]を制定する権限を授権している。

　「創設法律」によって宣言された1度目の緊急事態は、5月11日に「衛生緊急事態を延長しその規定を補完する法律2020-546号」（以下「第1回延長法律」という）によって7月10日まで延長された。その後、7月11日に衛生緊急事態は終了したが、これに先立つ7月9日に、国会は同日から10月30日までの時限立法として「衛生緊急事態の終了を準備する法律第2020-856号」（以下「移行法律」という）を制定した。この法律のもとでは、衛生緊急事態から平時への移行を円滑にすすめるために、衛生緊急事態終了後も、首相が厚生大臣の報告に基づく単独デクレによって移動の自由や集会の自由を制限することができる。さらに、10月14日に閣議を経たデクレ[★4]によって2回目の衛生緊急事態が宣言され、10月17日から適用された後、11月14日に「衛生緊急事態を延長し衛生上の危機管理に関する法律2020-1379号」（以下「第2回延長法律」という）によっ

て同日から2021年2月16日まで延長された。同法律は「第1回延長法律」を修正して適用するとともに、「移行法律」を改正し、2度目の衛生緊急事態終了後から2021年4月1日まで適用する。したがって、衛生緊急事態の制度が創設法律によって設けられた後、1度目の衛生緊急事態は当該法律によって宣言され、第1回延長法律によって延長された一方、2度目の衛生緊急事態は閣議を経たデクレによって宣言され、第2回延長法律によって延長されたのである。

衛生緊急事態は、2度目の衛生緊急事態のケースのように、通常、閣議を経たデクレによって首相と関係大臣の同意のもとに大統領によって発出されることが公衆保健法典に定められている。

> 衛生緊急事態は、衛生上の災禍が生じたときであって、且つその性質及び重大性により公衆の健康が危険に晒される場合に、本土並びに憲法第73条ないし第74条に定める公共団体、及びニューカレドニアにおける領土の全部又は一部につき、宣言することができる。(L3131-12条)
> 衛生緊急事態は、保健担当大臣の提案に基づき、閣議を経たデクレによって宣言する。当該理由付デクレ

> は、宣言が効力を有し、適用を受ける一又は複数の区域を定める。かかる決定を基礎づける衛生状況に関する入手可能な科学的データは、公開するものとする。(L3131-13条1項)

一方、衛生緊急事態の1か月を超える延長は、科学委員会(いわゆる専門家委員会)の意見を聴いた後に、法律によってのみ行うことができる(L3131-13条3項)。

一般に緊急事態には、法律によって通常では許されない程度に行政権が拡大され、憲法上の権利制約を伴う措置をとることができるようになる。衛生緊急事態においても行政権限が拡大されるが、特に首相が単独デクレによって人権制約を伴う措置をとることができるようになる点に大きな特徴がある。そのような措置は、①一部区域や時間における移動制限(L3131-15条1項1号)、②居所からの外出制限(同2号)、③感染の疑いのある者の検疫措置[★5](同3号)、④感染者の隔離措置(同4号)、⑤公共に開かれた施設の閉鎖(同5号)、⑥デモを含む集会の制限(同6号)、⑦保健医療に関する物資の収用と人員の徴用(同7号)、⑧生活必需品の物価統制(同8号)、⑨医薬品の製造販売統制(同9号)の9項目にわたり、さらに補

足的に「必要なあらゆる措置」が加えられている（同10号）。実際、2度の緊急事態中には、②の措置として、必要不可欠な用事の場合を除いて外出することが禁止されたし[★6]、⑤の措置として、飲食店等の営業停止や宗教施設における共同礼拝の制限などが行われた[★7]。また、厚生大臣は、医療提供体制と保健医療物資の供給に関する一般規制アレテ（省令）を制定したり、首相の発したデクレの具体的な適用を行うための個別アレテ（処分）を発したりすることができる（L3131-16条）。なお、首相や厚生大臣はこれらの権限を県知事に委任することができる（L3131-17条）[★8]。ただし、こうした行政庁による措置は「発生したリスクに対し厳に比例的でかつ時機及び場所の状況に適したものでなければならない」（上記各条を参照）。

　以上の措置によって課される義務に対する違反には、段階的に罰則が適用される。1度目の違反は違警罪第4級（135ユーロ）[★9]、15日以内の再違反は違警罪第5級（罰金200ユーロ）、30日以内に3度以上の違反の場合には、6か月の拘禁刑と3750ユーロの罰金刑並びに公益奉仕等の補充刑といった具合である（L3136-1条）。このように、公衆衛生法典上に衛生緊急事態が創設

され行政庁に特別な権限が付与されるとともに、国民に課される義務の履行は刑罰によって確保されているのである。

　なお、政府は2020年3月25日にオルドナンスによって「連帯基金」を創設し、新型コロナウイルスや衛生緊急事態措置によって収益等に影響を受けた事業者等に国や地方公共団体が給付等の支援を行うしくみを整えた。

2 新たに衛生緊急事態が創設された法的背景

　フランスでは、公衆衛生は、古典的に「一般行政警察権限」に属する事項である。一般行政警察権限を有する行政庁——国レベルでは一般に首相——は、具体的な根拠法律がなくても公衆衛生を確保するために予防的な措置を講じることができる[★10]。公衆衛生は、革命期以来、家屋の消毒など衛生的環境の維持を主な内容とするものであったが、医学——とりわけワクチン——の発展に伴い、感染症の治療や予防など、環境にとどまらず市民の健康そのものに介入し、重大な人権制約を伴う規制が必要とされるようになってきた[▲11]。そこで、法律によって、こうした重大な人権制約を伴う公衆衛生上の行政警察権限の根拠と限界を規定するように

なったのである（法律によって与えられる行政警察権限は「特別行政警察権限」と呼ばれる）。

　こうした立法者の役割は、現在では憲法上の義務として定められている。現行憲法で効力を有する1946年憲法前文11項は「国は、すべての者に対し……健康の保護を確保する」と定め、健康保護が国家目標であることを示している。立法者が保健衛生分野の法律[★12]を制定して行政の権限を画定し、ひいては国民の健康利益に還元すべき抽象的義務が定められているのである。憲法院判例によれば、この立法者の義務は公衆衛生の維持向上と個人の権利利益との調整を行うべき義務である。ただし、調整の具体的な方法については立法裁量が広く認められるから、立法者は公衆衛生上の危機への対応として衛生緊急事態を設けることもできる。[★14]このようにして憲法上立法者に与えられた裁量に従って制定された法律が行政庁に特別行政警察権限を与える場合には、この権限は一般行政警察権限に優位する。したがって、特別行政警察権限に属する行為を一般行政警察権限の枠内で行うことはできない。

　新型コロナウイルス対応をめぐって、まさに立法者による行政警察権限の授権の必要性が問題となった。[★15]先にみた

ように、当初は既存のL3131-1条に基づき、厚生大臣が特別行政警察権限の行使として新型コロナウイルス対策措置を講じてきた。同条はSARS対応を念頭に置かれた規定である。しかし、SARSと新型コロナウイルスでは、当然、感染症の性質も求められる法的対応も異なる。そこで3月16日には、一変して首相が「covid-19のまん延に起因[ママ]する非常事態」に対応するために、単独デクレで全国規模の外出規制を発したのである。[★16]「非常事態」を大義名分にして、一般警察権限しかもたない首相が厚生大臣の特別行政権限にあたると思われる規制を行うことができるのか、仮にできるとしても、この規制は適法な警察権限を越えており、法律で定めるべき人権制約にまで踏み込んでしまっているのではないかが問題となった。[★17]こうした法構造上の問題が生じている中で、法律で新たに衛生緊急事態を設けることをどのように正当化できるだろうか。コンセイユ・デタ行政部（法制諮問機関）によれば、厚生大臣の権限は、衛生上の危機が将来的な脅威にとどまる場合の対応、首相の権限は、衛生上の災禍が現実に生じた場合により強度の人権制約を伴う措置によって対応を行うためのものである。すなわち立法者は、衛生緊急事態を創

設することによって、危機の重大性に応じて段階的に、行政に対し人権制約を伴う対応を許容するしくみを公衆保健法典に設けたのである。[18]

　こうしてみると、法律で衛生緊急事態が創設されたのは、公衆衛生上の行政警察権限の配分問題が生じたことに対し、憲法に基づき、立法者が公衆衛生と人権保障との調整の役割を果たそうとした結果であると説明できよう。

3 公衆衛生のための人権制約とその限定

　今みたように、憲法に基づき、立法者は公衆衛生上の危機に対応するために衛生緊急事態を創設し、行政権に人権制約を伴う規制の権限を付与することができる。しかし、緊急事態であっても無制限に人権制約が許容されるわけではない。

　フランスには、衛生緊急事態のほかにも、法律上の緊急事態として治安・テロおよび災害に関する緊急事態（以下「治安・災害緊急事態」という）が存在する。[19]大統領により治安・災害緊急事態が宣言されると、たとえば、内務大臣等はテロ組織への関係が疑われる者に対し家宅捜索や居所指定を行うことができる。[20]2015年のテロに応じて適用されて以来、治安・災害緊急事態

法に関する法律は人権保障の観点から大きく批判され、憲法院による違憲判決や法改正を経て徐々に行政権限が限定されてきた。[21]

　衛生緊急事態はこの治安・災害緊急事態から「インスピレーションを受けている」。[22]一方、治安・災害緊急事態における人権制約への批判をうけ、衛生緊急事態には、人権保障のための「安全装置」が設けられ、行き過ぎた人権制約の防止が図られているように思われる。たとえば、先にみたように、衛生緊急事態下で首相のとることのできる措置は制約される人権ごとに9項目に分けられ限定されている。この限定を設けた元老院の委員会報告書（下記）をみると、治安・災害緊急事態の反省が背景にあることが明らかである。

> 　1955年の緊急事態法〔注：治安・災害緊急事態法〕の多くの規定は、人権制約に対する立法上の枠づけを欠いていたために憲法院によって違憲と判断された。したがって、本法律〔注：「創設法律」〕では、こうした憲法上の要請に応え、法的安定性を確保するべきである。[23]

　こうした反省は条文上にもみられる。厚生大臣の権限に関するL3131-1条

は2004年に治安・災害緊急事態を例にして創設されたにもかかわらず、[24]厚生大臣に「あらゆる措置を講じることができる」権限を与えるばかりで、権限の限定をほとんど欠いている。同条と2020年に創設された衛生緊急事態の詳細な規定とを対比すると、2015年以降に緊急事態下の人権保障に関する議論が進展したことの影響を汲みとることができよう。緊急事態下では行政権による人権制約を通常より広く許容しうるとしても、その範囲は「緊急事態法」の中で限定されていなければならないのである。

4 人権の法律上の保護

こうした教訓は、衛生緊急事態に関する諸法律で具体的にどのように活かされているのだろうか。

(1) 実体的・手続的保障

公衆保健法典には、衛生緊急事態における人権の実体的・手続的保障に関する多くの規定が置かれている。

隔離・検疫措置に関する規定は格好の例である。先にみたように、衛生緊急事態の隔離・検疫措置は、首相による一般規制デクレで定められ、厚生大臣または県知事の個別アレテによって個々の感染者等に適用される。「創設法律」では措置の対象が感染者に限定

されているだけであったが、「第1回延長法律」では実体的・手続保障が大幅に補完された。たとえば、対象者を新型コロナウイルス発生国からの入国者等に限ること（L3131-17条Ⅱ1項）、措置期間の制限（14日間、同4項）、隔離中の通信手段等の充足（同5項1号）、措置の開始・継続に医師の診断書を要すること（L3131-17条Ⅱ3項）、対象者はいつでも自由拘留判事[25]の審査を求めることができ、判事は72時間以内に判断すること（同3項）、措置期間の延長には自由拘留判事の審査を要すること（同5項）などの限定を置いた。このように補完された規定について憲法院は、人身の自由を制約するものの、十分な実体的・手続的保障が備わっているため、比例性（必要最小限）の原則に照らし合憲であると判示した。[26]

緊急事態下における行政上の身体拘束については、治安・災害緊急事態下の「居所指定」をめぐる判例の蓄積がある。居所指定とは、内務大臣が公共の安全と秩序に対する脅威であると思われる重大な理由のある者を1日のうち12時間まで居所にとどまるよう義務づけることができる措置である。[27]「人身の自由の擁護者」（憲法66条）である司法裁判官による審査を欠いていること等が批判されたものの、[28]憲法院は、

1日12時間以内の居所指定は人身の自由ではなく移動の自由の制約にあたると考えて、憲法66条上の保障を求めなかった。[29] 12時間という拘束時間が緊急事態における人身の自由と移動の自由の制約の区別、すなわち安全の確保と対象者の私生活上の自由との両立を図るための一つのメルクマールとされたのである。一方、衛生緊急事態下の隔離・検疫措置は、感染者や感染の疑いのある者を12時間以上拘束する場合があるから、人身の自由の制約にあたる。すなわち、対象者を1日に半日以上拘束し付随して職業生活、学校生活、家族生活等に関する様々な自由を制約することにより、「自由のはく奪」ともいえる状態に置くことになる。そのため立法者は、対象者の私生活への侵害が最小限になるよう上述のような詳細な保護規定を法律上に設けたのである。衛生緊急事態における人権制約規定が合憲であるためには、制約が必要最小限になるよう、法律上の実体的・手続的保障が規定されていなければならない。

(2) 組織的保障

行政権による恣意的な人権制約を防止するために、衛生緊急事態に関する諸法律は、統治機構上に行政監視の制度を設けている。

第1に、衛生緊急事態の宣言の後、遅滞なく科学委員会が招集されなければならない。科学委員会は、両院長がそれぞれ2名、首相が任意の数の有識者を指名し、大統領が任命する。科学委員会は、立法者による衛生緊急事態の延長の前に意見を述べたり（L3131-13条）、感染症に関する科学的知見や衛生緊急事態の適用期間について定期的に意見を公表したりする（L3131-19条）。専門家の関与は、治安・災害緊急事態法では予定されていなかったので、衛生緊急事態の特徴であるといえる。

第2に、国会による行政監視である。まず、両院は「衛生緊急事態の下で内閣によって講じられた措置について遅滞なく報告を受ける」とともに、「当該措置の統制及び評価の枠内においてあらゆる補足的情報を求めることができる」（L3131-13条2項）。[30] これは、国政調査権（憲法24条1項）を実効的に行うための規定である。次に、「第1回延長法律」は感染者と濃厚接触者の個人データの収集やシステム上での保存・共有について定め（11条）、[31] 本条に基づく施策について内閣には報告義務（同条IX 1項・3項）、行政庁には「本条の適用によって講じたすべての行為の写しを遅滞なく両院に送付する」こ

とを義務づけようとした（同2項）。これに対し憲法院は、報告義務については国政調査権の範囲内にあるとして合憲と判断した一方、個別的なデータ処理の写しの送付義務については、1789年人権宣言16条（権力分立）と憲法20条1項（内閣の執政権）および21条（首相の法律執行権）に基づき、立法権による行政権の蹂躙にあたるとして違憲無効と判断した。[★32]この送付義務は「対象となる行政行為の数及び処理データの性質に鑑み」、事後的な法律執行評価の範疇を超え、行政権の行使そのものに対する統制にあたると考えられたのである。[★33]本判決にはフランス固有の権力分立概念が表れているが、そうした憲法上の制約の中にあっても、緊急事態においてこそ、国会が組織的な行政監視を行っていることは注目に値する。元老院と国民議会は、衛生緊急事態宣言直後から、国政調査権に基づき「調査委員会」を設けて情報収集を行い、提言を含む詳細な報告書を公開している。[★34]

(3) 裁判的保障

　衛生緊急事態に関する法律や行政活動に対する裁判的統制としては、特に憲法院による憲法適合性審査と行政裁判所による適法性・条約適合性審査が重要である。

　まず、憲法院による法律の憲法適合性審査では、衛生緊急事態関係諸法律における行政権への授権や人権保護規定の欠陥が審査の対象となる。「延長法律」[★35]、「移行法律」[★36]、「第2回延長法律」[★37]は大統領による審書・公布前の審査（いわゆる事前審査）に付されたほか、「創設法律」を含めいずれの法律の規定も適用後の審査（いわゆる事後審査）の対象となりうる。[★38]

　次に、行政裁判所による審査では一般に行政立法や処分が争われるため、衛生緊急事態規定に基づく首相、厚生大臣および県知事による措置のほか、市町村長等による一般行政警察権限に基づく措置も対象となる。加えて、公衆保健法典には、衛生緊急事態下で首相や厚生大臣、県知事によって講じられる措置が「急速審理」の対象となることが特に明示された（L3131-20）。急速審理は、提訴から原則48時間以内に判決が行われ、原告側市民の請求が認容されれば、裁判所が行政庁に対する執行停止やアンジャンクション（義務づけ）を命じるというものである（行政裁判法典L521-1〜521-2条）。とりわけ「自由保護のための急速審理（référé-liberté）」は、憲法上・条約上の権利の侵害を迅速に救済するための手続であり、衛生緊急事態下でも多用されて

いる。

　こうした行政裁判のしくみがあるといっても、衛生緊急事態下の行政活動に対する裁判的統制が行政裁判官に委ねられていることは、行政監視のしくみとして不十分であると考えられるかもしれない。しかし、公衆保健法典と裁判の運用をみてみると、衛生緊急事態下における行政の裁判的統制がある程度有効に機能していることがわかる。

　すでにみたように、隔離・検疫措置については司法裁判所（自由拘留判事）が審査を担うが、衛生緊急事態下のその他の措置については行政裁判所が統制する。これまでに出された行政裁判所の判断は、憲法上の健康保護の目標に合目的的な行政活動によって新型コロナウイルスの撲滅を実現することと人権保障とのバランスに配慮しつつも、人権侵害を伴う措置の必要性を具体的に審査している。たとえば、首相デクレが宗教施設における集会の包括的禁止を定めていたところ、コンセイユ・デタ訴訟部（最高行政裁判所）は、包括的禁止は比例性を欠き宗教的結社の自由に反するとして、首相に８日以内にデクレを改正するように命じた。また、衛生緊急事態下の行政立法が曖昧不明確で処分庁の恣意的な運用を許すような場合にも——たとえば、外出制限期間中でも自宅周辺への短時間の外出は許されると規定しながらその条件が規定されていない場合——、行政庁に当該規定を改正するよう命じている。[40]これまでにコンセイユ・デタ訴訟部は、少なくとも48件の自由保護のための急速審理を受理し、うち16件で行政庁にアンジャンクションを命じている。[41]

　以上にみたように、フランスでは、憲法上の公衆衛生と人権との調整義務に基づき法律で衛生緊急事態が創設され、新型コロナウイルス対策のための人権制約が認められてきた。しかし、衛生緊急事態は人権制約の万能な口実となるわけではなく、衛生緊急事態法に人権侵害に対する歯止めが規定されていなければならない。このような視点からみると、当初は国会が制定した法律の中に不備があったかもしれないが、多くの訴訟や数度の法改正を経て衛生緊急事態規定が補完されてきたことも見逃せない。立法を契機に、立法——行政——司法の迅速で相互に動態的な営みによって、公衆衛生の維持向上を図りつつ人権保障が強化されてきたのである。

おわりに

　日本では、既存の法律規定が新型コ

ロナウイルス対策のために適用されてきたために、公衆衛生上の対応として不十分であるおそれがある。「公衆衛生の向上増進」（憲法25条2項）のためには、国や地方公共団体が規制監督権限を行使し、公共的な観点から医療提供体制をオーガナイズしたり国民の行動変容を促す措置をとったりしなければならない局面もあろうが、適切な新型コロナウイルス対策が行われているかどうかについては、特に医療界から疑問が呈されている。[★42]一方、人権保障の観点からは、政令・省令や通達によって、いわば法律のグレーゾーンで実務が行われていることが批判されている（たとえば、軽症者や無症状病原体保有者の自宅・宿泊療養）。[★43]感染症予防の必要性と法の不在ないし不明確さとのジレンマの中で、法律には明示的に予定されていない措置が講じられるとすれば、予見可能性に欠け、法の支配を揺るがすおそれもある。フランスの状況と比べてみると、日本には、いずれの問題についてもありうる一因として立法の不備が浮かび上がってくるように思われる。

　一方、フランスでも、衛生緊急事態を通じて多くの課題がみえている。コロナ禍が長引き、衛生緊急事態が常態化してしまうことへの懸念である。衛[★44]生緊急事態は「一時的」であるからこそ緊急事態なのであり、健康のために「一時的」に必要不可欠であるからこそ人権制約が許されるのである。公衆衛生上の緊急事態が設けられ発動される際には、平時への移行に向けた複数のシナリオが法律上ないし政策上に示されるとともに、法律規定やその適用が監視され、不断に再検討されていくことが重要であろう。

〔河嶋春菜〕

[追記] 本稿再校中の2021年1月13日、政府は「衛生緊急事態を延長し衛生上の災禍に対応するために創設された諸制度の期限を延期する法律」案を国会に提出した。本政府提出法案は、①「創設法律」が設けた衛生緊急事態の制度の有効期限を2021年12月31日まで延期すること、②すでに2020年10月16日に宣言され、「第2回延長法律」によって翌2月16日まで適用されていた衛生緊急事態を2021年6月1日まで再延長すること、③同じく「第2回延長法律」によって2021年4月1日まで期限が延期され、適用が予定されていた「移行法律」について、有効期限を9月30日まで延期すること、④感染者等の情報共有システムに関する「第1回延長法律」の規定の有効期限を2021年12月31日まで延期すること等を定めている。これらのうち③のみが国民議会の委員会審議で削除されたが、その他につい

ては、国民議会第1読会を通過した（1月20日）。

★

1. 公衆衛生法典の仮訳は、河嶋春菜「フランスにおける予防接種義務制度に関する基礎的研究」帝京法学33巻1号（2019年）155～200頁。同訳「フランス感染症まん延対策関連法令集」同34巻1号（2020年）417～460頁を参照。

2. デクレは法規命令の性質を有するもの（「一般規制デクレ」や「政令」とも訳される）と、任命行為など個別的な性質を有するもの（「個別デクレ」とも訳される）がある。一般規制デクレのうち、閣議決定のうえで大統領が署名し首相（場合によって加えて関係閣僚）により連署されるものは「閣議を経たデクレ」（憲法13条1項、19条）、首相が単独の署名によって制定することができるものは「単独デクレ」と呼ばれる（同21条）。

3. 憲法34条は、法律で定めるべき事項（法律事項）を列挙しているが、それ以外の事項は命令によって定めることができる（命令事項）。ただし、内閣は法律の委任に基づき法律事項に属する事柄を「オルドナンス」で制定することができる（憲法38条）。オルドナンスは、法定期限内に法律による追認を得られなければ失効する。

4. Décret nᵒ 2020-1257 du 14 oct. 2020 déclarant l'état d'urgence sanitaire.

5. 検疫措置および隔離措置の定義は2005年国際保健規則1条に準ずる。

6. Décret nᵒ 2020-293 du 23 mars 2020. Décret nᵒ 2020-1310 du 29 oct. 2020.

7. Décret nᵒ 2020-548 du 11 mai 2020.

Décret nᵒ 2020-1310 du 29 oct. 2020.

8. 県知事は当該県の国家代表である。

9. 違警罪は最も軽い犯罪類型である。

10. 地方については、市町村長（例外的に県知事）が権限を行使する（地方公共団体一般法典L2212-2条）参照。TRUCHET, D. *Le droit administratif.* 7ᵉᵐᵉ édition, PUF, 2017, p. 326s.

11. S. RENARD. *L'ordre public sanitaire.* Thèse Rennes I, 2008, p. 70. 河嶋春菜「憲法における公衆衛生・健康・身体」同志社法学72巻4号（2020年）487～489頁。

12. 国家目標規定について、石塚壮太郎「国家目標と国家目標規定」山本龍彦＝横大道聡編『憲法学の現在地―判例・学説から探究する現代的論点』（日本評論社・2020年）17～31頁。国家目標規定はフランス憲法判例上「憲法上の効力を有する目標」と呼ばれる（参照、河嶋・前掲注11）490～494頁）。

13. CC, nᵒ 2020-800 DC du 11 mai 2020.

14. CC, *ibid.*

15. D. TRUCHET. « Avant l'état d'urgence sanitaire : premières questions, premières réponses » *RFDA*, 2020, p. 613s.

16. Décret nᵒ 2020-260 du 16 mars 2020.

17. 自由の制約は法律事項である（憲法34条）。J. ANDRIANTSIMBAZOVINA, « Les régimes de crises à l'épreuve des circonstances sanitaires exceptionnelles », *RDLF* 2020 chron. nᵒ 20.

18. CE, Avis nᵒ 399873, 18 mars 2020, para. 19.

19. 緊急事態に関する1955年4月3日法律第55-385号。同法の沿革と内容について、奥村公輔「フランスにおけるテロ対策と緊急事態『法』の現況」論究ジュリスト21号（2017年）41頁以下。

20. 同前43～46頁。

21. 同前。

22. CE, *supra*. note 18, para. 16. 治安・災害緊急事態と衛生緊急事態の類似点について、O. BEAUD., « L'état d'urgence

sanitaire: était-il judicieux de créer un nouveau régime d'exception ? » *Rec. Dalloz*, 2020, p. 891-894.

23. Rapport Sénat (Ph. BAS) n° 381, p. 26.
24. Rapport, AN (J-M. DUBERNARD), n° 1092 (2ᵉᵐᵉ partie), p. 46.
25. 司法裁判所において未決勾留等の許否を決定する裁判官（令状担当裁判官）。
26. ただし、1日の隔離時間が限定される場合にも、期間の延長につき自由拘留判事の審査を要するという解釈留保が付された（CC, *supra*, note 13, cons. 43）。
27. 緊急事態に関する1955年4月3日法律第55-385号6条1項。
28. 奥村・前掲注19）44〜45頁。
29. CC, n° 2015-527 QPC du 22 déc. 2015.
30. 本規定は、コンセイユ・デタ行政部による答申で「議会による内閣に対する義務付け（injonction）に当たる」とされたため政府提出法案から削除されたが、元老院によって再度設けられ修正の上可決された（M. ALTWEGG-BOUSSAC, « La fin des apparences », *RevDH*, http://journals.openedition.org/revdh/9022, consulté le 7 nov. 2020）。
31. 本条は私生活上の自由の保護を図るため、個人データの取得、管理および共有範囲等につき詳細な規定を置いている。憲法院は、本文で述べる点のほか、個人データが介護福祉関係者にまで共有されうる点についても違憲と判断した（CC, *supra* note 13, cons. 70）。
32. CC, *ibid*. cons. 79-82.
33. Commentaire de la décision, p. 27-28. ただし、対象となる行政活動の数が権力分立の検討に影響することについては、学説から疑問が示されている（O. GOHIN.« L'état d'urgence sanitaire » *RFDA* 2020, p. 611）。
34. 最近のものとして、Rapport Sénat, n° 199, 8 déc. 2020.
35. CC, *supra*, note 13. なお、大統領も提訴者として名を連ねているが、これは憲

法院による事前審査が始まった1959年以来わずか3例目のことである。
36. CC, n° 2020-803 DC du 9 juil. 2020.
37. CC, n° 2020-808 DC du 13 nov. 2020. 事前審査の法定審査期間は1か月（迅速審査の場合は8日）であるが、上記三つの法律については、憲法院は付託後2〜3日で判決を出している。
38. たとえば、CC. n° 2020-846/847/848 QPC du 26 juin 2020.
39. CE, ord., 18 mai 2020, n° 440361.
40. CE, ord., 30 avr. 2020, n° 440179（自転車での外出の可否についてデクレが曖昧不明確であったことにつき、人権に対する重大かつ明白に違法な侵害があるとされた事例）。
41. 2020年12月8日時点（コンセイユ・デタウェブサイトより筆者集計）。
42. 一例として、医師会等は法律上の緊急事態とは独立に「医療の緊急事態」を宣言した（「『医療緊急事態』医師会など共同宣言」朝日新聞2020年12月22日朝刊1面）。
43. 太田匡彦「『危険』に即した医療等の分配」論究ジュリスト35号（2020年）37頁。
44. 治安・災害緊急事態の規定が通常法律に盛り込まれ「一般化」したことについて、奥村公輔「フランスにおけるテロ対策強化の諸問題—『永続的例外事態』と『緊急事態の一般化』」法律時報90巻9号（2018年）122〜127頁。

新型コロナウイルス感染者がゼロになった
ことを報告するアーダーン首相
（AAP Image／アフロ）

❺ ニュージーランド
──予防国家の緊急事態法制

はじめに

　海の島、ニュージーランド。イギ
リスのジェームズ・クック（James
Cook）がオランダ語の Nieuw Zeeland
を英語に直す際、New Sea Land とす
るところを、あえて New Zealand と名
付けたのは有名な話であり、日本と同
じく、四方を海に囲まれた国である。
南北に長く、四季があり、立憲君主制
や議院内閣制を採用し、インバウンド
観光に力を入れるなど、いくつかの共
通点がある。面積も日本の４分の３（約
27万 km²）とあまり変わらないが、人
口は日本の約24分の１（約500万人）

であり、ここには大きな違いがある。
それだけ人口密度には余裕があるはず
のニュージーランドであるが、新型コ
ロナウイルス対策は徹底していた。[★1]一
時は感染者数ゼロに到達し、欧米メ
ディアに注目されたこともある。[★2]

　また、日本と異なり、コモンローの
系譜をひくニュージーランドは憲法典
をもたない。[★3]その代わりに、統治構造
法（Constitution Act 1986）、ニュージー
ランド権利章典法（The New Zealand
Bill of Rights Act 1990）、選挙法（Electoral
Act 1993）などの法律が重要な役割
を果たしている。[★4]そして、新型コロナ
ウイルス対策でも様々な法律が機能し

た。それらの法律は憲法を構成するものとはみなされていないものの、同国では法律が重要な存在であることから、感染症対策についても法的仕組が整えられている。

ニュージーランドの新型コロナウイルス対策で有名なのはアラートシステムであるが、それを実効的に担保したのが緊急事態宣言と新たに制定した法律であった。以下では、緊急事態法制を中心にニュージーランドの新型コロナウイルス対策をみていくことにする。

1 緊急事態宣言の法的根拠

ニュージーランドは水際対策に取り組むのが早かった。2020年2月2日、外国人が中国発または中国経由で入国することを禁止した。[5] ニュージーランドで最初の感染者が発見されたのは2月28日であり、イランからの帰国者であった。[6] そこで政府は、オーストラリアと歩調を合わせる形で、3月19日にすべての外国人の入国を禁止した。[7] その後、政府は感染者数の増加や感染状況に応じてアラートレベルを徐々に引き上げ、3月25日にはアラートをレベル4に引き上げ、緊急事態宣言を出した。[8]

ニュージーランドは憲法典をもたないので、これらの緊急事態宣言も当然ながら憲法典に基づくものではなく、また憲法を構成するとされる法に基づくものでもない。ニュージーランドには緊急事態宣言を扱う法令がいくつかあり、今回もそれらに基づいて発令された。

3月25日の緊急事態宣言は二つに大別される。一つは、いわゆるアウトブレイク宣言である。これは2006年エピデミック対策法（Epidemic Preparedness Act 2006）に基づく。[9] 同法5条(1)は、首相は保健大臣の同意を得て国内の重要な政府活動や経済活動を阻害する検疫感染症がアウトブレイクしたと宣言することができると定めている。[10] ただし、宣言に際しては保健省事務総長の勧告文書が要件となっている。[11] 期限は最長で3か月であるが、[12] 首相が継続の必要があると考える場合には再度保健大臣の同意と保健省事務局長の勧告文書を得て3か月延長することができる。[13]

この宣言を出すことにより、総督（イギリス国王の代理として法律案の裁可等を行う）は保健大臣の勧告に基づいて保健大臣が管轄する一定の規制や要件を修正することができる。つまり、必要があれば、従来の法制度上の規制や要件を迅速に変えることができるということである。

一般に保健省事務総長は専門家が就任することが想定されているので、同総長は宣言が出ている間の状況を注視し、随時、首相や保健大臣に情報を提供することになっている。[14]また興味深いのは、同法には裁判所の活動に関する規定も置かれている点である。宣言期間中、裁判所は感染症に対応するために裁判所規則を修正することができると規定している。[15]

もう一つの緊急事態宣言は2002年民間防衛緊急事態管理法（Civil Defence Emergency Management Act 2002)[16]に基づくものである。この規定は感染症に限らず、あらゆる緊急事態を対象にしたものである。[17]これまた興味深いのは、同法7条が予防原則を採用する規定を設けている点である。7条は、「予防的アプローチ」と題したうえで、「本法の民間防衛緊急事態管理計画の実施と展開において役割を果たすすべての者はたとえリスクが科学的および技術的に不確実な場合でもそのリスクに対応できるように警戒する必要がある。」と定めている。[18]そのため、緊急事態宣言も手遅れにならないように発令することが求められることになる。

同法66条によれば、民間防衛大臣は緊急事態が生じ、それが民間防衛緊急事態管理の対応が必要なほど深刻であるか、民間防衛緊急事態管理グループの能力を超えそうな事態である場合に、全国または一部の地区に対して国家緊急事態が起きていると宣言することができるとする。[19]緊急事態が発令されると、7日以内に議会を開かなければならないことになっている。[20]緊急事態になると、民間防衛大臣が民間防衛緊急事態管理局長や同グループに対して次のような行為を行うように指示を出せる。[21]たとえば、民間防衛緊急事態管理グループは救命や救助活動、食料、衣服、避難施設の供給、必要な交通規制、死体等の処理、必要な装備の供給などを行うことになっている。[22]また、国家管理官（national controller）が道路や公共の場所を封鎖したり、[23]一定の活動をやめるように指示したり、[24]必要な調査を行ったりする。[25]

また、全国レベルではなく、地域レベルにおける緊急事態宣言の規定を設けている点も特徴的である。[26]民間防衛緊急管理グループがあらかじめ当該地域を担当する者を任命し、その者が当該地域に限定して緊急事態宣言を出すことができる仕組みになっている。また、場合によっては民間防衛大臣が当該地域の緊急事態宣言を出すこともできる。[27]

2 アラートシステム

ニュージーランドの新型コロナウイルス対策において重要な役割を果たしたのが、感染状況に応じてレベル分けしたアラートシステムである。[28] レベル1は、感染者がみられないものの新型コロナの再まん延に備える状況を指し、入国時の14日間隔離、マスク着用やソーシャルディスタンシングの推奨（旅行時はマスク着用義務有）などが求められる。レベル2は、感染者が存在し、感染拡大のリスクがある状況をいう。公共交通機関利用時のマスク着用義務、場面に応じたソーシャルディスタンシングの維持、100人以上の集会の禁止などが要求されると同時に、困窮者の金銭的支援も行われる。レベル3は、個人の行動に制限がかかる状況を表す。仕事や学校以外の場合の自宅待機、屋外でのソーシャルディスタンシングの維持、公共交通機関利用時のマスク着用義務、屋外におけるマスク着用の強い推奨、地区をまたぐ旅行制限、10人以上の集会の禁止などが求められる。レベル4は、感染症がまん延している状況を指す。いわゆるロックダウンが行われることとなり、原則自宅待機、集会の禁止、学校閉鎖、旅行禁止、スーパーや薬局など生活必需品事業を除く営業の禁止などが要求される。

緊急事態宣言が出される少し前の3月21日、政府はアラートシステムを発表した。アラートシステムは、先に挙げたエピデミック対策法や民間防衛緊急事態管理法のほかに、衛生法（Health Act 1956）や諸々の命令などを根拠に作成したものであった。その時点ではレベル2だったが、3月23日にはレベル3となり、3月25日にはとうとうレベル4になったと発表した。同日、緊急事態宣言が出されたのはその直後であった。

1か月ほど経過するとロックダウンの効果がみえ始め、4月27日にはアラートレベルを3に引き下げ、ロックダウンを解除した。[29] その後も感染まん延を抑えた状態が続いたため、緊急事態終了後の対応を考える段階となった。アラートシステムは各法令に基づくものであったが、その一つの根拠となっているエピデミック対策法や民間防衛緊急事態管理法の緊急事態が終了すると、別の法律に基づいて実効的な規制の仕組みを整える必要があったのである。

そこで、緊急事態宣言の期限である5月13日に合わせて、政府はアラートレベルを2に下げると同時に、5月13

日に新型コロナウイルス公衆衛生対策法（COVID-19 Public Health Response Act）を制定した。2年間の時限立法であったものの、政府の規制権限を強化する立法であったため、野党側の反発を招き、同法は63対57の僅差で可決したものであった。特に、諸々の規制を行う命令制定権を付与した11条が重要である。これによって民間防衛大臣または事務総長は必要に応じて行動規制や隔離を行うための命令が出せるようになった。また、20条により、法執行官は命令を実施するために令状なく場所や施設に立ち入ることが可能になり、命令違反に対する罰則規定（26条）や法執行官に従わない場合に対する罰則規定（27条）も設けられた。

そして6月8日、最後の感染者が無症状で48時間経過し、感染者がゼロになり、政府はアラートレベルも1まで引き下げることを発表した。[★30] もっとも、8月11日には4人の陽性者が判明し、オークランドは翌日にアラートレベル3となり、それ以外の地域はアラートレベル2となった。その後、少しずつアラートレベルが下げられ、10月現在、全区域でアラートレベル1となっている。

3 ニュージーランドモデルと日本への示唆

ニュージーランドは台湾と同じくコロナウイルス対策の成功例とみなされている。中国と距離が近く、またSARSの経験があり、人口密度の高い台湾が迅速かつ厳格な対応を行うのはわかるが、そのような事情のないニュージーランドがそうした対応を行ったことは興味深い。[★31]

アーダーン（Jacinda Kate Laurell Ardern）首相がリーダーシップを発揮し、当初から経済よりも生命と健康を重視した対策をとったことがその要因であるといわれているが、法的視点からすれば、民間防衛緊急事態管理法における予防原則規定の存在が大きいといえる。すなわち、緊急事態対応の法制度の中に予防原則が埋め込んであったからこそ、迅速かつ厳格な感染症対策にまい進できたと考えられるからである。民間防衛緊急事態管理法はニュージーランドの憲法構成法の中に入っているわけではないが、緊急事態に関する基本法であり、そこで採用される法原則は緊急事態全般に影響するものといえるだろう。

ただし、初めから新型コロナウイルスを想定した法制度が整備されていた

わけではない。当初、政府は諸々の法令を活用してアラートシステムを設定し、緊急事態宣言に合わせて対応した。そのため、緊急事態宣言後はその持続が困難となる。それを防ぐために、新型コロナウイルス公衆衛生対策法を制定し、宣言終了後も引き続き対策を行うことを可能にした。つまり、ニュージーランドの新型コロナウイルス対策は、予防原則のもと、アラートシステムを設定し、緊急事態宣言を出し、宣言終了後は新法を制定して対応したという流れにまとめることができよう。

　このようにニュージーランドは徹底した感染症対策を行うという姿勢で一貫しているものの、そうした措置は自由や経済を犠牲にするものであり、野党や人権委員会は権限集中や人権侵害の懸念を表明している。したがって、ニュージーランドモデルが必ずしも最善というわけではないだろう。もっとも、法制度については、日本にとっても参考に値する点がいくつかある。

　まず、感染状況に応じた対策である。緊急事態宣言はそのインパクトの大きさからして、容易に発令できるものではない。そのため、緊急事態宣言の発令に至らない段階において、どのような指標または基準を立て、いかなる対策を行うかが重要になる。この点、日

本ではそれが不明瞭であるが、ニュージーランドのアラートシステムはそれが明確であり、行動指針がわかりやすい。ただし、そもそも強制措置の実施に消極的な日本にはそうした基準が必要ない可能性があり、また日本のような曖昧な方法こそ柔軟に経済や自由との両立を果たすやり方である可能性もあり、直ちにニュージーランドのようなアラートシステムを設定すべきということにはならないだろう。だが、緩和または強化に至るプロセスが不明瞭である点は否めず、政府の恣意的判断になってしまうおそれや国民の予測可能性にも悪影響が生じる可能性がある。強制に至らない場合であっても、レベルに応じた一定の行動指針を事前に設定しておくことは検討に値すると思われる。また、ニュージーランドのようにそのための法改正を行うかどうかも検討事項になろう。

　次に、緊急事態宣言の対象区域についてである。日本では、新型インフルエンザ特措法に基づく緊急事態宣言を発令した当初、特定警戒都道府県を設定して対象区域を限定したが、特定警戒都道府県は特措法上の特定都道府県と異なるもので、法律との関係が曖昧であった。また、一部の地方自治体が明確な法的根拠のないまま独自の緊急

事態宣言を出すという事態が生じた。一方、ニュージーランドでは法律自体に全国レベルの緊急事態宣言と地域レベルの緊急事態宣言とを分けて設けている。このような区分は状況に応じた対応が可能になることに加え、法的根拠に基づいて実施できるので、このような規定のあり方は一つの参考になろう。

　最後に、緊急事態立法についてである。ニュージーランドのようなコモンロー系の国では黙示の緊急事態権限があるといわれることがあるが、少なくともコロナ禍ではそれに頼らず、本章で紹介したような緊急事態関連法令に基づいて対応がなされた。日本では、コロナ禍を踏まえて憲法改正による緊急事態条項を設けるべきとの意見があったが、仮に緊急事態条項を設けた場合であっても、緊急事態に関する基本法を制定することが必要になる。世界的にみても、憲法に緊急事態条項がある場合でも、具体的対応は緊急事態立法に基づいて行われる仕組みになっていることが多いことを踏まえると、緊急事態に関する基本法を検討する必要があるかもしれない。ただし、ニュージーランドは人権法があるとはいえ、憲法典がないがゆえに、強い規制が行われた可能性がある。そのため、

緊急事態立法を考える場合でも、日本の場合は憲法適合性の検討を慎重に行う必要があろう。

おわりに

　8月17日、アーダーン首相は9月19日に予定されていた総選挙を10月17日に延期すると発表した[★32]。8月に4人の感染が判明し、49人にまで感染が拡大したことを受け、アラートレベルが2（オークランドは3）に上がった状況を踏まえてのことであるが、この段階で選挙延期の決定を行う点も予防重視の側面が色濃く表れているといえる。

　野党からの延期要請があったとはいえ、選挙日程の延期はその結果にも大きな影響を与えることを踏まえると、緊急事態宣言が出ていないにもかかわらず延期することは、予防政策が民主政過程よりも優先されているような様相を呈することになる。リスク社会を迎えた現代において、ニュージーランドはそれに積極的に応えている国といえるかもしれない。自然豊かなニュージーランドはもともと植物、動物、食品などのバイオセーフティに力を入れており、外来種に対する警戒が強い国である。その分野では予防的アプローチが盛んに提唱され、一部の立法には

それが採用されている。★33 そのため、予防的アプローチを受け入れる素地があり、感染症を含む他の分野においても受容されやすい可能性もある。しかし、リスク対策をとったことのリスクをどこまで考えているのかは定かではない。

10月17日の総選挙において与党が勝利したことを踏まえると、★34 選挙ではアーダーン政権の新型コロナウイルス対策が評価されたということであり、国民は予防的アプローチをおおむね肯定しているということになろう。とりわけ、法に基づく予防措置を実践したことを踏まえると、ニュージーランドの新型コロナウイルス対策は理性的な予防的アプローチとして位置づけることができ、予防重視の政策を行う際の参考になると思われる。ただし、新型コロナウイルス公衆衛生対策法は僅差で可決したのであり、緊急事態宣言に至らない段階での強い予防措置についてはなお懸念もつきまとう。予防を重視すること自体についても検討の必要があるといえるだろう。

〔大林啓吾〕

★
1. もちろん、人口が少なければ少ないほど、わずかな感染者数でも一定人数あたりの感染率は高くなるので、それを重視するのであれば、対策が急務ということになる。
2. Damien Cave, *With No Virus, New Zealand Lifts Lockdown*, N.Y. TIMES, June 9, 2020, at 5.
3. Susan Glazebrook, *Natalie Baird and Sasha Holden, New Zealand: Country Report on Human Rights*, 40 VUWLR 57 (2009).
4. 近藤真「ニュージーランド法システム入門―解題と翻訳」岐阜大学教養部研究報告34号（1996年）73頁。
5. 「新型肺炎、中国人の入国、60カ国が制限、比・ＮＺも全土対象」日本経済新聞2020年2月3日朝刊3面。
6. 「新型コロナ、ＮＺで初の感染者確認」日経速報ニュースアーカイブ2020年2月28日。
7. 「豪、外国人の入国を禁止　新型コロナで」日経速報ニュースアーカイブ2020年3月19日。
8. *Covid-19 coronavirus: Fifty new cases, state of emergency declared to police lockdown*, The New Zealand Herald, March 25, 2020.
9. Epidemic Preparedness Act 2006, s 5 (1). なお、この法律は2002～2003年あたりから警戒され始めたH5N1（鳥インフルエンザ）やSARS（重症急性呼吸器症候群）への対策として立法されたという経緯がある。
10. Section 5 (1).
11. Section 5 (4).
12. Section 5 (3).
13. Section 7.
14. Section 9 (1).
15. Section 24.
16. Civil Defence Emergency Management Act 2002（CDEMA）. なお、本法は1983年民間防衛法（the Civil Defence Act

1983）にとって代わるものである。

17.　梅本通孝「ニュージーランドにおける
　　　災害対応の体系とその特性」地域安全学
　　　会論文集31号（2017年）38頁。ニュー
　　　ジーランドの緊急事態対策は、1960年代
　　　頃から地震などの自然災害（感染症も含
　　　む）を中心に据えるようになり、その後、
　　　民間防衛緊急事態管理法が基本的枠組み
　　　を定めていると指摘される。

18.　CDEMA, s 7.

19.　Section 66.

20.　Section 67.

21.　Section 84.

22.　Section 85.

23.　Section 88.

24.　Section 91.

25.　Section 92.

26.　Section 68.

27.　Section 69.

28.　ニュージーランドのアラートシステム
　　　の内容やコロナ禍における事態の推移に
　　　ついては、ニュージーランド政府のウェ
　　　ブサイトで確認することができる。NEW
　　　ZEALAND GOVERNMENT, *Unite Against
　　　Covid-19*, https://covid19.govt.nz/ (last
　　　visited Nov. 30, 2020). 以下の概要はこの
　　　ウェブサイトに依拠している。

29.　「ＮＺ　都市封鎖解除へ」読売新聞
　　　2020年4月21日東京朝刊7面。

30.　「ニュージーランド：ＮＺのコロナ感染
　　　者『ゼロ』」毎日新聞2020年6月9日東
　　　京朝刊8面。

31.　「（ひもとく）コロナinニュージーラン
　　　ド　自由より公正を重視する人々　将基
　　　面貴巳」朝日新聞2020年9月12日朝刊
　　　15面。この点につき、ニュージーランド
　　　が公正を重視し、命の安全を確保する点
　　　ですべての人々が公正に扱われるためには、
　　　自由の制限もやむをえないという発想が
　　　あるという指摘がある。

32.　「ＮＺ総選挙、市中感染受け延期」日本
　　　経済新聞2020年8月17日夕刊3面。

33.　Mitsuhiko A. Takahashi, *Are the

*Kiwis Taking a Leap? - Learning from
the Biosecurity Policy of New Zealand*,
24 TEMP. J. SCI. TECH. & ENVTL. L. 461,
471-472 (2005).

34.　「ニュージーランド：ＮＺ労働党が第1
　　　党　アーダン政権2期目へ　総選挙」毎
　　　日新聞2020年10月18日東京朝刊7面。

【コラム】　中国——異質な「都市封鎖（封城）」の目的、手段、正当性

中国は、2020年1月23日、世界に先駆けて武漢市を封鎖した。人口約1000万人の都市をほぼ予告なく一斉に封鎖してしまったのである。第1部のコラムで述べたとおり、地下鉄、バス、高速鉄道、フェリー、飛行機等がすべて運休となり、高速道路、幹線道路、駅、空港などはすべて封鎖され、市内外の人の移動がほぼ完全に遮断された。のみならず、「街道」などと呼ばれる最小行政区画（通常マンション群、団地群などが一つの単位とされる）ごとに人の外出等が厳しく制限された。封鎖は厳格に維持され、それが解かれたのは3か月半を経た4月8日であった。

その根拠法は、「伝染病予防治療法」である。同法は1989年に制定されたものであるが、SARS（重症急性呼吸器症候群）の流行の経験を踏まえて2003年に実質的な改正が行われている。同法は都市の封鎖について、以下のように規定する。

第43条　甲類、乙類の伝染病が爆発的に感染し、流行した場合には、県レベル以上の地方人民政府は上級の人民政府に報告し決定を行うことにより、本行政区域の全部または一部の地域を感染地区

とする旨の宣言を行うことができ、国務院は省、自治区、直轄市を跨ぐ感染地区の決定、宣言を行うことができる。県レベル以上の地方人民政府は、感染地区において本法第42条に規定する緊急措置をとることができ、かつ感染地区を出入りする人、物資及び交通手段に対して衛生検疫を実施することができる。

省、自治区、直轄市の人民政府は、本行政区域内の甲類伝染病感染地区に対して封鎖を実施することができるものとするが、大、中都市である感染地区もしくは省、自治区、直轄市を跨ぐ感染地区を封鎖する場合、または感染地区の封鎖が幹線交通の中断もしくは国境の封鎖に及ぶ場合には、国務院がこれを決定する。

感染地区封鎖の解除は、原決定機関が決定しかつ宣言するものとする。

武漢市の封鎖は、上記の伝染病予防治療法43条に基づいて、国務院により決定、宣言されたといわれるが、公的説明によれば、新型コロナは本来乙類の伝染病に該当するものであるところ、

状況に鑑み甲類の伝染病と同様の措置をとったとされる。したがって、厳密には超法規的措置ともいえる。

新型コロナウイルスの感染防止策をめぐっては、各国における緊急事態宣言の可否や内容、とりわけ罰則の有無や罰則の適用の有無が議論されるが、中国における都市封鎖は、このような比較を行う前提が大きく異なる。

そもそも目的が異なる。近代立憲主義に根差す国々における緊急事態宣言は、自粛による感染予防が功を奏さない場合に、感染拡大を防止する観点からその行動の自粛を強制しようというものである。つまり、人から人への感染の機会を減らすことを目的としている。しかし、中国武漢においてとられた都市封鎖（封城）は、感染を一定の地域に封じ込めることに主眼が置かれている。すなわち感染者を感染地域の外に出られないようにして、他の地域への感染拡大を防止しようとするものである。

かかる目的から、実施にあたっては、その是非をめぐる十分な議論が民主的に行われないどころか、ほとんど事前通告なく一斉に実施されたのである。そこには、事前に通告したのでは、実施までの間隙を縫って武漢市を「脱出」しようとする人が出てしまい、十分な効果が得られないという発想が存在する。

また、上記の理由により、警察、軍部による実施部隊が組織され、軍事作戦の如く、実施時刻に高速道路や幹線道路が一斉に封鎖された。それと同時に、「街道」もそれぞれ封鎖され、物理的に人の行き来が不可能な状態が形成されたのである。

このような措置をとることは、近代立憲主義を基調とする国家ではおよそ考えられないであろう。この施策には、個人の自己決定の契機がまったく存在しないからである。

しかし、中国では、一部の尊い犠牲により、はるかに多くの生命が助かり、また、感染拡大を最小限に食い止めることができ、それにより早期に経済復興を図ることもでき、その恩恵はひいては武漢市の人民にももたらされるのであるから、個人の自由を制約する調和点として妥当であったと考える人が少なくない。そもそも、共産党は、共産主義を実現する発展段階において社会主義を推し進める中で人民を指導する立場にあると位置づけられ、このように利益の調整が必要な場合に、客観的な観点から政策判断を下すことが求められていると考えるのである。そして、政府は、この措置により犠牲となった武漢市民を、戦地の前線において死亡した殉職者のように中国社会を救っ

た者として、各種の報道、イベントを通じて称える広報活動を徹底して行うこととなる。一種のパターナリズムともいいうる価値観がそこには存在している。

第1部のコラムでも述べたとおり、筆者はこの体制がより優れているとも、日本がそうなるべきだとも思ってはいない。しかし、建国から70余年が過ぎ、今や経済大国となり、コロナ禍にもかかわらずGDPでプラス成長を遂げる国である。この間、政治思想も理論化が進んでいる。このような中国の体制が提起する問題に我々はどのように答えるべきであろうか。共産主義は是か非か、というステレオタイプの抽象的な問題設定ではもはや議論がかみ合わないことは明白である。近代立憲主義の立場からのさらなる憲法学的研究が進むことを願ってやまない。

〔森脇　章〕

第3部

コロナ禍の人権問題

緊急事態宣言を受けて休業要請がなされ、人通りが激減した
九州有数の繁華街・天神の様子（2020年4月14日）
（読売新聞／アフロ）

❶ 休業補償の憲法問題
―― 憲法上「補償」は義務づけられるのか

はじめに

　本章に与えられたテーマは、「日本では自粛要請に対して休業補償がなされるべきとの議論があるが、そもそも『自粛』によって生じた損失が補償の射程に入るのかどうかについて憲法の観点から検討し、補償の要否に関する裁量や権利問題を考える」というものである。そこで、まず憲法学（あるいは公法学）において「補償」というものがいかに理解されているかを説明し、目下の新型コロナの「自粛要請」による売上減に対する「休業補償」が憲法上いかに考えられるかを検討する。★1

1 憲法学上（あるいは公法学上）の「補償」とは

　憲法29条3項は、「私有財産は、正当な補償の下に、これを公共のために用ひることができる。」と定めるが、この補償（損失補償）という概念は、その他の法概念と同様に、憲法学上（あるいは公法学上）、特有の意味を有している。すなわち、一般的な見解によれば、損失補償とは、適法な公権力の行使に基づく財産上の「特別の犠牲」に対して、負担の公平の見地からなされる財産的補償をいうとされ、そして「特別の犠牲」にあたるか否かは、①侵害

行為が広く一般人を対象とせず特定の人または集団を対象とするか（形式的基準）、および②侵害行為が、社会通念に照らして財産権に内在する社会的制約として受忍すべき程度のものでなく財産権の本質的内容を制約するほど強度なものか（実質的基準）に基づき判断するという（近時は②の実質的要件を中心に「特別の犠牲」にあたるかを判断すべきとする見解が有力である）★2。

具体的には、たとえば、空港の滑走路を増設するとして建設予定地に土地・建物を所有している住民から、当該土地・建物を土地収用法に基づいて収用する場合などは、憲法上補償が要請される（公権力が補償する義務を負う）と考えられる。この場合、建設予定地に住む特定の者の所有権を、空港の利便性向上という公共の安全秩序維持（消極目的）でない目的で、その全部を意思に反して剥奪する（収用委員会の裁決により所有権を強制的に国等に移転する）という点で財産権に対する本質的侵害となっているからである。

2 新型コロナウイルス対策としての「自粛要請」と「休業補償」

新型コロナウイルス対策としてなされた「自粛要請」に対しては、それは「休業補償」と「セット」でなされる

べきだ、としばしば主張されてきた。この「休業補償」が、上記憲法上の補償として義務づけられるかを検討してみよう。

その前に、新型インフルエンザ特措法の仕組みを概観する。緊急事態宣言（32条）の前の段階では、都道府県知事が、公私の団体または個人に対して新型コロナ対策の実施に関し必要な協力の要請を行うことができる（24条9項）★3。他方で、緊急事態宣言後は、都道府県知事は、住民に対する外出自粛等の協力の要請（45条1項）、特定の施設の使用制限や催事開催の制限等の要請および指示（同2項および3項）を行うことができ、2項の要請および3項の指示をした場合にはその旨の公表義務が課せられている（同4項）。なお当初は、第1段階の新型インフルエンザ特措法24条9項の要請は「業種や類型毎」に行い、それに正当な理由なく応じない場合に、第2段階として45条2項の要請、次いで同3項の指示を「個別の施設の管理者等」に対して行い、その対象となった個別の施設名等を公表するとされていたが、2020年7月、24条9項に基づく要請についても、感染拡大予防ガイドラインを遵守しない「特定の飲食店」や「個々の事業者や施設の管理者等に要請を行っ

ても差し支えない」とされた。[★4]

　実は、新型インフルエンザ特措法にも補償の規定が存在している。検疫のための病院等の施設の強制使用（29条5項）、臨時医療施設開設のための土地等の強制使用（49条）、医薬品等の物資の強制収用（55条）の各処分に対して「通常生ずべき損失を補償」する義務を62条は課している。これら処分は、いずれも特定人の私有財産に対する適法な公権力の行使に基づくものであり、1でみた憲法上の損失補償の要請される場合に該当するといえよう。しかし、新型インフルエンザ特措法には上記の「自粛要請」（24条9項・45条）について補償の定めはない。もっとも、法律に補償の定めがない場合であっても、憲法29条3項を直接の根拠として補償の請求をなしうる（最大判昭和43年11月27日刑集22巻12号1402頁〔河川附近地制限令事件〕）。そこで、「自粛要請」に対する「休業補償」が憲法上どう考えられるかが問題となる。

（1）形式的側面──行政指導

　新型インフルエンザ特措法45条2項または24条9項に基づいて休業や営業時間短縮といった「自粛要請」がなされるわけであるが、まず、この「自粛要請」という手法につき、検討が必要である。これら条項に基づく「自粛

要請」は、それによって権利を制約し、または義務を課すものではない行政指導（行政手続法2条6号）としてなされている（それゆえその違反には「罰則」もない）。つまり、この「自粛要請」は、法的にみると、遵守しなくともよい「お願い」にすぎない。[★5]

　しかし、このような「自粛要請」は、公権力の責任を個人に転嫁してしまう点で問題がある。行政指導は相手方の「任意の協力によってのみ実現される」（行政手続法32条）ものなので、それに従うか否かは「要請」された側の問題となる。その相手方が「要請」を不服と自ら判断した場合には、法的にはそれに従う義務は存在しない。ところが、その「要請」の実効性を確保する主体として、「要請」を出した公権力ではなく私人が登場し、「要請」に従わなかった者に私的な制裁を加える──「自粛警察」──場合、「要請」を出した公権力は「私人VS私人」の背後に退き、「要請」に従わなかった者が責任を追及されることとなるからである。[★6]これに対して、「要請」違反に罰則を科す（この場合の「要請」はもはや行政指導ではなく義務を課す行政行為となる）[★7]という仕組みにすれば、それにより行政手続法上の手続保障が伴うだけでなく、[★8]上述のとおり特定の者が感染

防止ガイドラインを守っているか否かが論点となる場面では、「遵守していない」との公権力の判断に不服がある場合、その者には公権力の当該判断を司法に審査を求める機会が生ずる。[★9] しかし「要請」という行政指導では、「要請」された者には権利制約も義務の賦課もないので、このような機会は設けられず、ただ「遵守していない」と行政に指摘された事実のみが争いようのない形で残ってしまうのである（そして「自粛警察」による私的制裁にさらされうる）。このような手法を選択することに問題がないとはいえないのではなかろうか。

そして、この行政指導という法形式による「要請」は、憲法上の補償の要否の判断に関しても不利に作用しうる。というのも、憲法上の補償は、適法な公権力の行使による行為を契機とするが（1参照）、権利制約でも義務の賦課でもない行政指導が、補償の要否の判断の場面で「公権力の行使」とされうるか、少なくとも議論の余地があるからである。[★10] もっとも、今回の「自粛要請」に関しては、「事業者の自由意思により要請に従った」という点が、「かなり押さえつけられた自由意思」ゆえに「強制があったと立論することも不可能ではない」との指摘もある。[★11]

(2) 実体的側面 ── 「財産権」該当性および「特別の犠牲」該当性

さしあたり形式面の問題点は脇に措き、次に、実体面の検討に移ろう。「私有財産」に対する「特別の犠牲」は存するだろうか。

第1に、「私有財産」＝「財産権」該当性はどうか。憲法29条3項にいう「私有財産」は、一般に、現に私人に属する財産権を指し、この「財産権」は、すべての財産的権利を含むものであり、所有権その他の物権や、無体財産権、債権、営業権、そして水利権・河川利用権のような公法的な権利も含まれる。[★12] もっとも、「自粛要請」においては、たとえば飲食店等の店舗の強制使用や収用がなされるわけではなく、店舗の「営業する権利（とそこから生ずる利益）」が問題となる。この点、「営業の継続による利益のごときものも、公権的侵害に対して保護せらるべきものとしては、ここ〔憲法29条1項〕にいう財産権の中に含めて良い。そして、これらの権利・利益に対する侵害について〔同条〕3項の適用が問題となる」との指摘があるように、[★13] 上記「営業する権利」を憲法29条3項の「私有財産」に含めることは問題なかろう。

では第2に、「特別の犠牲」該当性はどうか。まず、対象が特定的でなく

一般的である場合には損失補償が認められない方向に働く（形式的基準）とされるが、緊急事態宣言下では、遊興施設等の新型インフルエンザ特措法施行令11条1項各号の掲げる施設の多くが法24条9項に基づく各都道府県知事の休業要請の対象となり、この休業要請に従わない若干の施設に対してさらに法45条2項に基づく休業要請がなされた（これにも従わない施設に同3項に基づき休業指示がなされた）。また、同緊急事態宣言解除後の8月以降、法24条9項に基づき、酒類の提供を行う飲食店・カラオケ店に営業時間短縮営業の要請が多くの都道府県でなされた。たとえば東京都の飲食店だけをみても、約8万店（特別区が約6万4000店）、そのうちバー・キャバレー・ナイトクラブ（施行令11条1項11号の遊興施設に含まれる）は約1万店という相当多くの施設が地域を問わず一律で対象となっており、対象の特定性を語ること[14]は困難であろう。他方で、地域を都道府県の一部に限る要請や、特定店舗に対する要請（法45条および2020年7月17日付事務連絡（注4参照）以降の法24条9項に基づくもの）の場合、特定性は高まることになる。

次に、実質的基準のうち財産権の本質的内容の制約か否かについてみると、たしかに、対象施設は、その所有権を剥奪されたり公権力により使用され自ら使用できなくなったりするわけではない。しかし、時限的であれ、営業を目的として所有・賃借している店舗にもかかわらず営業がおよそできないか、自らの望む時間帯に営業できなくなる（たとえば、バーなどは深夜帯に来客が本来多いと思われるところ、酒類提供が午後7時までとされる場合には、充分な営業も集客も困難とならざるをえない）。このような制限は、財産権の本質的内容の制約があるといいうると思われる[15]（だからといって以下のとおり、直ちに補償が義務づけられるわけではない）。

最後は、当該制約が財産権に内在する社会的制約として受忍限度内か否かである。しかし「自粛要請」は、基本的に、この「内在する社会的制約」に該当するものと思われる。というのも、そもそも疾病予防という消極目的での規制（生命・身体に対する危険の除去・防止を目的とする規制）は、当該規制が必要最小限度のものである限り、職業選択・遂行の自由の制約として憲法上許容され、内在的制約にあたるため補償が不要だからである[16]。つまり、規制（＝営業の制限）を行うことがそもそも憲法上許される以上、憲法上の補償を行う必要がないのである。

では、かねてから議論されているように、休業要請に応じない者に罰則を科すことはどう考えられるだろうか。[17]罰則を科すことで憲法上の権利を制約する場合（規制を行う場合）、まず、その形式において、法律の根拠に基づき対象となる者に義務を課す必要があり（侵害留保原理[18]）、現在のような行政指導ではそれは行うことは許されない。また、その内容において、上記のような消極目的規制の場合は必要最小限度の規制でなければ憲法上は許容されない（比例原則）。

もっとも、規制が営業時間制限にとどまる場合や時限的に限定された営業休止の場合は職業遂行の自由の制約にとどまるので、職業選択の自由の制約と比べて規制が許容される方向に働く。[19]また、新型コロナウイルス感染症の特性や感染拡大の具体的なあり方が判明していないことを理由として、予防原則[20]に基づき、立法者が感染拡大という危険防止のために、（比例原則の求める）必要最小限度の規制を超える規制をさしあたり採用することも、あるいは許容されたかもしれない。しかし、2020年11月現在、少なくとも2020年当初と比べて新型コロナウイルスの特性や感染拡大のあり方が徐々に判明してきている以上、必要最小限度か否

かを度外視して、感染拡大予防という目的であらゆる規制が正当化されることにはならないであろう。

それゆえ規制は、感染者が店内に入ることを抑止するためか、店内での感染拡大を最小限にするために、科学的根拠に基づいて判断された危険の程度に応じて、地域や業種・業態、そして営業形態を分けたうえで、来客や従業員の検温やマスク着用、パネルや消毒液設置、席数や入場客数の制限、営業時間の制限といった手法を、期間の限定と組み合わせて行うことが出発点となろう。それらを超える一律全面休業といった規制を地域や業種・業態の特性を踏まえることなく行うことは、感染伝播の具体的なあり方がある程度判明してきた現段階においては、必要最小限度を超える（すなわち公権力の規制権限を超える）規制が含まれているおそれがあり、憲法上疑念が生じうる。[21]したがって、このような規制は、財産権に「内在する社会的制約」を超えうるものを含む限りで、憲法上の補償を要請する方向に働くであろう。[22]

「要請」という形式面での問題を措くとすれば（上記（1）参照）、緊急事態宣言下での特定店舗に対して（新型インフルエンザ特措法45条2項）や、感染防止ガイドライン非遵守の特定店舗

に対して（同法24条9項。7月から）は、感染拡大の危険性を生じさせうる施設に対するものであり、基本的には、何らかの規制がそもそも可能であるものと思われる（したがって、休業や営業時間短縮等の「要請」違反に罰則を科す制度改正を行った場合でも損失補償が直ちに義務づけられるわけではない）。ただし、法45条をうけた新型インフルエンザ特措法施行令11条1項各号に掲げられた施設が、すべて一律の内容で規制を要するのかにつき、この新型コロナウイルス感染症に係る科学的合理性を踏まえ、対象となる地域や施設（業種・業態）、そして規制内容が必要最小限度かを定期的に再検討する必要があろう。

　ところで、規制として仕組みを作り、その規制の実効性を担保するために罰則を科したとしても、罰則は禁止に違反したことに対する制裁であるから、営業禁止にもかかわらず当該店舗はすでに営業している状況、すなわち「感染拡大の可能性」が存在する状況がいったん生じているはずである。感染拡大を防止することを目的とするとしても、目の前の家賃や従業員の給与のために「背に腹を替えられない」状況に陥ってしまっている者が容易に想定される状況を改善することなくただ罰

を科したなら、制裁覚悟で営業する者が出てくることになり、感染拡大の防止に寄与できないともいいうるのではないだろうか（これは、禁止違反に対して補助金等の返還を義務づける場合も同様であろう）。

おわりに

　上記のように、この休業や営業時間短縮の「要請」に対して憲法上補償が義務づけられるか否かは、「要請」という行政指導に基づくことやその特定性が乏しいこと、そしてそれが内在的制約たる必要最小限度の規制にとどまっている限りでは、消極的な回答をせざるをえない。しかし、補償は、憲法上要請される場合にのみ行わなければならないわけではなく、憲法が要請していない場合であっても政策的観点から行うことは可能である[25]。

　「要請」違反に罰則を科すことが感染拡大の防止に充分でないとすれば、感染拡大をより根本的に封じるために、たとえ憲法上要請されないとしても、国会がその裁量により合理的な基準に基づいて法律で「補償」を政策的に創設・拡充し、行政および地方自治体がそれを適切に運用することは可能である（法律上の根拠はないが、「協力金」等の名称ですでに一部がなされていること

は読者の皆さんもご存じであろう[26]）。このように、店舗が休みたくても休むことができず無理に営業し感染拡大可能性が生じる状況を作り出すことがないように政策的な補償の法的仕組みを整えることも、充分に考慮に値するものと思われる[27]。この新型コロナという未曾有の事態において、たまたまその職業をその場所で行っている、休業や営業時間短縮を要請された職場で働いている、あるいはそれらの人と仕事上密接な関係にある、というだけの理由でその人たちのみに負担を強いるのではなく、苦境に立たされた人々に、広く補償などの形で公金の公平かつ適正な配分を行って、社会全体で負担を分かちあう道もあるのではなかろうか。

〔山本真敬〕

[付記] 本研究はJSPS科研費 JP18K12633の助成を受けたものである（2020年11月24日脱稿。本章参照のウェブサイトも同日最終閲覧）。

[追記] なお、校正中の2021年1月7日に新型インフルエンザ特措法施行令11条1項が改正され（令和3年政令第3号）、同項14号として「飲食店、喫茶店その他設備を設けて客に飲食をさせる営業が行われる施設（第11号に該当するものを除く。）」が追加された。そして翌1月8日

に1都3県を対象に緊急事態宣言が発出され（その後1月13日に7府県が対象に追加された）、新型インフルエンザ特措法24条9項に基づき、上記施行令11条1項各号の定めるすべての施設ではなく（この点が2020年4月の緊急事態宣言と異なる）、飲食店や遊興施設等に限り営業時間短縮の要請がなされた（そして2021年2月2日、10都府県につき期間を3月7日まで延長することが決まった）。この再度の緊急事態宣言の発出にあわせて、営業時間短縮要請に応じた飲食店等に対する協力金が拡充された。また、2021年2月3日、新型インフルエンザ特措法が改正された（令和3年法律第5号）。本章に関係する点だけ述べると、緊急事態宣言に先だって「まん延防止等重点措置」とそれに関連する定めが置かれ（31条の4以下）、まん延防止等重点措置に係る要請（31条の6第1項）とそれに従わない場合の命令（同条3項）、緊急事態宣言下での施設の利用制限・停止等の要請に従わない者に対する命令（45条3項）が新設され、それら命令違反に対する過料（前者20万円以下、後者30万円以下）も新設（80条・79条）された（要請とは異なり、この命令は法的義務である。なおこれら要請に関連して72条1項および2項で立入検査等も定められた）。同時に、国および地方公共団体が、新型インフルエンザやそのまん延を防止する措置によって影響を受けた「事業者を支援するために必要な財政上の措置その他の必要な措置を効果的

に講ずるものとする」（63条の2第1項）として、事業者に対する支援義務も新設された。

★

1. 本章の主題につきすでに、板垣勝彦「新型コロナウイルス雑感」横浜法学29巻1号（2020年）185頁以下、宍戸常寿「『接待を伴う飲食店』だけの問題ではない」Yahoo!ニュース2020年9月22日（https://news.yahoo.co.jp/feature/1810）、長谷部恭男＝杉田敦「コロナ対策『罰則』と『自由』と」朝日新聞2020年7月26日朝刊2面、大橋洋一「感染予防のための行動制限と補償」論究ジュリスト35号（2020年）47頁、南亮一「新型インフル特措法における休業要請等による財産権の制約と憲法との関係」レファレンス838号（2020年）31頁以下があり、本章はこれらから多くの示唆を得ている。本章の主題に関する文献やウェブ記事は枚挙に暇がなく本章筆者の見落としているものも多いと思われるとともに、本書の方針により参照を最低限度にとどめていることにつき、ご海容を乞う。

2. 芦部信喜（高橋和之補訂）『憲法〔第7版〕』（岩波書店・2019年）247～248頁、渡辺康行ほか『憲法Ⅰ』（日本評論社・2016年）359～360頁〔宍戸常寿〕、塩野宏『行政法Ⅱ〔第6版〕』（有斐閣・2019年）380頁、宇賀克也『国家補償法』（有斐閣・1997年）387頁、399～401頁など。

3. 「緊急事態宣言に伴う事業者への要請等に係る留意事項等について」（2020年4月10日付事務連絡）第2項によると、法24条9項に基づく施設の使用制限・停止

に係る要請は、新型インフルエンザ特措法施行令11条1項各号に掲げられた施設が対象であり、それ以外の施設については施設の使用制限・停止に係る要請はなしえず、連絡先確保や時間短縮の要請等をなしうるにとどまる。大橋・前掲注1）51頁は、このような限定は不要とする。

4. 「第45条の規定に基づく要請、指示及び公表について」（2020年4月23日付事務連絡）第1項、「感染が拡大している都道府県における対応について」（2020年7月17日付事務連絡）第3項および第4項（なお、これらの要請は行政手続上の不利益処分にあたるとされていない）。大橋・前掲注1）51頁は、法24条9項の法文上は個別の相手方にも要請をなしえたとする。

5. 法45条2項に基づく要請に従わない場合には同3項による指示がなされる。「要請」とは「一定の行為について相手方に好意的な処理を期待すること」、「指示」とは「一定の行為について方針、基準、手続等を示してそれを実施させること」をいい、後者は行政不服審査法にいう「処分」に該当するとされ（新型インフルエンザ等対策研究会編『逐条解説　新型インフルエンザ等対策特別措置法』（中央法規出版・2013年）110～112頁）、法的義務だとされる（南・前掲注1）40～41頁参照）（上記4月23日付事務連絡第2項も、法45条3項に基づく指示は行政手続法上の不利益処分に該当するとしている）。ただし、両者ともその違反に罰則はない。また、この要請・指示を行った場合には、特定人に対してそれらを行った旨公表がなされるが、この「公表」は、「利用者のため、事前に広く周知を行うことが重要であること」を根拠にするものとされ（新型インフルエンザ等対策研究会編・前掲161頁）、それ自体としては権利の制約や義務の賦課ではない。この公表の問題点につき、板垣・前掲注1）188～189頁参照。

6. 江藤祥平「匿名の権力」法律時報92巻9号（2020年）76〜77頁。

7. 板垣・前掲注1）190頁。

8. 板垣・前掲注1）189頁以下参照。

9. 江藤・前掲注6）76頁参照。尾形健「『新型コロナウイルス禍』の福祉国家」法学セミナー790号（2020年）60頁は、現状を超える規制に慎重な姿勢をとる。

10. 板垣・前掲注1）192〜193頁、大橋・前掲注1）53頁、井上達夫「コロナ・ラプソディー」法と哲学6号（2020年）35〜36頁、38頁参照。高田敏編『新版　行政法』（有斐閣・2009年）371頁〔平岡久〕は、「厳密な議論はなされていないが、ここでの公権力の行使は国賠法1条上の公権力の行使と同様に広く理解してよいとみられ、適法な行政指導などを原因行為とする損失補償の余地もある」とする。また、西埜章『損失補償法コンメンタール』（勁草書房・2018年）17〜18頁も参照。

11. 板垣・前掲注1）193頁。

12. 宮沢俊義（芦部信喜補訂）『全訂　日本国憲法』（日本評論社・1978年）288頁、286頁。

13. 今村成和『損失補償制度の研究』（有斐閣・1968年）7頁。

14. 東京都産業労働局『東京の産業と雇用就業2020』（2020年）176頁および「統計でみる新宿区のすがた」（https://www.city.shinjuku.lg.jp/content/000259738.pdf）による。なお、飲食店は全国で約59万店、そのうちバー・キャバレー・ナイトクラブは全国では約10万店とされている。たとえば緊急事態宣言に伴う東京都の休業要請の対象施設は、東京都「対象施設一覧」（https://www.bousai.metro.tokyo.lg.jp/1007617/1007679.html）から確認できる。またたとえば、東京都で2020年8月3日から31日になされた朝5時から午後10時までの「営業時間短縮の要請」の対象は都内の酒類の提供を行う飲食店・カラオケ店すべてである（東京都「時間短縮に係る感染拡大防止協力金実施概要（第648報）」（2020年8月7日））。その後2020年9月以降は、東京都でも地域（23区内または23区内および多摩地域）を限定して要請がなされた。

15. 大橋・前掲注1）53頁、西埜・前掲注10）89頁参照。

16. 大橋・前掲注1）53〜54頁、宍戸・前掲注1）（前半）、長谷部＝杉田・前掲注1）〔長谷部発言〕、南・前掲注1）47頁。最大判昭和38年6月26日刑集17巻5号521頁〔奈良県ため池条例事件〕および前掲河川附近地制限令事件最判も参照。

17. 現行制度を踏まえた法改正の具体的検討は、大橋・前掲注1）50頁以下を参照。このような場合、名称が同じく「要請」であったとしても、違反した場合に罰則などの強制措置を伴う権利の制約や義務の賦課は、理論的には、もはや行政指導ではない（板垣・前掲注1）190頁）。

18. 規制の手法としては、宍戸・前掲注1）（前半）の指摘するように、規制を行う場合は、法律で感染症対策を義務づけ、それに違反した場合には営業停止命令を課すことが考えられる。板垣・前掲注1）190〜191頁も参照。

19. 芦部・前掲注2）237頁、渡辺ほか・前掲注2）335〜336頁〔宍戸〕。南・前掲注1）47頁は時限性と罰則がないことを制約が合憲である理由とする。

20. 予防原則とは、科学的知見が十分に備わっていなくても、ひとたび問題が生じたとき、深刻かつ不可逆的な被害が発生する場合に、何もしないのではなく、必要な対策をとるべきである、とする法原則であるとされる（松本和彦「公法解釈における諸原理・原則の対抗」公法研究81号（2019年）67頁）。もっとも、この予防原則の憲法上の位置づけは議論がある（松本・前掲68頁以下参照）。また、尾形・前掲注9）60頁も参照。

21. 宍戸・前掲注1）（前半）参照。施行令11条1項各号の施設だけをみても、そこにはかなり多様な施設が含まれており、

一律の基準では規制しえないであろう。

22.　板垣・前掲注1）194頁、南・前掲注1）
　48頁。河川付近地制限令事件最判も、「相
　当の資本を投入して営んできた事業が営
　み得なくなるために相当の損失を被る」
　場合には、「その財産上の犠牲は、公共
　のために必要な制限によるものとはいえ、
　単に一般的に当然に受忍すべきものとさ
　れる制限の範囲をこえ、特別の犠牲を課
　したものとみる余地が全くないわけでは
　ない」と述べている。

23.　大橋・前掲注1）53頁。

24.　板垣・前掲注1）195頁。

25.　大橋・前掲注1）54頁、西埜・前掲注
　10）19〜21頁、南・前掲注1）45〜46
　頁参照。

26.　国および地方自治体の給付金に関して
　は、碓井光明「新型コロナウイルス感染
　症に伴う給付金給付事業の法的分析」行
　政法研究36号（2020年）119頁以下参照。

27.　板垣・前掲注1）194〜196頁も参照。
　ちなみにドイツでは、2020年11月2日
　から全国の飲食店等の営業を禁止する措
　置などを行ったが、政策的な経済的援助
　として、従業員50名までの企業は前年同
　月の売上の75％が補償される（連邦政府
　2020年10月28日決定）。

警察官による黒人男性殺害に対する抗議活動
（AP/アフロ）

❷ コロナ禍のデモ(1)［アメリカ］
—— コロナ禍における抗議活動は禁止されるべきなのか

はじめに

　デモなどを行う「集会の自由」は、多くの人にとって、自身のメッセージを多くの人々へ伝えるための「最善というよりは唯一の実行的な手段である」[★1]といわれる。デモ活動は、「メディアへのアクセスを持たない人々が公の議論に貢献することを可能にする」[★2]と指摘されるように、特にマイノリティにとっては重要な表現手段である。自由で民主的な政府にとって表現の自由は重要な権利だが、その表現手段を確保するためにも、集会の自由もまた重要な権利であるといえる。アメリカ合

衆国憲法修正１条は、表現の自由と並んで「平和的に集会する」自由を保障している。

　2020年春頃にはアメリカでも新型コロナウイルスが深刻な問題となり、感染拡大を防ぐために、州レベルおよび連邦レベルにおいて、渡航禁止や外出禁止などの様々な対策が講じられ、[★3]多くの州で公の集会などが禁止された。そのような中、５月に黒人（アフリカ系アメリカ人）の男性が警察官に殺害された事件をきっかけに、ブラック・ライヴズ・マター（Black Lives Matter, 以下「BLM」という）というスローガンのもと、全米各地で抗議活動が行わ

れた。

　本章では、BLM運動などが起きた
アメリカを素材に、感染リスクの中の
集会の自由の意義を考える。

1 ブラック・ライヴズ・マターとは[★4]

　アメリカでは、奴隷制が廃止されて
以降も、黒人に対する法的・社会的な
差別は公然と行われていた。[★5]憲法で人
種に基づいて選挙権を制限することを
禁止したが、様々な理由により元奴隷
であった黒人およびその子孫の選挙権
は制限された。また、日常生活では、
学校やレストラン、バスの座席など
様々な場面で人種による分離が行われ
ていた。さらには、白人至上主義を掲
げる秘密結社クー・クラックス・クラ
ンが、黒人などに対してリンチを加え
るなどしていた。

　1954年にはブラウン判決が[★6]人種別
学を違憲であると判断して、これを一
つのきっかけとして、教育以外の様々
な場面における人種差別を廃止するべ
きであるとの声が強まっていった。[★7]黒
人やその支持者たちは、人種差別に対
する様々な抗議活動を展開していった。
いわゆる公民権運動である。その後、
1964年に公民権法が制定され、ホテ
ルやレストランなどにおける人種差別
が禁止され、1965年には黒人から選

挙権を剥奪することを禁止する法律が
制定された。このように法制度におい
ては、人種差別は「廃絶もしくは大き
く修正された」が、人々の「心情的・
情緒的な差別感覚」は容易には消えな
かった。[★8]現在でも黒人の多くは貧しい
環境で危険な地域で暮らしており、
様々な差別にさらされている。[★9]これら
の差別はしばしば、無意識なものとし
て日常に組み込まれており、マジョリ
ティはそれを意識することは少ない。[★10]
その中で「最も深刻な格差拡大がみら
れる」のが、刑事司法であると指摘さ
れる。[★11]刑務所への収監率や職務質問に
あう確率が黒人は圧倒的に高く、警察
や司法に対する不信を長い間抱き続け
ている。[★12]このような背景のもとで誕生
したのがBLM運動である。

　BLMというスローガンは、2013年
に誕生した。そのきっかけとなったの
が、2012年2月26日にフロリダで当
時17歳の黒人トレイボン・マーティ
ン（Trayvon Martin）が自警団員であっ
たジョージ・ジマーマン（George
Zimmerman）に射殺された事件である。[★13]
ジマーマンの逮捕を求める署名は3日
で1300万を超え、事件の1か月後の
3月26日には、アメリカ全土で多く
の集会が行われた。

　しかしながら、陪審員団がジマーマ

ンを無罪とする評決を下したため、大きな批判が巻き起こった。この評決に対してアリシア・ガーザ（Alicia Garza）がSNS上で"A Love Letter to Black People"と呼ぶ一連の投稿をして、その中で「私たちは驚かないというのはやめよう。これは本質的に恥ずべきことである。私は、黒人の命がこれほどまでに些末なものとされていること（how little black lives matter）に驚き続ける」という発言をした。ガーザの友人のパトリース・カラーズ（Patrisse Cullors）がこのメッセージの重要性を認識して、フェイスブックに"#blacklivesmatter"というハッシュタグをつけて投稿した。これがBLMの始まりである。

こうして産声をあげたBLM運動がより一般に広がっていったのは2014年で、同様に警察の行為に対する抗議活動がきっかけだった。[★14]7月にはニューヨークで43歳の黒人男性エリック・ガーナー（Eric Garner）が警察官に締め技により殺害され、8月にはミズーリ州ファーガソンで黒人の少年マイケル・ブラウン（Michael Brown）が白人警察官に射殺された。両事件で警察官が不起訴となったため、激しい抗議活動が起こり、ミズーリ州では知事は緊急事態宣言を出し、州兵を配置するまでに至った。警察による暴力や

人種的不平等はSNSでも議論され、"#HandsUpDontShoot"や"#ICantBreath"など様々なハッシュタグが用いられたが、"#blacklivesmatter"よりも問題の複雑さを捉えておりかつ人々の間に定着したものはなかったといわれる。

さらには、コロナ禍により外出が制限されるなどしていた2020年にも大規模な抗議活動が起こった。5月25日にミネソタ州ミネアポリスで46歳の黒人男性であるジョージ・フロイド（George Floyd）がスーパーで煙草を買った際に、偽造紙幣の使用を疑われ警察が呼ばれた。到着した警察官は抵抗するフロイドを地面にたたきつけて、さらには首を膝で押さえつけた。フロイドは「息ができない」と何度も繰り返したが、警察官は8分間以上にわたりその姿勢を維持した。その間、その状況を見ていたほかの3人の警察官は何もしなかった。その後、フロイドは息を引き取った。このシーンが録画されており、SNSで拡散され、ミネアポリスで抗議活動が広がっていった。この抗議活動は全米中に広がっていった。

2 デモ行進の規制

(1) デモ行進の意義とその規制

アメリカでは、建国期以前から集会は市民にとって重要な表現手段だった。

20世紀以降でも1965年の公民権を求めるマーチン・ルーサー・キング・ジュニア（Martin Luther King Jr.）の行進などに代表されるように、自由や権利を求めるためにデモ行進が行われてきた。[15]近年では、ウォール街の占拠運動や、BLMによる多くのデモ活動が行われている。

　デモなどの集会の自由は重要な権利であるが、BLMのデモの参加者の一部が暴徒と化したことなどから、これらの活動に対する批判もある。しかしながら、そもそもBLMの抗議活動ように、明確なリーダーがおらず、公権力の権力濫用などに対する怒りを表明するような行為は、常に混乱を引き起こすものであり、アメリカの憲法起草者はこの点を理解しつつもあえて修正1条の保護の対象とした点が指摘される。[16]ボストン茶会事件にみられるように、そもそもアメリカ合衆国という国は暴動の波の中で生まれたという指摘もある。[17]

　もちろん集会の自由の保障は絶対ではない。18世紀～19世紀には、公道等を利用する集会について許可制はほとんどの州で定められておらず、また法的規制も治安妨害がある場合に限られていた。[18]しかしながら、20世紀にはいると許可制を定める州が増えてき

たため、市民は、許可基準を満たしかつ平和的な集会である場合に限り、公道等で集会を行うことができることになった。[19]連邦最高裁は、これらの許可制は事前抑制であるとの主張を認めず、合憲であると判断してきた。

　連邦最高裁は公道や公園などにおける表現の内容に着目した規制については、原則として認められないが、時、場所および方法などの非言論的要素に着目した規制については、合理的な規制が許されるとしてきた。[20]典型的には、治安をみだす行動、不法侵入、逮捕への抵抗、暴行、暴動、歩行者の妨害などを伴うデモ活動は処罰の対象となっている。[21]このような規制は近年強まっているともいわれる。[22]裁判で無罪となる事例が多いが、これらの罪を理由とする逮捕は積極的に行われており、その萎縮効果が問題視されている。[23]

　ところで修正1条は、国教樹立の禁止、自由な宗教活動、表現およびプレスの自由、そして請願を求める権利と並んで「平和的な集会」を保障しているにもかかわらず、近年では、プレスや請願を求める権利、そして平和な集会をする権利は、ほとんど言及されることがなく、表現の自由に収斂されていることが指摘される。[24]連邦最高裁は1983年以降、集会の自由に言及する

ことがほとんどなくなり、集会が問題となる事例でも表現の自由条項に言及している。そのため、集会の自由は「忘れられた権利」であるとまでいわれる。[★25] しかしながら、BLMなどの抗議活動は、表現の自由とは異なる集会の自由の重要性を示す一例といえる。

エル・ハッジ（Tabatha Abu El-Haj）は、以下の点で、集会は政治参加の一形態として独特の性質を有すると指摘する。[★26] まず、BLMの震源地となったような貧しい都会のコミュニティでは、アフリカ系アメリカ人の収監率や犯罪により公民権が剥奪されている割合が高いため、デモ活動は選挙の欠けた価値を埋め合わせる効果をもつ。また、デモ活動などに参加することは、政治への関与を促進する社会的紐帯を生み出しまたそれを強化する。思想や政治的コミットメントのみでは、政治への関与の強いモチベーションを生み出すことはない。人々は、一緒に行進するなどの共通の政治的経験をもつことにより、政治的に積極的になりやすい。また、デモ活動は、政治的言論を転換する機会を提供する。たとえば、2011年のウォールストリート占拠運動がなければ、人々は上位１％の人々の富の偏在について議論することもなかっただろうし、共和党の大統領が収入の不平等について議論することもなかっただろう。

このような理由から、デモなどの集会の自由には表現の自由に還元しえない独特の意義があるといえる。しかし、上述のように集会の自由に対しては、時・場所・方法といった表現の内容とは関係のない要素に着目した規制、すなわち内容中立的な規制ならば認められることが多く、保護が十分とはいいがたい。たしかに略奪や暴力行為などは認められるべきではない。しかし、デモ活動というのは、マイノリティにとっては、多くの人に見過ごされるような争点を気付かせる手段でもあり、その意味でも混乱を引き起こすということはデモに不可欠の性質である。[★27] 特に近年のBLMの抗議活動などのように都市部で多くの人々が集まる場合にはどうしても無秩序になってしまうが、むしろこれらのデモこそが集会の自由条項が保護しようとした核心部分にあたるといえる。[★28] このようなデモに独特の機能を保護するために、混乱を引き起こすが暴力的ではないデモ活動は保護するべきである。[★29] 集会の自由に関するケースを表現の自由条項で対処する近年の連邦最高裁の法理では、これらの集会の自由の特徴を考慮することができない。これらの判例法理は、修正

1条は秩序だった表現は保護するが無秩序な行為は保護しないとしており、政治的実践としての集会の自由の価値を損なうものといえる[★30]。

(2) コロナ禍におけるデモ行進の規制

新型コロナウイルス感染拡大を防止するため、多くの州で、多人数で集まることが禁止された。前述のように、表現の時・場所・方法の規制は、重要な利益を促進するために必要な限度で認められる。感染拡大対策としてとられた措置の合憲性を審査するにあたり、政府はそれらの措置が過度に規制的ではないと立証しなければならない。また、BLMなどが示す集会の重要性を考えるならば、一般的には内容中立的な規制であっても容易に規制を認めるべきではないといえる。

しかし、パンデミックという緊急事態においては、審査基準を緩め、政府の広い裁量を認めるべきであるとの指摘もある。天然痘が流行したために市が予防接種を義務づけたことが問題となった1905年のジェイコブソン判決では、連邦最高裁は、公衆衛生を守るという目的と「真実のあるいは実質的な関連が全くない」規制や、憲法によって保護された権利に対する「全く疑う余地のない明白で明瞭な侵害」は許されないと述べた。ここで連邦最高裁が[★31]

述べたのは、パンデミックの危険がある場合のような緊急事態においては、連邦最高裁は「極めて敬譲的な基準」を採用するということである[★32]。

コロナ禍における集会の自由が問題となった事例をみてみると、多人数による集会を禁止するケンタッキー州の行政命令が問題となったラムゼク判決では、問題となった集会禁止命令は内容中立的な規制であるとしながら、厳格に限定されていないと判断した[★33]。これに対して、アマトー判決、レバノン判決などでは、規制は修正1条に反しないと判断している。アマトー判決では、ジェイコブソン判決は、公衆衛生が危機にある場合に政府がコミュニティを守るという状況においては司法府に対して敬譲を求める判決であるとされた[★34]。そして同判決の基準を適用して、行政命令を支持した。レバノン判決でもまた、昨今の緊急事態においては、ジェイコブソン判決を先例とする旨述べて、緊急時には政治的に責任を負う政府機関に広い裁量があると述べている[★35]。

これらの判決はジェイコブソン判決に言及しているが、ラムゼク判決は比較的厳しい基準で判断しているのに対して、アマトー判決およびレバノン判決は極めて敬譲的な基準で判断してい

る。この点について、2020年に、ニューソン事件でロバーツ長官同意見は、ジェイコブソン判決を引用して、「憲法は原則的に、人々の安全や健康を政治的に責任のある州の公人に委ねている」と述べた[★36]。そして、「これらの公人が医学的・科学的不確実性を伴う分野において行動しようとするときには、その裁量は特に広い」と述べて、その裁量を超えない限り、「公衆衛生についての予備知識、能力、そして専門的技術をもたず、また人々に対して責任を負っていない、選挙で選出されていない司法府による後付けの批判に服するべきではない」とする[★37]。

ここで、ロバーツ長官が問題としているのは、①不確実性のある分野、②公衆衛生についての司法府の評価能力の欠如、③司法府の正統性の3点である。憲法の番人としての司法府の役割を考えるなら、緊急時であるからといって司法府は常に政治部門に敬譲を払うとするべきではない。たとえば第二次世界大戦において、日本人の強制収容が問題となったコレマツ判決のような[★38]場合に、緊急時を理由に安易に強制収容を合憲とすることがあってはならない。つまり、精神的自由や人身の自由などが問題となる場合は、上記②の要素は満たさない。審査基準を緩和する

には、少なくともロバーツ長官が挙げる3点をすべて満たしている必要があると考えるべきである。新型コロナウイルスの感染拡大を防止するための集会禁止は、②の要素を満たさないため、過度に敬譲的な審査はするべきではない。感染拡大を防止するというのは重要な政府目的であるが、その手段の合憲性について、上述した集会の自由の意義を考慮しながら検討しなければならない。

（3）集会の自由の現代的な意義
──バーチャルな集会の可能性

アメリカの歴史において集会は、人々が集まり、意見を交換して共通善を作り上げていくために必要であると考えられていた。修正1条が制定された頃は、印刷メディアにアクセスできる人も多くなく、また、交通事情も悪かったため、大人数の人々が意見を交換する実質的に唯一の方法が集会であった[★39]。しかし、現在では集会は物理的に集まらなくてもその機能は果たせるという指摘もある。表現の内容中立規制がなされる場合には表現の代替的な回路が存在するか否かが問題となりうるが、SNSなどを用いることにより、大きな集団でも対話が可能となることから、コロナ禍において集会の規制が許容されるか否かを検討するにあたっ

ては、このようなバーチャルな集会が代替的な回路となるかどうかが問題となる。

この問題について、アシュトッシュ・バグワット（Ashutosh Bhagwat）は、以下の三つの点で、オフラインでの集会とバーチャルな集会とでは異なると指摘する（以下で単に「集会」という場合は、オフラインの集会を指す）[40]。まず、集会により政治指導者に伝達されるメッセージの強さが異なる点である。つまり、実際に多くの人々が集まるインパクトは、オンラインとオフラインとではやはり異なる。また、集会は、特に政府機関の近くで行われるような場合は、一種の請願として機能する。次に、大規模集会は立法府に影響を与えるだけではなく、より広く社会にも影響を与え、その変革を促すという点である。公民権運動におけるデモ行進は、大衆の支持を得るために大きな役割を果たし、公民権法の制定につながった。また、近年の女性デモはMeToo運動の拡大を促すような社会的空気を作り出したと指摘される。最後に、集会はその参加者自身への影響という点で、独特の力をもつという点である。デモに参加するということは、大きな労力を必要とする。また、同じ志をもった人々と話し、共通善のために考えることは団結を強くして、また公的問題への関心を高める。

このようなバグワットが述べる違いを考慮すると、集会には独自の意義があり、バーチャルな集会はオフラインの集会の代替手段とはなりえない。しかし、彼は、バーチャルな集会には独自の役割があると指摘する。オフラインの集会は頻繁にあるものではないため、しばしばその影響は散発的に終わり、徐々に減退していくが、バーチャルな集会は参加者の熱意やコミットメントを保つことが容易となる[41]。また、様々な事情により集会に参加できない人々もバーチャルな集会なら参加が容易である。このように、バーチャルな集会は集会の代替手段とはなりえないが、それを補完することができるものといえる。

おわりに

本章は、BLMを素材に集会の自由の重要性を確認したうえで、コロナ下での集会の自由規制に対する司法審査のあり方についても検討してきた。BLMが示すように、デモ活動などは、マイノリティが意見を表明することができることから、非常に重要な権利であるといえる。アメリカでは、奴隷解放から150年以上経った今でも黒人に

対する差別が社会のあらゆるところに存在している。意図的な差別だけではなく、マジョリティによる無意識の制度化された差別がより大きな問題となる。これらの無意識的・制度的差別は社会に巧妙に組み込まれており、そもそもマジョリティには見えないまたは見えにくいものとなっているため、これを解消することは一層困難となっている。そのため、デモ活動をすることは、マジョリティには見えにくい争点を明らかにするために必要となる。

　しかしながら、このようなデモ活動は多くの人々が密集することから、コロナ禍においては公衆衛生にとって危険な行為でもあるため、集会を規制することも必要となる。とはいえ、デモ活動の意義を考慮するならば、緊急事態であることを理由に安易に規制を正当化するべきではない。集会の規制が過度な規制となっていないか、代替的な回路が存在するのかなどを慎重に検討するべきである。コロナ禍におけるBLMの抗議活動は、現代社会における集会の自由（「表現の自由」ではない）の意義を改めて示した例といえよう。

〔桧垣伸次〕

[追記] 本稿はJSPS科研費19K13512の助成による研究成果の一部である。

★

1.　エリック・バレント（比較言論法研究会訳）『言論の自由』（雄松堂出版・2010年）317頁〔森脇敦史〕。

2.　同前。

3.　アメリカのコロナ対策については、本書第1部❶参照。

4.　BLMがどのようにして「運動」になっていったのか、公民権運動との異同など、検討すべき点は様々あるが、本章では紙幅の都合上、BLMが発生した経緯についてのみ簡潔に示す。

5.　以下の記述は、南川文里『アメリカ多文化社会論―「多からなる一」の系譜と現在』（法律文化社・2016年）35～37頁。

6.　Brown v. Board of Education, 347 U.S. 483 (1954).

7.　南川・前掲注5）44～45頁。

8.　奥平康弘『「表現の自由」を求めて―アメリカにおける権利獲得の軌跡』（岩波書店・1999年）318頁。

9.　松井茂記『アメリカ憲法入門〔第8版〕』（有斐閣・2018年）20頁。

10.　無意識の差別については、桧垣伸次『ヘイト・スピーチ規制の憲法学的考察―表現の自由のジレンマ』（法律文化社・2017年）第3章。

11.　南川・前掲注5）148頁。

12.　南川・前掲注5）148～150頁。

13.　以下の経緯については、Garrett Chase, *The Early History of the Black Lives Matter Movement, and the Implication Thereof*, 18 Nev. L.J. 1091, 1092 (2018) に依拠している。

14.　以下の経緯については、Chase, *supra* note 13, at 1099-1101に依拠している。

15.　Caroline M. Moos, *#ProtesterRightsMatter: The Case against Increased Criminal Penalties for Protesters Blocking Roadways*, 38 Mitchell Hamline L.J. Pub. Pol'y & Prac. 1, 2 (2017).

16.　Tabatha Abu El-Haj, *Defining Peaceably: Policing the Line between*

Constitutionally Protected Protest and Unlawful Assembly, 80 Mo. L. Rev. 961, 962-963 (2015).

17. Id. at 968-969.

18. Tabatha Abu El-Haj, The Neglected Right of Assembly, 56 UCLA L. Rev. 543, 586 (2009).

19. Id. at 546.

20. 道路や公園などの「公共の場へのアクセス」をめぐる問題としていわゆるパブリック・フォーラム論が展開されてきたが、本章ではこの問題に立ち入らない。

21. Id. at 7-13.

22. ティモシー・ジック（田島泰彦監訳）『異論排除に向かう社会―トランプ時代の負の遺産』（日本評論社・2020年）第4章〔清水潤訳〕等を参照。

23. El-Haj, supra note 16, at 973-974.

24. Ashutosh Bhagwat, Our Democratic First Amendment 3 (Cambridge University Press, 2020).

25. Id. at 4; See also John Inazu, The Forgotten Freedom of Assembly, 84 Tulane L. Rev. 565 (2010).

26. El-Haj, supra note 16, at 981-982.

27. Id. at 983.

28. Tabatha Abu El-Haj, All Assemble: Order and Disorder in Law, Politics, and Culture, 16 U. Pa. J. Const. L. 949, 1032 (2014).

29. El-Haj, supra note 16, at 985.

30. El-Haj, supra note 28, at 1034.

31. Jacobson v. Commonwealth of Massachusetts, 197 U.S. 11, 31 (1905).

32. Linda A. Sharp, COVID-19 Related Litigation: Constitutionality of Stay-at-Home, Shelter-in-Place, and Lockdown Orders, 55 A.L.R. Fed. 3D Art. 3 (2020).

33. Ramsek v. Beshear, 2020 WL 3440249.

34. Amato v. Elicker, 460 F.Supp.3d 202 (2020).

35. Lebanon Valley Auto Racing Cup v. Cuomo, 2020 WL 4596921.

36. South Bay United Pentecostal Church v. Newsom, 140 S. Ct. 1613 (2020).

37. Id.

38. Korematsu v. United States, 323 U.S. 214 (1944).

39. Bhagwat, supra note 24, at 48.

40. 以下については、Id. at 142-143.

41. Id. at 145.

イングランド西部の都市ブリストルに波及した
ブラック・ライヴズ・マター運動の抗議活動で、
倒された奴隷商人コルストンの像が引きずられる様子（SWNS／アフロ）

❸ コロナ禍のデモ(2)[イギリス]

──規制は伝統的な憲法原理を侵害するものだったのか

はじめに

本章では、イギリスにおけるコロナ禍の集会規制を検討する。イギリスの新型コロナ感染者は他国と比べても多く、死者数も相当数に上る。感染が拡大し始めたのは2020年3月だった。12日のジョンソン（Boris Johnson）首相の会見ではロックダウンの方針は示されず、症状のある者を隔離させる等の措置によりピーク・アウトを狙うと説明された。強制措置をとる他国と一線を画し、集団免疫の獲得が図られたのである。しかし、その後感染者数と死者数が想定を上回り、医療崩壊の危険があることが明らかになったため、まもなく戦略を転換し、23日の首相演説でロックダウンの措置がとられることが発表された。

26日に制定・施行された規則（以下「第1規則」という）によりロックダウンが開始され、これが約3か月も続いた。首相は6月23日にロックダウンの解除を発表した。そして、7月3日に設けられ、翌日施行された規則（以下「第2規則」という）では外出制限はなされず、30人を超える集会の制限にとどめられた。ところで、イングランドでは感染拡大地域を対象に、別個の規則が設けられていた。10月14日

以降、感染の深刻度に応じてイングランド全土を3層に分ける規則（以下「3層規則」という）[5]がつくられた。ところが再び感染が拡大したため、11月5日から4週間にわたってロックダウンがなされることになった。11月3日に制定（5日施行）された規則（以下「第4規則」という）[6]で、外出制限と集会規制が定められた。ちなみに、社会的距離は法的に強制されたわけではなく、政府によって推奨されたにすぎない。

　最初のロックダウンから現在まで、イギリスではロックダウンに係る規則の違反がたびたび発生した。[7]また集会規制も議論となった。たとえば5月にアメリカのブラック・ライヴズ・マター（BLM）運動がイギリスに波及し、各地でデモが行われた。こうしたデモの多くは明らかに第1規則に違反するものだった。[8]また、主に若者が集まって音楽やダンスを楽しむパーティーである「レイブ」もコロナ禍で問題となった。[9]ロックダウンと集会規制に関しては、後述のように法的根拠等の面で批判がなされており、それらの合法性を問う裁判も提起された。高等法院で規則の合法性を認める判決が出され、[10]現在控訴裁判所に係争中である。

　以下本章では、1で具体的な法律・規則の規定を紹介し、2で法的論点を整理する。イギリスではロックダウンによる外出制限が主たる法的論争の対象になったこと、外出は集会を行う前提であることから、外出制限と集会規制をあわせて検討していくこととする。なお、連合王国（United Kingdom）であるイギリスは、イングランド、スコットランド、ウェールズ、北アイルランドから構成されているが、本章では、イングランドの規制に焦点を当てる。

1 外出制限と集会規制に係る規定

　外出制限と集会規制のための上記の諸規則は、1984年公衆衛生（疾病管理）法（Public Health (Control of Disease) Act 1984）（以下「1984年法」という）2A部の委任による。この2A部は、SARSを念頭に置いて設けられた2008年健康およびソーシャル・ケア法（Health and Social Care Act 2008）（以下「2008年法」という）によって追加された。[11]

　イギリスには2004年民間緊急事態法（Civil Contingencies Act 2004）（以下「2004年法」という）と称される非常事態を想定した法律があり、今回これを用いることもできた。同法の「緊急事態」には「人間の福利に深刻な損害を及ぼす可能性のある事件または

状況」が含まれており（19条1項(a)）、新型コロナの感染拡大はこれに該当しうるからである[★12]。しかし、政府は同法ではなく1984年法を用いた。また、イギリスはヨーロッパ人権条約（Convention for the Protection of Human Rights and Fundamental Freedoms）に参加しており、しかも1998年人権法（Human Rights Act 1998）でこの条約を国内法に編入している。条約15条には緊急事態における「逸脱（derogation）」の規定がある。この手続を踏めば、緊急事態に通常では不可能な人権の制約をなしうる。多くの国は逸脱の措置をとったが、イギリスはこれを選択しなかった[★13]。イギリスは正式な緊急事態法制によらずに新型コロナへの対応を図ったのである[★14]。ちなみに、第1規則制定の直前の3月25日に、2020年コロナウイルス法（Coronavirus Act 2020）が制定されている。ここでは感染者に対する各種規制や集会・イベント規制等が設けられているが、この法律は外出制限や集会規制の根拠法として用いられなかった。

　具体的な法令の規定を確認しよう。まず第1規則では、6条で外出制限が、7条で集会規制が定められた。6条1項は、「緊急事態の期間中、何人も合理的な理由なく、生活している場所を離れてはならない」と定め、2項では「合理的な理由」を具体的に列挙した。同項によるとこれらは例示列挙である。7条では、「緊急事態の期間中、次の各号の場合を除いて、何人も公共の場における3人以上の集会に参加してはならない」としつつ、いくつかの例外を定めた。これらの規制に違反した場合には罪に問われる（9条）。ただし、当局は違反者に定額罰則通知（fixed penalty notice）を発しうる。違反者はあらかじめ定められた額の罰金を払うことで免責される（10条）。この仕組みは以下の各規則でも踏襲された。

　第2規則では外出制限はなされず、集会規制にとどめられた（5条）。規制の程度は弱く、原則として30人を超える屋内外の集会が一定の例外を伴って禁止された（同条1～3項）。また、屋内における30人を超えるレイブへの参加が禁止された（4項）。第2規則の施行後再び感染が拡大したため、9月14日以降はこれらの「30人」が「6人」に改められた（いわゆる「6人ルール（rule of six）」）。

　3層規則では、3層に分けて規制がなされた。第1層規則では6人ルールが踏襲され、一定の例外を除いて6人を超える集会への参加が禁止された（付則1・1条1項）。また、30人を超える

屋内でのレイブの開催等も禁止された（付則1・2条）。より厳しい第2層規則では、屋内の2名を超える集会、屋外の6名を超える集会が一定の例外を除いて禁止された（付則1・1条および2条）。また、30人を超える屋内でのレイブの開催等が禁止された（付則1・3条）。最も厳しい第3層規則では、第2層と同じく屋内の2名を超える集会が禁止されたが、この禁止が私人の住居内にも及んだ（付則1・1条）。屋外の集会については一定の場には6人ルールが適用されたが、それ以外は2人以上の集会が禁止された（付則1・2条）。また、30人を超える屋内でのレイブの開催等が禁止された（付則1・3条）。

第4規則は、第1規則と同様に合理的な理由なく外出することを禁じた（5条）。集会については一定の例外を除いて2人以上の屋内集会が禁止され（8条）、屋外については公衆が自由にアクセスできる「公的屋外地」は3名以上、それ以外は2名以上での集会が禁じられた（9条）。30人を超える屋内でのレイブの開催等も禁止された（10条）。

2 法的な論点の整理

（1）委任の範囲をめぐる問題

以上の規制は様々な法的論争を巻き起こした。最大の論争は委任の範囲をめぐる問題である。イギリスのような民主制の国では、国民を代表する議会が設けた法律により行政が行われる必要がある。法律が細目的事項について行政府が定める命令に委任することはできるが、その範囲を逸脱し、「命令による行政」を行うことは認められない。第1規則以下の諸規則は、法律の委任の範囲を逸脱していると指摘されているのである。

委任元となる1984年法2A部は、大臣の規則制定権に係る諸規定（45B-45F条、以下「規則部分」という）と、治安判事（justice of the peace）[15]が発する命令に係る諸規定（45G-45O条、以下「命令部分」という）に分かれる。今回の各規則は規則部分に基づいて設けられた。命令部分は国民全体ではなく主に個々の感染者を対象にするものである。治安判事は感染しているか、その疑いのある者のみを対象に命令を発しうる（45G条1項(a)）。規則部分を命令部分と同質とみなせば、規則によって（非感染者も含む）全国民を対象にしたロックダウンを課すことは難しい（以下「否定説」という）。他方で両者が異質のものであれば、そうしたこともありうる（以下「肯定説」という）。

肯定説をとるキング（Jeff King）は

次のように論じる。各規則が根拠とした45C条1項は、重大な公衆衛生上の脅威に対処するために大臣に広範な規則制定権を付与した。こうした権限は、治安判事による命令の発出では対処しえない脅威に対抗するためにある。各規則の序文によると、ロックダウン・集会規制は45C条4項(d)の「特別な制限または条件」として課された。同条6項(a)によると、この「特別な制限または条件」は、命令部分の45G条2項等の諸規定により治安判事が課すことのできる制限を意味する。このうちの、行く場所や接触相手に対する制限に関する45G条2項(j)は、まさにロックダウンの根拠になる。[★16]ただ、45D条によれば、45C条による大臣の定める規則は45G条2項(a)～(d)の制約を課せない。このうち(d)は人を隔離状態に置くことを命じる規定である。ロックダウンはまさに「隔離」に該当し、規則によって強制することはできないとも解しうる。しかし、ロックダウンは隔離とは異なる。例外的な外出が認められているうえ、ロックダウンは隔離と違って制限を受ける者にスティグマを与えないからである。[★17]

　否定説をとるクレイグ（Robert Craig）は次のようにキングを批判する。[★18]1984年法は国民の自由や財産へ

の制約は裁判の場で正当化される必要があるという前提に立つ。命令部分の各規定はこの点を明らかにしている。規則部分は命令部分で対処できない緊急事態を想定するが、45G条2項(a)～(d)に定める自由の制約は規則によって課しえないことからわかるように（45D条3項）、規則部分の方が謙抑的である。また1984年法の制定の際に、2004年法よりも影響や範囲の小さい状況が想定されていた。にもかかわらず、ロックダウンによる自由の制約の程度は大きい。しかも、当局の決定に不服の場合に裁判所に訴える規定が用意されていない。これは、そうした救済を備えることを命じる45F条6項の規定に反する。また、キングは45J条1項が個人のみでなく「集団（group）」への命令も認めていることを、国民全体にロックダウンを強いる根拠とする。しかし、感染者のみに命令を発することを前提にした命令部分の諸規定を、非感染者を含む国民全体に拡張する解釈には無理がある。さらに、45C条3項・4項で「含む（include）」という文言が用いられ、法律に明記された権限以外のものも規則で制定しうるように読めるが、自由の制約に慎重な立場に立つ1984年法の構造上こうした解釈は難しいし、第1規則以下の

各規則は明確にそうした解釈に依拠していない。[19]以上の理由でクレイグは委任の範囲の逸脱を指摘し、各規則が2004年法を根拠法にすべきだったと論じる。

第1規則等が健康な人々も含めて外出制限に服せしめるのは、罪刑法定主義（犯罪と刑罰の内容はあらかじめ法律で定めておくという原則）に反するとの指摘もある。[20]上記のようにキングは1984年法45G条2項(j)を根拠にするが、外出制限を正当化するには、「明記された目的による場合を除き、人は自身の生活の場を離れないよう求められる」のような、より特定的で明確な文言の規定が必要だと指摘されている。[21]

外出制限・集会規制を含むロックダウンに係る規制の合法性・条約適合性が問われたドーラン事件判決では、以上の問題が真剣に検討されなかったが、[22]学説では否定説のほうが優勢である。控訴審で本格的な検討がなされるだろう。

（2）人権侵害に関する実体的問題

仮に権限踰越問題がクリアできても、上記のようにイギリスがヨーロッパ人権条約からの逸脱の申請を行っていないため、同条約との適合性が問われる。特に条約5条が定める身体の自由、11条が定める集会の自由等の侵害が問題になる。5条については、1項(e)で「伝染病のまん延を防止するための人の合法的な拘禁」が明記されているので、今回の外出制限がこれにより正当化できるかが問題になる。11条については1項で集会の自由を保障しているが、2項で健康の保護のために必要な制約を課しうるとされているので、今回の規制がこれにあたるかが焦点になる。ヨーロッパ人権裁判所は、条約適合性の判断において、目的の正当性と手段の必要性をいくつかの要素に分けて審査する「比例テスト（proportionality test）」を採用している。外出制限・集会規制が比例テストを満たすのかが焦点となる。

外出制限については先述のキングが、第1規則の外出制限の規定は比例テストを満たすと論じる。[23]その理由として、当該規定が多くの例外を認めていること、労働者や事業者等を援助する措置が設けられていること、大臣が21日ごとに規制措置の必要性を見直すよう求められていること、規制が国民に均等に課されること、国民多数の支持があること、規制される国民の自由が潜在的な感染者の生命・健康の権利と対立することを挙げている。一方、サンプション卿（Lord Sumption）は規制によって国民全体に外出制限を課すこと

に科学的根拠はないと論じる。こうし
た議論によれば、仮に2004年法を根
拠に外出制限を行ったとしても、比例
テストの充足は認められないかもしれ
ない。

　集会規制についてはミード（David
Mead）が第1規則7条を素材に次のよ
うに論じる。7条に関しては、①明確
性の要件、②比例性の要件が問題にな
る。①については、「集会」・「公共の
場」の定義が問われる。「集会」につ
いては本規則が感染症対策のものであ
ることに鑑み、一定の社会的距離を保
たない集会のみを指すと限定解釈され
るべきである。集会の定義が十分でな
いことが、社会的距離に関する政府の
ガイダンスやメディアのキャンペーン
とあいまって、萎縮効果をもたらしう
る。集会を行うという集団としての意
図が要件となるのかどうかも明確でな
い。「公共の場」についても、定義規
定がないこともあって明確性を欠く。
②については、7条は6条があれば不
要であり、余分な規制として目的との
合理的関連性を欠くようにもみえるが、
必ずしもそうではない。6条は合理的
な理由があれば外出を許すので、理論
的には集会規制は別途必要である。こ
のほか、ミードは7条が公共の場にお
ける集会のみを規制し、私的な場を対

象にしないことに疑問を提起していた
が、第2規則以降では私的な場での集
会も規制の対象になった。

　外出制限・集会規制の両方に対して
より厳しい見方をするホアー（Francis
Hoar）は、次のように論じる。第1規
則の規制は、国連経済社会理事会
が1984年に採択したシラクサ原則
（Siracusa Principles on the Limitation and
Derogation Provisions）に適合しない。
同原則は、規制目的が正当であること、
手段がどうしても必要であること、侵
害が最小限であること、規制が科学的
根拠に基づくこと、規制の期間が限定
されていること等を要求する。外出制
限は先例のないほど重大な制約を課す
ものであるにもかかわらず、より制限
的でない措置の効果が検討されなかっ
たこと、規制の科学的根拠が十分に検
討されなかったこと、長期にわたって
議会の審査を免れる仕組みであること
が指摘できる。集会規制に関しては、
イギリス史上初めて例外なくすべての
政治的集会と公的な場のデモを禁止す
るものであった。

　ユーイング（Keith Ewing）も公共
の場での抗議活動の一部を除外する規
定がないことを批判する。この点につ
いてユーイングは、ストライキ等への
参加を緊急事態下の規則で禁じてはな

らないとする2004年法の規定を引き合いに出している（23条3項(b)）。

（3）その他の問題

そのほかにも様々な問題点が提起されている。まず上記の諸規則に対する議会のチェックが十分果たされていないといわれる。この点につき、1984年法45R条の定める緊急手続を確認しておきたい。同条によると緊急の場合、規則は議会の承認を受けることなく制定できる（同条2項）。制定から28日以内に議会両院の決議による承認を要するが（同条4項）、議会の休会等の期間は日数に算入されない（同条6項(a)）。議会は決議で規則を改正したり、承認したあとで規則を廃止したりできない。また、規則は大臣が定めた期間有効性を保つ（第1・第2・三層規則では6か月、第4規則では28日の有効期間が定められた）。上記の第1規則以降のすべての規則は、45R条の手続で設けられた。

ユーイングは、第1規則が、議会が休会した3月25日の翌日に制定・施行されたことにより、長期間にわたって議会の審査を免れたことを批判する。[29] ユーイングは2004年法が議会の厳格なチェック体制を備えていることを指摘する。[30] 同法によると、規則が制定された場合、大臣は可及的速やかに議会に規則を提示しなければならず、7日

以内に議会両院が承認決議を可決しなければ失効する（27条1項）。議会は決議によって規則を改正することもできる（同条3項）。規則は原則として制定から30日で失効する（26条1項）。議会が閉じているときに規則が制定された場合、当該規則の検討のために議会を召集しなければならない（28条）。要件のより緩やかな1984年法が用いられたことで、議会の統制が疎かになったというのである。

その他、政府の国民向けのメッセージがわかりづらかったため、法的拘束力のない社会的距離と法的拘束力のある外出制限・集会規制の違いが曖昧で、国民の間に混乱を招いたことや、警察が規則の内容を理解せず過剰な取締りを行ったこと等が指摘されている。[31]

おわりに

以上で、イギリスの外出制限・集会規制について整理した。イギリスの学説の多数は議会を軽視した政府の権限行使（または議会の怠慢）に批判的である。また、委任範囲の逸脱のみならず、外出制限・集会規制が人権条約に違反する可能性も指摘されている。総じていえば、今回のコロナ禍での政府の対応は、ユーイングやサンプション卿のいう「命令による統治」であり、伝統的

な憲法原理である議会主権や法の支配を侵食するものだったと評しうる。

　法的拘束力のある規制を欠く日本は事情が大きく異なるが、イギリスの議論は日本にも参考になる。まず当然のことだが、日本で外出制限や集会規制の措置を委任立法で設ける場合には、国会の定めた法律の明確な規定に基づく必要がある。そして、新型コロナウイルスのような迅速な動きが求められる領域では、時宜に応じた規則の改正や柔軟な運用が求められるが、この場合にも国会の十分な統制が不可欠である。外出制限・集会規制の人権侵害の強度を考えると、これらの措置を実施するにあたっては十分な科学的根拠を示したうえで、規制目的の重要性と手段の比例性に配慮しなければならない。

〔奈須祐治〕

[追記1] 2020年12月1日に、注10に引用した判決の控訴審判決が出され、再び規制の合法性が認められた。控訴人は最高裁に上告を行った。

[追記2] 本稿脱稿後もイギリスにおいて感染拡大が断続的に続いており、ロックダウンが繰り返されている。再校の校正を行った1月中旬の時点では、変異株の拡大により3度目のロックダウンが行われていた。

★
1.　本章は2020年11月16日までの情報をもとに執筆した。引用したウェブサイトの最終閲覧日もすべてその日である。

2.　Health Protection (Coronavirus, Restrictions) (England) Regulations 2020.

3.　Health Protection (Coronavirus, Restrictions) (No. 2) (England) Regulations 2020.

4.　Health Protection (Coronavirus, Restrictions) (Leicester) (No. 2) Regulations 2020; Health Protection (Coronavirus, Restrictions on Gatherings) (North of England) Regulations 2020.

5.　Health Protection (Coronavirus, Local COVID-19 Alert Level) (Medium) (England) Regulations; Health Protection (Coronavirus, Local COVID-19 Alert Level) (High) (England) Regulations 2020; Health Protection (Coronavirus, Local COVID-19 Alert Level) (Very High) (England) Regulations 2020.　以下では、左から第1層規則、第2層規則、第3層規則と称する。

6.　Health Protection (Coronavirus, Restrictions) (England) (No. 4) Regulations 2020.

7.　*See Coronavirus: 14,000 Lockdown-breach Fines Imposed*, BBC News, May 15, 2020, https://www.bbc.com/news/uk-52674192.

8.　*See* Dominic Casciani, *Coronavirus: Are Protests Legal amid Lockdown?*, BBC News, June 8, 2020, https://www.bbc.com/news/uk-52909814.

9.　*See Coronavirus: Illegal Rave Organisers Face New £10,000 Fines*, BBC News, August 23, 2020, https://www.bbc.com/news/uk-53877683.

10.　Dolan v. Secretary State for Health and Social Care, [2020] EWHC 1786 (Admin).

11.　*See* Jeff King, *The Lockdown Is Lawful*,

UK Constitutional Law Blog, April 1, 2020, https://ukconstitutionallaw.org/2020/04/01/jeff-king-the-lockdown-is-lawful/.

12. 同条2項には、「事件または状況」にあたるものとして、「人間の生命の喪失」や「人間の病気または負傷」が含まれる。新型コロナウイルス感染はこれらに該当しうる。*See* Andrew Blick & Clive Walker, *Why Did Government Not Use the Civil Contingencies Act?*, Law Society Gazette (online), April 2, 2020, https://www.lawgazette.co.uk/legal-updates/why-did-government-not-use-the-civil-contingencies-act/5103742.article.

13. *See* Kanstantsin Dzehtsiarou, *COVID-19 and the European Convention on Human Rights*, Strasbourg Observers, March 27, 2020, https://strasbourgobservers.com/2020/03/27/covid-19-and-the-european-convention-on-human-rights/.

14. 緊急事態法制によるべきだったとする説として、Alan Greene, *States Should Declare a State of Emergency Using Article 15 ECHR to Confront the Coronavirus Pandemic*, Strasbourg Observers, April 1, 2020, https://strasbourgobservers.com/2020/04/01/states-should-declare-a-state-of-emergency-using-article-15-echr-to-confront-the-coronavirus-pandemic/参照。反対説として、Jeff King, *The Lockdown Is Lawful: Part II*, UK Constitutional Law Blog, April 2, 2020, https://ukconstitutionallaw.org/2020/04/02/jeff-king-the-lockdown-is-lawful-part-ii/参照。

15. 治安判事とは、非法律家から任命され、比較的軽微な民刑事の裁判等を処理することを任務とする、パート・タイムの裁判官である。

16. *See* King, *supra* note 11.

17. *See* King, *supra* note 14.

18. *See* Robert Craig, *Lockdown: A Response to Professor King*, UK Human Rights Blog, April 6, 2020, https://ukhumanrightsblog.com/2020/04/06/lockdown-a-response-to-professor-king-robert-craig/.

19. 各規則の序文には1984年法45C条1項・3項(c)・4項(d)等の条文に依拠したことが明記されている。なお、ドーラン事件で国側がこの「含む」を根拠に広い規則制定権を示唆し、判決の中にもこの点を強調する部分があった。Dolan, *supra* note 10, at paras. 40-42.

20. Lord Sumption, *Government by Decree: Covid-19 and the Constitution*, Cambridge Freshfields Annual Law Lecture, October 27, 2020, https://resources.law.cam.ac.uk/privatelaw/Freshfields_Lecture_2020_Government_by_Decree.pdf.

21. David Anderson QC, *Can We Be Forced To Stay at Home?*, Personal Blog, March 26, 2020, https://www.daqc.co.uk/2020/03/26/can-we-be-forced-to-stay-at-home/.

22. *See* Dolan, *supra* note 10, at paras. 37-46.

23. *See* King, *supra* note 14.

24. Lord Sumption, *Set Us Free from Lockdown, Ministers, and Stop Covering Your Backs*, Sunday Times, May 17, 2020, at 17.

25. *See* David Mead, *The Government's Response to COVID-19: The Human Rights Implications of the Ban on Gatherings in Regulation 7*, April 10, 2020, https://protestmatters.wordpress.com/2020/04/10/the-governments-response-to-covid-19-the-human-rights-implications-of-the-ban-on-gatherings-in-regulation-7/.

26. 第4規則では集会・公共の場の定義規定が置かれ（7条2項・4項）、改善が図られた。

27. *See* Francis Hoar, *A Disproportionate Interference: The Coronavirus Regulations*

and the ECHR, UK Human Rights Blog, April 21, 2020, https://ukhumanrights blog.com/2020/04/21/a-disproportionate-interference-the-coronavirus-regulations-and-the-echr-francis-hoar/.

28.　Keith Ewing, *Covid-19: Government by Decree*, 31 King's Law Journal 1, 19 (2020).

29.　*See id.* at 15. 第1規則を議会が検討し始めたのは、規則制定から7週間経った5月半ばだった。*See* Sumption, *supra* note 20.

30.　*See* Ewing, *supra* note 28, at 5.

31.　*See* Sumption, *supra* note 20.

新型コロナ対策のため車の中にとどまるように求めるバプテスト教会の
案内板（出典：https://www.wsj.com/articles/coronavirus-restrictions-
cant-disfavor-churches-justice-department-says-11586903463）

❹ 礼拝規制と信教の自由
—— 買い物に出かけるのは認めるのに礼拝を禁止することは
信教の自由を侵害するか

はじめに

新型コロナウイルス予防にはいわゆる3密（密閉空間、密集場所、密接場面）の回避が有効であるとされたことから、施設内の宗教的活動も影響を受けることとなった。たとえば、寺院での法要、神社での祈願、教会での礼拝、モスクでの礼拝など、宗教的活動には3密を伴うことが少なくない。そのため、3密回避の徹底を要求することは信教の自由と衝突しかねない。

自粛ベースの日本ではこれらの宗教的活動を強制的に禁止することはな

かったが、諸外国では強制的にこうした活動を禁止したケースがあった。そのため、当面の間人が集まる宗教的活動を休止したり、宗教的活動をオンラインに切り替えたりするなど、一定の対応をせざるをえなくなった。しかし、宗教によっては対面で宗教的活動を行うことが宗教上の信念と密接に結びついていることがある。その場合、信教の自由との緊張関係が一層増すことになる。

ロックダウンを行う場合、病院の受診、生活必需品の購入、食料品の売買など生活上必要不可欠の活動について

は例外的に認めるケースがほとんどである。だが、宗教的活動も不可欠であると考える者からすれば、宗教的活動を例外として認めないことは信教の自由を侵害していることになる。かれらの目には、感染リスクという点では同じ条件であるにもかかわらず、一定の活動を認める反面、宗教的活動を認めないことは宗教を狙い撃ちにした規制であるように映るのである。

実際、アメリカでは生活必需品の購入などで人が集まることについては規制の対象外としながらも、宗教的活動のために人が集まることを禁止する州や地方自治体があり、宗教団体が信教の自由を侵害するとして複数の訴訟が提起されている。アメリカでは、宗教に対して中立でない規制は厳格審査の対象となり、やむにやまれぬ目的と厳密に仕立てられた手段が要求される。

また、この問題は誰が感染防止と信教の自由の調整を行うべきかという問題にも関連する。第一次的には政治部門が負うとしても、司法がどこまで介入すべきか、あるいは宗教団体の自律的判断に委ねるべきかという問題がある。以下では、アメリカの訴訟を素材にして、コロナ禍の信教の自由の問題を考える。

1 サウス・ベイ・ペンテコステ教会対ニューソン判決

州や地方自治体が新型コロナウイルスの感染対策として屋内における集まりを規制する場合、食料品の買い物など日常生活に必要な行為については例外的に認めるものの、宗教的活動を禁止することがあった。そのため、いくつかの宗教団体が信教の自由を侵害するとして訴訟を提起した。

ここでは、当該規制が、宗教に対して中立かどうかが訴訟の帰趨を決することになる。宗教中立的規制であれば厳格審査にはならないが、宗教中立的規制でないと判断された場合には厳格審査が適用されるからである。まずはこの問題に関する連邦最高裁の判断からみてみる。

カリフォルニア州サンディエゴ郡のチュラビスタにあるペンテコステ教会は毎週3～5回礼拝を行っており、200～300人がそれに出席していた。しかし、新型コロナウイルスのまん延により、カリフォルニア州知事は2020年3月19日に自宅待機命令（stay home）を出し、生活必需品を扱う業種（critical infrastructure）のみ営業を認め、その場合でもソーシャルディスタンシングなど公衆衛生上の指針に基

づいた対策をとらなければならないとした。その後、州の指針により、礼拝は出席者が施設の収容能力の25％以内（25％キャップ）か100人以下の人数の場合にのみ認められることとなった。

ペンテコステ教会には600人の席があるものの、200人以上が出席していたため、従来通りの礼拝を行うことができなくなった。そのため、同教会は知事命令の暫定的差止めを求めて提訴した。下級審はいずれも請求を棄却したため、教会が連邦最高裁に上告した。これが、サウス・ベイ・ペンテコステ教会対ニューソン連邦最高裁判決（以下「サウス・ベイ判決」という）である。[★1]

5月29日、連邦最高裁は5対4で差止請求をしりぞけた。[★2]本判決では差止請求をしりぞける結論が述べられただけであったため、ロバーツ（John G. Roberts, Jr.）長官の同意意見とキャバノー（Brett M. Kavanaugh）裁判官の反対意見をみることで本件の争点とそれに関する判断内容をうかがうことができる。

ロバーツ長官によれば、「カリフォルニア州の指針は礼拝場所に制限を課すものであるが、それは修正１条の信教の自由条項と調和したものである」[★3]という。なぜなら、講演、コンサート、映画鑑賞など大人数が密集する世俗的イベントは礼拝と同様かそれ以上の制限を課されており、制限が緩和されているのはスーパー、銀行、コインランドリーなどのようなあまり大人数が密集しない場所であって、礼拝だけを厳しく制限しているわけではないからである。そしてロバーツ長官は、パンデミック時において社会経済活動をどの程度制限するかにつき、「合衆国憲法は人民の安全と健康を守る責務を州の政治的責任のある者の手に委ねている。」[★4]のであって、「それらの制限がいきすぎていない限り、公衆衛生に関する知識も経験も専門的能力もなく、人民に責任を負わない、民主的正当性に欠ける司法が後から口を出して批判すべきではない。」[★5]とした。

これに対してキャバノー裁判官は知事命令が宗教中立的ではなく、信教の自由を侵害しているとして反対意見を書いた。[★6]キャバノー裁判官によれば、宗教的活動には25％キャップを課したにもかかわらず、工場、会社のオフィス、スーパー、レストラン、薬局、ショッピングモール、書店、美容室などの世俗的施設では25％キャップを適用していないことが本件の憲法問題であり、それは宗教的差別にあたるという。なぜなら、政府は宗教に利益ま

たは不利益を与える際の区分において宗教を用いてはならないからである。キャバノー裁判官はこのような宗教的差別にあたる事案では厳格審査が適用されるとし、やむにやまれぬ利益と厳密に仕立てられた手段がなければ規制が正当化されないとする。キャバノー裁判官によれば、感染症のまん延を防ぐという本件規制の目的はやむにやまれぬ利益であるが、世俗的活動と比べて宗教的活動に対して重い負担を課すという手段が正当化されないという。なぜなら、宗教的活動についても世俗的活動と同様にソーシャルディスタンシングなどを要求すれば感染対策ができるはずであり、宗教的活動に対してのみ25％キャップを適用することを正当化する理由が見当たらないからである。キャバノー裁判官は、結論として、本件規制による宗教的差別は信教の自由を侵害するものであり、教会は礼拝を行えないという回復不可能な損害を被っていることから、差止めを認めるべきであるとした。

このように、屋内集合規制の合憲性については当該規制が宗教に対して中立であるかどうかが重要な分岐点となっていることがわかる。とりわけ、ロバーツ長官が、宗教の中立性が認められれば、いきすぎた規制でない限り立法裁量を尊重するとした点も重要である。換言すれば、宗教中立的規制であれば、裁量の逸脱濫用がみられなければ合憲になるとしているわけである。しかも、本件では裁量の逸脱濫用の審査をしていないところをみると、ここでいう裁量の逸脱濫用は著しく不合理であることが明らかであるような場合を想定しているものと考えられる。一方、キャバノー裁判官は宗教中立的規制ではないがゆえに厳格審査を適用して違憲であるとしている。そうなると、この種の問題については宗教に対して中立か否かの判断が決め手になるといえる。

2 カルバリ・チャペル・デイトン・バリー対シソラク判決

その後、連邦最高裁は再び新型コロナ対策と信教の自由との衝突事案について判断を下した。ネバダ州知事は、屋内で50人以上が集まって宗教的活動を行うことを禁止する命令を出していたが、カジノやその他の遊興施設では収容可能人数の50％まで入場を認めていた。カルバリ・チャペル・デイトン・バリー（教会）は感染対策としてソーシャルディスタンシングをとり、時間も通常の半分に短縮し、物品の手渡しを禁止し、教会内は一方通行

にし、消毒を行うなどの計画を立てていたが、それでもなお知事命令に抵触するため、宗教的活動を行うことができなかった。そこで、同教会が信教の自由を侵害するとして差止訴訟を提起したのが、カルバリ・チャペル・デイトン・バリー対シソラク連邦最高裁判決（以下「カルバリ判決」という）である。★7

7月24日、連邦最高裁は本件でも請求をしりぞけた。この判決も差止請求をしりぞける結論が述べられただけで、判決理由は示されていない。もっとも、ロバーツ長官を除き、保守派の裁判官4名は反対意見を執筆またはそれに賛同しているので、5対4の僅差の判断だったことがわかる。まず、アリート裁判官の反対意見は、「公衆衛生上の緊急事態は医療上の問題を理由にさえすれば憲法を無視することができる権限を知事やその他の公務員に委ねたわけではない」★8と述べ、科学的証拠が明らかになればなるほど、憲法上の権利に配慮しなければならないとし、最初の命令から約4か月が経過した現在は急迫性がなくなっており、宗教的活動に対する差別の問題を考慮しなければならないとした。

アリート裁判官によれば、知事命令は、屋内で50人以上が集まって宗教的活動を行うことを禁止する一方、

ボーリング、フィットネス、カジノなどについては収容可能人数の50％まで入場を認めており、それらの施設では礼拝よりも密な空間になる可能性があるという。これに対して、州側は宗教的活動が行われる施設以外にも、博物館、動物園、水族館などにも同様の規制をしていることから宗教的差別を行っていないとするが、だからといって宗教的差別が正当化されるわけではない。そのため、アリート裁判官は、感染リスクの低い宗教的活動に厳しい制限を行い、より感染リスクの高い施設にはそれよりも緩やかな制限を課すことは宗教的差別にあたり、厳格審査が適用されるとした。厳格審査を適用すると、感染リスクの高い施設に対して、宗教的活動が行われる施設よりも緩やかな制限を課すことはやむにやまれぬ利益とはいえず、厳格審査をパスできないとした。

次に、ゴーサッチ裁判官の反対意見は、本件は宗教的差別が明らかなケースであるとする。★9というのも、カジノなどの施設ではどんなに人が多くても収容人数の50％まで入れるため、大人数が入る可能性があり、そして一か所に人が密集する可能性もある。ところが、宗教的活動を行う場合はどんなに感染対策をとっても50人までしか

許されない。パンデミックのさなかとはいえ、ここまであからさまな宗教的差別が認められる憲法は世界にも類をみないと批判した。

最後に、キャバノー裁判官はアリート裁判官の反対意見を補足する反対意見を書いている。キャバノー裁判官も、「新型コロナウイルスは州が宗教関係の人や宗教団体、宗教的活動を差別する白地手形になるわけではない[★10]」と述べ、アリート裁判官と同じく、公衆衛生さえ持ち出せば憲法上の権利を制約できるわけではないと批判した。そしてまず、宗教的差別を①宗教団体を抑圧する差別の場合、②宗教団体を優遇する差別の場合、③宗教を世俗と比べて特別扱いしないので表面上は中立であるが実質的に差別になる場合、④宗教団体よりも世俗を優遇する差別の場合の4類型に分け、本件は④に該当するという。そして、本件では公衆衛生上の理由でこの差別を正当化する理由が提示されておらず、信教の自由を侵害するとした。

アリート裁判官とキャバノー裁判官が公衆衛生を錦の御旗に掲げれば憲法上の権利を制約できるわけではないと強く反発しているように、本件はサウス・ベイ判決よりも差別的色彩が濃くなっている点が特徴である。遊興施設等を収容可能人数の50％以下にするという制限は、場合によっては宗教的活動を50人以下とする場合よりも相当密な空間になる余地があり、感染リスクと規制の程度が比例していない可能性が十分考えられるからである。もちろん、施設の大きさを考えれば、遊興施設を人数ではなく収容可能人数の割合に応じて制限する方法は明らかに誤っているわけではないので、直ちに宗教的差別になるわけではないだろう。また、感染リスクという点に着目した場合、それに対応する用意が十分になされるかも重要であり、司法がそうした実体的側面まで踏み込んで判断すべきかどうかという点も問題となろう。

司法がそのような判断を行うことができるとすれば、規制態様によっては宗教的差別と認定されるケースが十分ありうる。しかも、リベラル派のギンズバーグ裁判官の後任に保守派のバレット（Amy C. Barrett）氏が就任したことから、反対意見に回っていた保守派が多数を形成できるようになり、2020年9月以降、ますますこの種の事案が違憲になる可能性が出てきた。

3 ローマ・カトリック・ブルックリン司教区対クオモ判決

実際、バレット氏が連邦最高裁事

に加わると、すぐにその影響が出る形となった。11月25日のローマ・カトリック・ブルックリン司教区対クオモ連邦最高裁判決（以下「ローマ・カトリック判決」という）[★11]は同種の事案に対して違憲判断を下したのである。

　判決はまたも5対4の僅差であるが、バレット裁判官の加入により保守派が多数派となった。つまり、トーマス、アリート、ゴーサッチ、キャバノー、バレットの5名が保守派であることから、本来保守派であるはずのロバーツ長官が時にバランスを保つためにリベラル側に回ることがあっても、保守側はこの種の事案について多数派を形成できることになったのである。

　この事件では、ニューヨーク州の宗教的活動規制が問題となった。ニューヨーク州知事は10月8日から感染リスクの程度に応じたゾーン規制を行い、警戒度が高い順に、レッドゾーン、オレンジゾーン、イエローゾーンに分けて指定した。レッドゾーンでは、学校はリモート授業のみ可、必須事業のみ営業可、飲食は持ち帰りのみ可、必要不可欠な場合でなければいかなる規模の集まりも不可、礼拝施設は収容可能人数の25％以内で最大10人まで可という制限が課された。オレンジゾーンでは、学校はリモート授業のみ可、ジ

ム、フィットネス、理容や美容などの個人サービス事業は不可、飲食は持ち帰りと店外飲食（ただし一つのテーブルにつき4人まで）のみ可、礼拝施設は収容可能人数の33％以内で25人まで可、必要不可欠でない集まりは10人まで可とされた。イエローゾーンは、学校は対面可、全事業が営業可、飲食は店内飲食も可（ただし一つのテーブルにつき4人まで）、礼拝施設は収容可能人数の50％以内であれば可、必要不可欠でない集まりは25人まで可とされた。これによって礼拝の規模が大幅に制限されることになったカトリック教会やユダヤ教正統派教会はゾーン規制が宗教的差別にあたるとして差止訴訟を提起した。

　匿名法廷意見（per curiam）は、これまでの判例と同様、宗教的中立性を判断したうえで、その憲法適合性を審査した。匿名法廷意見によれば、レッドゾーンでは礼拝施設には10人以下という制限があるのに対し、必須事業にはそもそも人数制限がなく、鍼灸施設や自動車修理工場といったような事業もそこに含まれており、オレンジゾーンでは礼拝施設には25人以下と制限しているのに対し、非必須事業ですら人数制限が課されておらず、宗教中立的規制とはいえないという。そのため、

匿名法廷意見は本件には厳格審査が適用されるとし、やむにやまれぬ利益と厳密に仕立てられた手段が必要であるとした。本件規制に厳格審査を適用すると、新型コロナウイルス対策がやむにやまれぬ利益であることは明らかであるが、手段が厳密に仕立てられているとはいえない。本件規制は礼拝施設に特別な制限を課しているが、礼拝施設が新型コロナウイルスの感染を拡大させたという証拠はなく、司教区の教会やユダヤ教会でアウトブレイクが起きたわけでもない。そして、より緩やかな手段で感染リスクを軽減する方法があり、手段が厳密に仕立てられているとはいえないとした。

そして、匿名法廷意見は差止めの可否について判断を行い、信教の自由の侵害は回復不可能な損害をもたらし、規制利益との比較衡量においても礼拝施設が感染拡大をもたらしているとの証拠がなく、それが礼拝という信教の自由の核心に関わる権利を侵害する以上、信教の自由の利益が上回るとした。

最後に、匿名法廷意見はムート（争訟性がない）か否かについても判断した。反対意見が、規制状況は刻一刻と変わるのであって、原告らの地域がイエローゾーンに変わった後に本件はムートになったというが、逆にいえばまたレッ

ドゾーンやオレンジゾーンに戻る可能性もある。そのため匿名法廷意見は、本件はムートであるとはいえないとした。

なお、匿名法廷意見は司法の役割について言及し、司法は公衆衛生の専門家ではないので専門家の判断を尊重すべきであるが、「しかし、パンデミックの状況下であっても、憲法を無視することはできない」[12]と述べた。

さらに、ゴーサッチ裁判官とキャバノー裁判官はサウス・ベイ判決やカルバリ判決の鬱憤を晴らすかのような同意意見を執筆した。ゴーサッチ裁判官は冒頭で「緊急時になれば政府は修正1条を無視していいことにはならない」[13]と述べ、「仮にパンデミックの間は憲法が短期休暇をとるとしても、それはサバティカルになるわけではない」[14]とし、パンデミック初期の頃とは異なる判断が可能な時期を迎えているとした。そしてサウス・ベイ判決が敬譲的性格の強いジェイコブソン対マサチューセッツ連邦最高裁判決に依拠している点[15]を批判し、緊急時における敬譲的姿勢は司法としてよくあることであるが、憲法に対する攻撃から目をそらしてはならないとした。また、キャバノー裁判官は、まず本件規制がサウス・ベイ判決やカルバリ判決の規制よ

りもはるかに厳しい規制であることを理解しなければならないとする。[16] そしてパンデミックの状況は一部で悪化しており、司法はその対策に敬譲しなければならないものの、判断を完全に放棄してはならず、特に宗教的差別や人種差別の事案については緊急時であっても厳格審査を適用すべきであるとした。

これに対して、三つの反対意見が出された。もっとも、ロバーツ長官の反対意見は差止めを認めた結果にのみ反対しているだけで、合憲性の判断については多数意見に賛同的である。ロバーツ長官は、本件規制は不当な制限のようにみえ、信教の自由を侵害しているというのも理解できるとしているからである。ただし、規制が流動的な中、本件において差止めを認めるべきではないとして反対意見に回った。

一方、ブライヤー裁判官の反対意見は新型コロナウイルス対策について[17]政治部門への敬譲が必要であると述べながら、差止めの可否に着目し、差止めが例外的な救済手段であるとして本件において認めるべきではないとしている。

最後に、ソトマイヨール裁判官の反対意見は、本件の争点はサウス・ベイ判決やカルバリ判決と変わらないので

あって、それらと区別して判断すべきではないとする。[18] ソトマイヨール裁判官によれば、先例はパンデミック時においては礼拝施設と比較可能な(comparable)一般施設に対する集会制限とほぼ同様の制限を礼拝施設も受けることを示したのであって、本件も礼拝施設がコンサート施設や講演施設などの比較可能な施設と同等の制限を受けたものであるという。そのため、先例と異なる判断を行う必要はなく、またパンデミック時にはそうした規制が可能であるとした。

本件では、宗教中立性の認定、司法の敬譲の程度、差止めの可否をめぐって、保守派とリベラル派が対立したといえる。実体的争点である中立性の認定につき、保守派の裁判官の考え方は他の一般施設と比べて厳しいものになっているかどうかが基準になっているのに対し、リベラル派の裁判官は礼拝施設と比較可能な一般施設と比べて厳しくなっているかどうかに着眼している。そのため、保守派にとって必須事業と比べて厳しい制限を課す本件規制は宗教的差別ということになるが、リベラル派にとってはコンサート施設や講演施設などの比較可能な施設が同等の制限を受けているので宗教的差別にはならないわけである。それはある

意味宗教的活動が生活上必須かどうか
という価値観にも関わってくる問題で
あるといえよう。

また、保守派はパンデミック時とい
えども憲法問題から目をそらさず、権
利侵害に対して厳格な判断をしていく
というスタンスを示したが、リベラル
派は政治部門に対して敬譲姿勢をとっ
ている。この点につき、ロバーツ長官
はリベラル派が憲法判断を放棄してい
るわけではないとフォローしているよ
うに、リベラル派が憲法問題から目を
背けているわけではない。この点はど
のくらい敬譲するかという程度の問題
となろう。

最後に、ロバーツ長官が保守派と袂
を分かった点でもある差止めの可否で
あるが、これはパンデミックという緊
急時における司法の役割にも密接に関
連する問題である。匿名法廷意見は回
復不可能な損害を認定し、比較衡量を
行って信教の自由を保護することの重
要性を優先した。司法の役割が権利救
済にあるとすれば、たとえ例外的手法
であっても差止めを認めるべきという
ことになろうが、パンデミック時にお
いて司法は敬譲姿勢をとるべきである
とすれば、比較衡量において規制の公
益性を重視することになろう。

本判決は新型コロナウイルス対策に
対して違憲判断を下したというインパ
クトをもつことに加え、当該対策が宗
教的差別にあたる場合があることを示し、
その時には個別の事案ごとに司法が規
制内容を吟味する道を開いたといえる。

4 下級審の判断

実際、下級審の中にはすでに感染リ
スクの程度を吟味して違憲と判断した
ケースがあった。ノースキャロライナ
州で起きたベレアン・バプテスト教会
対クーパー連邦地裁判決である。[20]

ノースキャロライナ州知事は、新型
コロナウイルスまん延防止策として、
大勢が屋内に集まることを禁止する命
令を出し、[21]違反者は起訴されるおそれ
があった。知事の命令および指針によ
れば、屋内の礼拝等は10人を超えな
い人数でなければならず、10人を超
える場合は屋外で行わなければならな
いとされた。

これに対してベレアン・バプテスト
教会はこの規制が信教の自由を侵害し
ているとして訴訟を提起した。同教会
によれば、当該規制は10人を超える
屋内での礼拝を規制しており、違反し
た場合には刑事訴追されるおそれもあ
る強い規制であるという。また、同教
会は本件規制が宗教中立的規制になっ
ていないと主張した。なぜなら、当該

規定が適用除外にあたるかどうかの判断が判断権者の裁量に委ねられており、また買い物や仕事などのような宗教的活動以外の行為については同様の規制が適用されないからである。

連邦地裁は、原告側が当該規制によって信教の自由が侵害されていることを立証できているかどうか、裁判所が差止めを認めなければ回復不可能な損害を被るかどうか、差止めを認めることによって得られる利益が規制によって得られる利益を上回っているかどうかを検討した。

連邦地裁は、まず信教の自由の侵害につき、適用除外の判断が保安官や執行官に任せられており、適用除外にあたらないと判断されれば起訴されて軽罪を科せられるおそれがあることからすれば、当該規制は原告の信教の自由を制約しているとした。また、買い物や仕事については規制せず、宗教的活動を対象として規制していることから、当該規制は中立的規制とはいえないとし、厳格審査が適用されるとした。連邦地裁によれば、新型コロナウイルスのまん延防止という目的は明らかに正当性があるという。しかし、屋内において10人を超える人数で礼拝を行う場合でもソーシャルディスタンシングを行うなどの対応は可能であり、宗教

的活動のみに当該規制を課すことは手段が厳密に仕立てられているとはいえない。そのため、原告側は当該規制によって信教の自由が侵害されていることを立証できているとした。

続けて連邦地裁は回復不可能な損害の有無と比較衡量について判断を行い、限られた期間であっても礼拝等の宗教的活動を行えないことは回復不可能な損害を与えるものであるとし、また規制利益は重要であるものの、感染防止対策を行いながら宗教的活動を行うことができる以上、生命保護と信教の自由の両立を図る利益の方が重要であるとし、原告の主張を認め、当該命令の一方的緊急差止めを認めた。

このように、この判決では宗教的中立性が否定されたがゆえに厳格審査が適用されて違憲となった。連邦最高裁と同様、ここでも宗教的中立性の判断が判決のゆくえを決めているといえる。

5 適用違憲の問題

以上はいずれも法令の合憲性が争われたものであるが、仮に法令が宗教に対して中立であると認められる場合であっても、必要な感染対策が行われているような場合にまで規制を適用する場合には適用違憲の問題が生じうる。実際、人が接触せずに礼拝ができるよ

うにドライブイン礼拝を実施する宗教団体が出てきた。それにもかかわらず、礼拝のために集まることを禁止するという規制を厳格に適用する場合、適用違憲の問題を検討する必要が生じる。

ミシシッピ州のグリーンビル市にあるテンプル・バプテスト教会は、感染対策のため、ドライブイン礼拝を実施していた。同教会はウェブサイトをもっておらず、またほとんどの信徒はSNSや同時通信型のオンラインサービスを利用していなかった。そのため、同教会は教会の駐車場に車に乗った信徒を集め、FMを通じて情報を流すことで礼拝を行うことにしたのである。その間、信徒らは車に乗ったままで外に出ず、また窓も締め切ったままにするという感染対策を行いつつ、FMを聞きながら礼拝に参加するというドライブイン方式の礼拝が行われた。

ミシシッピ州知事は不要不急の場合を除く外出禁止命令（shelter in place order）を出し、グリーンビル市はそれが解除されるまで対面式の宗教的活動を禁止する命令を出していたが、ドライブイン方式は対面ではないのでこれに当てはまらないはずであった。しかし、グリーンビル市はこのようなドライブイン方式の礼拝も認めないという命令を出し、それに基づいて警察官

が現地に派遣され、集まった信徒らに500ドルの罰金を科した。

これに対して教会側は信教の自由を侵害するとして命令の差止めを求める訴訟を提起した。★22 興味深いのは、訴訟が提起されると、直ちに連邦の司法省が合衆国の利益に関わる訴訟であることを理由に教会を擁護する意見書を裁判所に提出した点である。意見書は、判例法理を提示しながら、宗教中立的規制かどうかがポイントになり、宗教中立的規制でなければ厳格審査が適用されるとし、まず市の命令は教会の重要な宗教的行事を対象にし、さらにレストランのドライブスルーなど宗教的活動以外の行為については同種の行為を認めていることから宗教中立的規制とはいえないとした。そして感染防止という規制目的は正当であるものの、CDCの要求水準を満たすドライブイン方式を認めないことは必要最小限の規制になっているとはいえないとして、信教の自由を侵害するとした。もっとも、この事案では係争中にミシシッピ州知事が外出禁止命令を解除したため、本件はムートになった。

また、ミシシッピ州では別の事案においても訴訟が提起されていた。★23 ホーリースプリングス市は多人数の集会を禁止していたため、ペンテコステ教会

は屋外でソーシャルディスタンシングを保ちながら礼拝を行っていたが、あるとき天気が急変したために屋内でソーシャルディスタンシングを保ちながら礼拝を続行した。これを見た市の警察官は市の外出禁止命令に反しているとし、解散命令を出し、牧師に対して市の条例に違反したことを通知した。そこで教会側が礼拝のために条例の差止めを求めて提訴した。

裁判所は、屋内の宗教的活動を認めることはできないとしつつ、ドライブイン方式の礼拝であれば信教の自由と感染対策の妥協点にふさわしいとした。裁判所によれば、たとえドライブイン方式であっても、それが全米に広がれば感染リスクが高まるおそれがあるという。そのため、裁判所は主催者が慎重に対応する必要があるとし、また市のその後の方針に従うことを条件に、ドライブイン方式を認めるとした。

6 免除としての 善きサマリア人の法理

このように、礼拝施設の人数制限の合憲性については、外形的な宗教的中立性に着目して信教の自由を侵害しているかどうかを判断するだけでなく、宗教団体が適切な感染対策を行っている場合に礼拝人数を制限することが信教の自由を侵害しているかどうかも問われる可能性が出てきている。

もっとも、感染対策が十分であるかどうかについて、司法が適切に判断できるのかという問題がある。ドライブイン方式のように非接触的方法であれば司法も判断しやすいが、礼拝施設内の対策はどこまで行えば十分な対策といえるのかについての判断は難しい。

仮に司法がある程度判断できるとしても、法令が対策を行えば例外とすると規定していないにもかかわらず、対策をしていれば規制の適用を免除しなければならないのだろうか。とりわけ、法令が宗教的差別を行っていない場合に、その適用を適用違憲と判断するためにはそうした判断が要請される理由を検討しなければならない。

そこで考えられるのが善きサマリア人の法理である。先述の訴訟にも登場したバプテスト教会やペンテコステ教会はプロテスタントの一派であり、プロテスタントの中でもバプテストは聖書を軸とした教えを重視するのが特徴である。聖書の教えの一つに「汝、隣人を愛せよ」があり、善きサマリア人（good Samaritan）の話が登場する。ある者が強盗に襲われて倒れており、そこに祭司（敬われるべき神職）、レビ人（祭司やその手助けをする者）、サマリア人

（嫌悪の対象）の３人が通りかかる。祭司とレビ人はその人を見ても知らないふりをして通り過ぎて行った。しかし、サマリア人はその人を介抱し、宿屋まで運んで宿屋の主人に費用を払ってその人の世話を依頼した。イエスはこのたとえ話をした後に、このうち誰が隣人であるかを問い、サマリア人との答えを聞くと、あなたも同じように行いなさいと言ったという。

　教派によってこの教えの解釈は異なるが、一般には、身分に関係なく善き行いをした者を隣人として愛しなさいという教えと理解されている。行為よりも信仰を是とするプロテスタントの間ではこの問題について見解が分かれるところであるが、信仰をもった者の行為として正しい行いとみなす余地がある。アメリカでは、このたとえ話が善きサマリア人の法となり、困っている者を救助するための善意の活動は、その活動に重過失がなければ責任を問われない法理となった。[★24]

　この法理を援用すれば、救いを求める信徒が教会に礼拝に集まった場合、たとえ感染症まん延のリスクがあるとしても、ソーシャルディスタンシングを心がけるなど重過失を免れる措置を行っていれば、牧師や他の信徒は罪を免れることになる。換言すれば、十分

な感染対策を行っているにもかかわらず礼拝を規制される場合には正当な宗教的活動として違法性を免除すべきことを要請することになる。そうであるとすれば、法令が宗教的差別を行っていない場合であっても、感染対策を行っている礼拝施設に対して厳しい人数規制を行うことは適用違憲になりうるだろう。

7　判断枠組

　以上のようにアメリカでは、礼拝施設に対して人数規制が行われ、それが信教の自由を侵害するかどうかが裁判所で争われてきた。これらの事例をみると、まず法令が宗教的差別になっていないかどうかが問われてきたといえる。宗教的差別になっているかどうかについては、中立的規制になっているかどうかの判断によって決められることになるが、その際に、他の対象との比較を行っているところが重要である。サウス・ベイ判決におけるロバーツ長官とキャバノー裁判官の対立はまさにほかと比較して宗教だけを差別しているかどうかが争点となった。また、ローマ・カトリック判決では、匿名法廷意見が人数制限されていない必須事業と人数制限された礼拝施設を比較したのに対し、反対意見は礼拝施設と比較可

能な一般施設を比較した。この相違は、何を比較対象とするかによって差別にあたるかどうかの判断も変わってくることを示したといえる。差別にあたるかどうかの判断は審査基準の厳緩につながり、判決結果を大きく左右するので、極めて重要である。

　もっとも、宗教的差別にあたらない場合でも、感染対策を行っている場合には礼拝行為を認めるべきかどうかという問題がある。ドライブイン方式の事案では宗教団体側の感染対策がどこまで感染リスクを低めているかという点が問題となった。つまり宗教中立性の問題だけで判断するのではなく、どのような感染対策を行って宗教的活動を実践するか、という妥協的な判断が行われる可能性があるということである。その場合、裁判所は権利利益のみならず、具体的規制の是非や感染対策の妥当性という政策の是非に近い問題をも同時に検討することになる。こうした判断は裁判官に広い見識とバランスのとれた判断を求めるものであり、司法の役割を広げる可能性があるといえよう。

おわりに

　パンデミック時に例外的に認められる活動として、いわゆる必須事業（essential business）があるが、通常は医療、食料、公共インフラなど、個人が生活を営むうえで欠かせない業種がそこに含まれる。必須か否かの基準は物理的観点から判断されており、そこに宗教的活動という個人の精神的活動に付随するものは含まれていない。

　しかし、必須事業の活動が認められる場合でも、感染対策が行われていることが前提になっていることを踏まえれば、宗教的活動も感染対策をとれば認められてしかるべきであるというのが、アメリカにおける宗教行為従事者の発想である。そしてアメリカではこの問題を宗教的差別か否かという観点からアプローチする点にその特徴があるといえる。

　もっとも、感染対策をとった場合でも、例外的行為を認めれば認めるほど全体としての感染リスクが高まる可能性があることからすれば、感染対策を行っている宗教的集いを禁止することに対して厳格審査を適用したとしても、なおその規制は正当化される余地がある。

　連邦最高裁自身、かつて「宗教的活動を行う権利はコミュニティや子供を感染症の危険にさらしたり子供を重病や死の危険にさらしたりする自由を含むものではない」[25]と述べており、感染

症対策が宗教的活動の自由に優先することを示唆している。そのため、感染症対策だからといって合理的な理由なく宗教的活動を規制することは許されないが、他面、宗教的活動を盾にすれば感染症対策に優先するというわけでなく、感染症まん延の状況、感染の特徴、感染症の重篤度、当該宗教的活動がもたらす感染リスク、感染対策によって予防できる可能性、規制された他の行為との比較など、様々な事項を考慮して決めざるをえないと思われる。[★26]

日本でも緊急事態宣言が出た場合には新型インフルエンザ特措法45条2項に基づき施設使用の制限を要請することができるが、同条項および特措法施行令11条には宗教施設が含まれていない。

仮に対象に加えられて、信教の自由を侵害されたとして訴訟が提起された場合、原告側は要請にとどまるとはいえ信教の自由を間接的に制約すると主張することが予想される。これに対し、パンデミックの際に感染リスクのある宗教的活動を行うことは、加持祈祷事件判決[★27]のように他人の生命、身体等に危害を及ぼす違法な有形力の行使にあたる反社会的であるとして切り捨てる方法もあるだろう。そもそも信教の自由といえども他者に危害を及ぼしてま

で認められるわけではなく、パンデミック時に礼拝を行うことはそこに集まった者のみならず、それらの者が外でさらに感染を広げてしまうリスクもあることから、そのような行為を認めるわけにはいかないというわけである。あるいは、宗教的活動だけを認めることに対してはむしろ政教分離違反ではないかという疑義が呈されるかもしれない。

たしかに、それが誰に対しても公平に適用される一般的・中立的規制であれば、宗教的活動であるからといってパンデミック対策を免れることにはならないだろう。だが、アメリカのケースのように、宗教的差別になっている可能性がある場合は話が違ってくる。宗教的差別に基づき信教の自由を制限することは、信教の自由の侵害のみならず政教分離違反にもあたる行為であり、信教の自由の核を侵す結果になる。

パンデミック時の礼拝規制の問題は、加持祈祷事件判決の事案と異なり、他者をまだ死に至らしめていない以上そこまでの反社会性はなく、また平時においては宗教的活動として認められる行為であることを考慮すれば、信教の自由を制約する側面が強いと判断する余地もある。そのため、パンデミック時とはいえ、信教の自由を逸脱した行

為とはいえず、他の事業の制約の程度と比較しながら宗教的中立性についても検討する必要があろう。

　とはいえ、日本の場合は当該措置が要請にとどまるため、宗教的差別のおそれがあるからといって直ちに厳格審査をするのではなく、感染リスクにまつわる諸要素を検討する必要があろう。リスク社会においては、司法もリスク評価を行うことを免れないのである。

〔大林啓吾〕

★

1. S. Bay Pentecostal Church v. Newson, 140 S.Ct. 1613 (2020).
2. ロバーツ長官がギンズバーグ（Ruth Bader Ginsburg）、ブライヤー（Stephen G. Breyer）、ケイガン（Elena Kagan）、ソトマイヨール（Sonia Sotomayor）の4人のリベラルブロックに賛同し、多数を形成した。一方、トーマス（Clarence Thomas）、アリート（Samuel A. Alito, Jr.）、ゴーサッチ（Neil M. Gorsuch）、キャバノーの保守派はそれに反対した。
3. *Id.*
4. *Id.*
5. *Id.* at 1613-1614.
6. *Id.* at 1614 (Kavanaugh, J., dissenting). なお、トーマス裁判官とゴーサッチ裁判官が賛同した。
7. Calvary Chapel Dayton Valley v. Sisolak, 140 S.Ct. 2603 (2020).
8. *Id.* at 2605 (Alito, J., dissenting). なお、トーマス裁判官とキャバノー裁判官が賛同している。
9. *Id.* at 2609 (Gorsuch, J., dissenting).
10. *Id.* at 2614 (Kavanaugh, J., dissenting).
11. Roman Catholic Diocese of Brooklyn v. Cuomo, 208 L.Ed.2d 206 (2020).
12. *Id.* at 210.
13. *Id.* at 211.
14. *Id.* at 212.
15. Jacobson v. Massachusetts, 197 U.S. 11 (1905). この事件で連邦最高裁は明らかな憲法上の権利侵害の有無と、目的と手段の実質的関連性を判断した。ほかにも、下級審レベルでは宗教的信念に基づくワクチン接種拒否の合憲性に関する事件がある。ジェイコブソン判決やこれらの裁判例については、大林啓吾『憲法とリスク─行政国家における憲法秩序』（弘文堂・2015年）268〜274頁を参照。
16. *Roman Catholic*, 208 L.Ed.2d at 215.
17. *Id.* at 219. ソトマイヨール裁判官とケイガン裁判官が賛同している。
18. *Id.* at 222. ケイガン裁判官が賛同している。
19. *Id.* at 218.
20. Berean Baptist Church v. Cooper, 460 F.Supp. 3d 651 (2020).
21. Section 6(A) of EO 138.
22. Temple Baptist Church v. City of Greenville, Case No. 4:20cv64 (2020); *see also* King James Bible Baptist Church, Greenville, 4:20cv65 (2020).
23. First Pentecostal Church of Holly Springs v. City of Holly Springs, 2020 U.S. Dist. LEXIS 72533 (2020).
24. Dov Waisman, *Negligence, Responsibility, and the Clumsy Samaritan: Is There a Fairness Rational for the Good Samaritan Immunity?*, 29 GA. ST. U. L. REV. 609 (2013).
25. Prince v. Massachusetts, 321 U.S. 158, 166-67 (1944).

26. Caroline Mala Corbin, *Religious Liberty in a Pandemic,* 70 DUKE L.J. ONLINE 1, 26-28 (2020). また、厳格審査を適用するとしても、パンデミックの深刻性の程度、例外を認められた他の行為と比べて当該宗教行為のリスクが高いかどうかを検討する必要があるという指摘がある。

27. 最大判昭和38年5月15日刑集17巻4号302頁。

第3部
コロナ禍の
人権問題

小学校のオンライン教育で児童たちに
水槽を見せる教師（読売新聞／アフロ）

❺ 教育を受ける権利への影響
—— 憲法は「学校に通う権利」と「学校に通わずに教育を受ける権利」を保障しているか

はじめに

本章に与えられたテーマは、新型コロナウイルスの感染拡大（いわゆる「コロナ禍」）が学校教育にもたらした影響や、それに対する政府の措置を、憲法26条1項が保障する「教育を受ける権利」の観点から考察する、というものである。

以下では、コロナ禍が学校教育にもたらした影響等を概観し（下記1）、それらが教育を受ける権利との関係でいかなる問題を孕んでいるのかを整理したうえで（下記2）、特に重要な教育の空間をめぐる問題について考察したい（下記3）。

1 コロナ禍に揺れる学校教育

(1) 突然の一斉休校

コロナ禍が深刻化の一途をたどっていた2020年2月27日、第15回新型コロナウイルス感染症対策本部において、安倍晋三首相（当時）は、全国すべての小中高校等に臨時休業（学校保健安全法20条）を要請する考えを表明した。この要請は、感染症の専門家等で構成された「新型コロナウイルス感染症対策専門家会議」に諮ることなく、首相の「政治的判断」として決定されたものであった。[★1]

その翌日、文部科学省は、全国の小

中高校等について、3月2日から春休み開始日まで臨時休業を行うよう要請する通知を発した。[★2]学校保健安全法に基づく臨時休業の決定権は「学校の設置者」に与えられているため（同法20条）、文部科学省の「要請」に法的拘束力はない。しかし、事実上の「命令」と受け止められたのか、ほとんどの学校設置者はこの要請に従い、臨時休業に踏み切った。[★3]このようにして、全国的な長期間の「一斉休校」が、急遽実施されることとなったのである。

しかも、本来は春休みが明ける頃の4月7日に7都府県を対象とした緊急事態宣言が発せられ、同月16日にはその対象が全国に拡大したことにより、多くの学校では臨時休業が続けられた。緊急事態宣言は、5月14日に39県で解除、同月21日に関西3府県で解除、同月25日に全部解除され、それに伴い臨時休業も終了したが、学校によっては3月頭から5月末頃まで約3か月間も授業のない日が続いたことになる。

(2) オンライン教育の促進

子どもにとって教育を受けることは「権利」であるため（憲法26条1項）、学校を臨時休業にするならば、それに代わる教育を提供することが肝要である。そこで文部科学省は、臨時休業を要請した前記通知において、教育課程に関する留意点として、「児童生徒が授業を十分受けることができないことによって、学習に著しい遅れが生じることのないよう、可能な限り、家庭学習を適切に課す等の必要な措置を講じるなど配慮すること」を求めた。この「家庭学習」として特に期待されたのが、学校に集まることなくインターネット上で実施することができる「オンライン教育」（遠隔教育）である。

ところが、大多数の小中高校等（特に公立学校）では、オンライン教育は実施されなかった。文部科学省の調査によれば、公立の小中高校等を設置している地方公共団体のうち、臨時休業中に「同時双方向型オンライン指導」を実施したのは「15％」とごく少数にとどまった（なお、4月16日時点の調査ではわずか5％であった）。[★4]その代わりに実施率が100％となったのが「教科書や紙の教材の活用」、つまり教科書やプリント等を用いた自習である。こうした自習は、親が教師役を務める必要があるため、教育を家庭に丸投げするものだという批判が強まった。[★5]

オンライン教育の実施率が極めて低調であった主な原因は、学校および家庭においてインターネットや端末等のICT環境が十分に整備されていなかったことや、教師がオンライン教育の知

識・経験を十分に身につけていなかったことにあると考えられる。OECDが2018年に実施した「生徒の学習到達度調査」（PISA 2018）においても、日本は学校の授業におけるデジタル機器の利用時間が最下位であった。

そこで文部科学省は、2023年度までに達成する予定であった「GIGAスクール構想」を大幅に前倒しし、2020年度中に達成する計画を発表した。GIGAスクール構想は、児童生徒1人につき1台の端末や高速大容量通信ネットワークの整備等を内容とする政策であり、もともとは学習履歴（スタディ・ログ）の活用等による「個別最適化された教育」の実現を主な目的としていた。★6 それが新型コロナウイルス対策と合流したことにより、「災害や感染症の発生等による学校の臨時休業等の緊急時においても、ICTの活用により全ての子供たちの学びを保障できる環境を早急に実現」することが目的に加わり、ICT環境が整っていない家庭に対するモバイルルータや端末の貸与等、オンライン教育に必要な環境整備の支援が急ピッチで行われることとなった。

(3) 学校再開後の「学びの保障」

長期間の休校により、子どもたちの学習には遅れが生じた。また、学校再開後も、分散登校や短縮授業等の新型コロナ対策を要するため、休校前に計画されていたペースで学習を進めることは困難な状況にあった。そこで文部科学省は、39県で緊急事態宣言が解除された翌日である5月15日に、「新型コロナウイルス感染症の影響を踏まえた学校教育活動等の実施における『学びの保障』の方向性等について」と題する通知を発した。

当該通知は、「学校における指導の充実を最大限図ったうえで、なお本年度中に予定していた内容の指導が終わらない場合の補完的な取組」として、①最終学年以外の児童生徒に関する教育課程について、「令和3年度又は令和4年度までの教育課程を見通して検討を行い、学習指導要領において指導する学年が規定されている内容を含め、次学年又は次々学年に移して教育課程を編成する★7」、②「個人でも実施可能な学習活動の一部をICT等を活用して授業以外の場において行うことなどにより、学校の授業において行う学習活動を、教師と児童生徒の関わり合いや児童生徒同士の関わり合いが特に重要な学習への動機づけや協働学習、学校でしか実施できない実習等に重点化する」という二つの特例的な対応を認めるものであった。要するに、学習

指導要領の縛りを時間面・内容面の双方について緩和したのである。

なお、当該通知で示された方針は、文部科学省が6月5日に発表した「新型コロナウイルス感染症対策に伴う児童生徒の『学びの保障』総合対策パッケージ」にも受け継がれた。

2 教育を受ける権利に関する問題

(1) 政府の措置に対する批判

これまで概観してきた、コロナ禍が学校教育にもたらした影響や、それに対して政府がとった措置は、憲法が保障する「教育を受ける権利」との関係で、いかなる問題を孕んでいるだろうか。多くの論者が指摘している問題点は、以下のようなものである。

まず、一斉休校については、政府によって主導されたことや、感染状況の程度等にかかわらず全国一律に実施されたことなどから、教育における「地方自治」との緊張関係が指摘されている。また、専門家会議に諮ることなく政治的判断として要請され、代替的な教育機会を十分に確保せぬまま実施されたことなどから、一斉休校が教育を受ける権利を制限するものであり、「権利という観点から制限が限界づけられる」という意識が欠如しているとの批判もある。

次に、一斉休校中のオンライン教育については、インターネットや端末等のICT環境が必要になるため、それらの環境を整えられる学校・家庭とそうでない学校・家庭の間で深刻な「教育格差」が生じたという批判が強い。また、文部科学省がGIGAスクール構想を前倒ししたことについては、オンライン教育・ICT教育の推進派から歓迎される一方、新型コロナウイルス対策という名目でタブレットやソフトウェア等を営利企業から大量に購入することにより、「教育の産業化」あるいは「公教育の営利企業への開放」を加速させるものであるとの批判もある。

さらに、学校再開に向けて文部科学省が学習指導要領の縛りを緩和したことについても、柔軟な対応を認めるものとして好意的に評価する声がある一方で、最終的には学習指導要領を全面的に実施することが前提とされていることから、そこにみられるのは「学習指導要領の全面実施に向けられた文科省の『執念』」であり、学校には「これを実施するための『道具』があてがわれているに過ぎない」という批判もある。この立場からは、学習の遅れを取り戻すべく夏休みが大幅に短縮され、児童生徒が危険な猛暑のなか通学する光景は、「学習指導要領の法的拘束性

を主張してきた文科省の教育内容統制の弊害を示すもの」であり、「子どもの権利や安全よりも学習指導要領の全面実施を優先する日本の文部行政の異常性を示している」と評されている。[★13]

(2) 教育の空間をめぐる問題

先に列挙した諸問題はいずれも重要であるが、すでに少なからぬ論考で検討されていることもあり、ここでは問題点の指摘にとどめたい。その代わりに本章で考察したいのは、教育の空間をめぐる問題である。

コロナ禍に伴う一斉休校と、その間に普及したオンライン教育は、「学校教育は学校空間で行われる」という従来自明視されてきた前提を揺るがし、教育が行われる空間の重要性を強く実感させることとなった。

たとえば、中央教育審議会初等中等教育分科会が2020年10月7日に発表した「『令和の日本型教育』の構築を目指して〜全ての子供たちの可能性を引き出す、個別最適な学びと、協働的な学びの実現〜（中間まとめ）」にも記されているように、「学校の臨時休業に伴う問題や懸念が生じたことにより、学校は、学習機会と学力を保障するという役割のみならず、全人的な発達・成長を保障する役割や、人と安全・安心につながることができる居場所・セー

フティネットとして身体的、精神的な健康を保障するという福祉的な役割をも担っていることが再認識された」。つまり、子どもたちが学校に通えなくなったことにより、学校という空間それ自体がもつ様々な価値が明らかになったのである。[★14]

他方で、学校という空間は、学習の妨げになる場合もある。特に対人関係や集団生活が苦手な子どもにとって、学校は息苦しい空間になりがちである。実際、休校中にオンライン教育を実施したところ、長らく不登校であった児童生徒が参加するようになったという事例が、少なからず報告されている。[★15]

こうした教育の空間をめぐる問題は、教育を受ける権利にとって重要であるにもかかわらず、建築学や教育学で扱われることはあっても、憲法学において議論されることはほとんどなかった。1960年代から1970年代頃にかけて、いわゆる教育権の所在（教育の内容を決定する権限を有するのは誰かという論点）について激しい論争が繰り広げられた影響もあり、学校教育に対する憲法学の関心は、主として教育の内容をめぐる問題に向けられてきた。[★16]その意味で、教育の空間をめぐる憲法問題は、コロナ禍の中で発見された新たな論点といってもよいだろう。

次節では、学校空間の歴史をごく簡単に確認したうえで、学校空間に関する憲法問題として、「学校に通う権利」と「学校に通わずに教育を受ける権利」について考察したい。

3 教育の空間と教育を受ける権利

(1) 学校空間の歴史

　生徒らの座る椅子と机が黒板に対面する形で配置されている「教室」や、複数の均一的な教室によって構成された「学校」という空間は、18世紀末から19世紀初頭のイギリスにおいて、ジョセフ・ランカスター（Joseph Lancaster）らが創設し、アメリカを経由して、明治初期に日本へ輸入されたシステムであった。近代化前の日本における「寺子屋」は、このような「1人の大人対子ども集団という、集団一斉式の知識伝達の様式」をとってはいなかったのである。[17]

　ランカスターが創設した学校システムは、多数の生徒に対して効率的に教育を施すために、教師が生徒らを監視・統制しやすい空間として設計されていた。それは、同時代のイギリスを生きたジェレミー・ベンサム（Jeremy Bentham）が考案した「パノプティコン」（一望監視施設）に類似しており、ベンサム本人も、ランカスターのシステム

を高く評価し、自身の学校プランに取り入れたという。[18]

　このような学校空間は、日本に定着する過程において、小さからぬ変容を被った。まず、1891年（明治24年）の「学級編成等ニ関スル規則」により、クラス編成が成績別の「等級制」から年齢別の「学級制」に移行したことに伴い、日本の学校教育は「知育」のみならず「訓育」や「道徳教育」をも目的とするものとなった。また、大正時代に入ると、「村落共同体」で暮らしてきた子どもたちに「学校」や「学級」という近代的システムを受け入れさせるため、学級が学習活動のほかに様々な「学級文化活動」を行うようになり、いわば「生活共同体」へと変化した。[19]

　こうして形成された日本の学校空間に対して、従来の建築学や教育学は、必ずしも肯定的な評価を与えてこなかった。[20]　むしろ、ミシェル・フーコー（Michel Foucault）がパノプティコンを「規律訓練の権力」と喝破した影響[21]もあり、特に1980年代後半から1990年代の教育学では、学校を「規律訓練的空間」として批判する学説が有力であった。[22]　そして、建築学者らは、そうした学校空間を「伸びやかな環境」につくり変えることで、学校教育そのものを「伸びやか」にしようと、学校建

築の改革に取り組んできた。その代表例が、柔軟かつ自由に活用できるオープンスペースを備えた「オープンスクール」の学校建築運動である。

(2) 学校に通う権利

上述のとおり、学校という空間（特に従来型の没個性的で無機的な学校建築）は、これまで必ずしも肯定的な評価を受けてこなかった面がある。しかしながら、コロナ禍に伴い、全国的な長期間の一斉休校が実施されたことで、学校空間が有する様々な価値が強く実感されるようになった。

たとえば、学校は、教師や子どもたちが毎日集まって交流できる、貴重な「居場所」である。また、とりわけ家庭で虐待を受けている子どもや、貧困家庭で苦しい生活をしている子どもにとって、学校は「セーフティネット」でもある。さらに、教師やクラスメートの視線にさらされる学校は、自宅に一人でいてはなかなか進められない学習を、いわば「強制してくれる」空間でもある。学校建築の具体的な形態にかかわらず一般的に認められるこれらの価値こそ、学校空間の本質的価値といってよいだろう。

では、教育を受ける権利は、こうした学校空間で教育を受けられること（いわば「学校に通う権利」）まで保護して

いるのだろうか。換言すれば、子どもたちが学校に通えなくなることは、学校空間以外での教育機会（オンライン教育等）が確保されている場合であっても、教育を受ける権利に対する制限にあたるのだろうか。

憲法26条1項は、「法律の定めるところにより……教育を受ける権利を有する」と定めるにとどまり、教育の具体的なあり方を原則として「法律」に委ねている。この点を重視するならば、法律で定めさえすれば学校教育をすべてオンライン化しても合憲である、と解する余地もないではない。また、特に学校の「居場所」や「セーフティネット」としての価値については、教育ではなく「福祉」の問題であり、教育を受ける権利とは無関係だという見方もありえよう。

しかしながら、2(2)で引用した中央教育審議会の「中間まとめ」にも記されているように、日本では、日本国憲法が成立するずっと前から一貫して、「学校が学習指導のみならず、生徒指導等の面でも主要な役割を担い、様々な場面を通じて、児童生徒の状況を総合的に把握して教師が指導を行うことで、子供たちの知・徳・体を一体で育む」という、いわゆる「日本型学校教育」が制度化されてきた。たとえば、

給食、清掃、部活動、運動会など、人格的成長を目的にした「生活共同体」的な教育活動が充実していることは、国際的にみて珍しい日本型学校教育の特徴である。

このように、日本の学校教育制度においては、授業による知識の伝達だけでなく、学校生活全体を通した「人格の完成」（教育基本法1条）が重視されており、教師および児童生徒の日常的な交流や、虐待や貧困から守られた安全な環境の確保も、学校教育が果たすべき中心的な役割とされている。そして、学校教育がそれらの役割を果たすためには、教師や児童生徒らが集まる学校という空間が欠かせない。したがって、仮に憲法がこうした日本型学校教育を前提にしているならば、教育を受ける権利は「学校に通う権利」をも保護するものと解すべきだろう。[★25]

(3) 学校に通わずに教育を受ける権利

教育を受ける権利が「学校に通う権利」を保護しているとしても、子どもたちの中には、学校教育を受けたくても学校に通うことができない者がいる。たとえば、病気で療養中の子どもや、様々な原因で不登校状態になっている子どもである。

「学校教育は学校空間で行われる」という前提がある限り、学校に通えない子どもが学校教育を受けられないことは、やむをえない結果とみなされがちである。しかし、コロナ禍に伴う一斉休校により、ほとんどの子どもが学校に通えないという事態を経験した今、「学校に通えない以上、学校教育を受けられなくても仕方がない」という見方がいかに不合理であるかは、もはや明白であろう。学校教育の空間を学校に限定することは、学校に通えない子どもたちの「教育を受ける権利」に抵触する。もちろん、学校に通えない原因が学校側の問題（クラスメートによるいじめや教師による体罰等）である場合は、当該問題を解決することが最も重要であるが、その場合においても、問題が解決されるまでの過渡的な対応として、学校に通わずに学校教育を受けられる環境の確保が必要である。

では、学校に通えない子どもたちに対して、どのように学校教育を提供するか。その有効な手段となるのが、オンライン教育である。オンライン教育は、学校教育の空間的制約を取り払い、教育の空間を子ども自身が選択することを可能にする。入院中の子どもは病室等、不登校の子どもは自宅等で学校教育を受けられるようになる。

政府も、以前からこうした問題意識は有しており、たとえば、義務教育段

階において不登校の児童生徒が「一定の要件を満たした上で、自宅において教育委員会、学校、学校外の公的機関又は民間事業者が提供するICT等を活用した学習活動を行った場合、校長は、指導要録上出席扱いとすること及びその成果を評価に反映することができる」という方針を示してきた。[26]もっとも、コロナ禍が生じるまで、当該方針の認知度は低く、とりわけ教育委員会や学校が自ら不登校の児童生徒に向けたオンライン教育を提供するという事例は、ほとんどみられなかった。

しかしながら、GIGAスクール構想が大幅に前倒しされたことにより、施設・設備や技術等の面において、オンライン教育の支障はほとんどなくなりつつある。今後は、学校教育を受けたくても学校に通えない子どもたちに対して、充実したオンライン教育を提供することが、教育を受ける権利の観点から強く要請されるだろう（いわば「学校に通わずに教育を受ける権利」の保障）。具体的には、学校で行った授業を録画してオンラインで配信したり、ウェブ会議システムで教室と病室や自宅をつないだり、民間事業者のオンライン教育を公費で無償提供することなどが考えられる。

実際、コロナ禍を契機として、こうした取り組みは徐々に広がりつつある。たとえば、2020年6月に大分県教育委員会は、株式会社「すららネット」が提供する対話型デジタル教材「すらら」を、不登校の児童生徒を支援するための自宅学習ICT教材として採択したという。[27]

おわりに

本章では、コロナ禍に揺れる学校教育の姿を概観し、そこに含まれる「教育を受ける権利」に関する諸問題を整理したうえで、教育の空間をめぐる問題について考察した。

本章で扱った問題の多くは、コロナ禍によって初めて「発生」したものではない。それらは、以前から学校教育に潜在していたのであり、ただコロナ禍を契機として「発見」されたにすぎない。したがって、将来的にコロナ禍が終息したとしても、それらの問題は解消されず、解決を要する課題として残り続ける。とすれば、今後の憲法学に求められることは、コロナ禍という緊急時にこそ気づくことのできる問題を、コロナ禍が終息した後も、平時の問題として議論し続けることだろう。本章はその序論にすぎない。

〔堀口悟郎〕

★

1. 第201回国会衆議院予算委員会会議録第18号（2020年2月28日）15〜16頁参照。

2. 文部科学事務次官「新型コロナウイルス感染症対策のための小学校、中学校、高等学校及び特別支援学校等における一斉臨時休業について（通知）」（2020年2月28日）。

3. 文部科学省の調査によれば、2020年3月16日時点において、全国の小学校・中学校・義務教育学校・高等学校・中等教育学校・特別支援学校のうち、国立は100%、公立は98.9%、私立は97.8%が臨時休業を実施した。この調査結果も含めて、本章で参照する文部科学省の報告・通知等は、同省のウェブサイト（https://www.mext.go.jp/）に掲載されている。なお、本章に掲げた各URLの最終閲覧日は、いずれも2020年11月30日である。

4. オンライン教育の実施状況は地域による差が大きく、たとえば熊本県熊本市は早期にオンライン教育実施率100%を達成し、「熊本市の奇跡」といわれた。佐藤明彦『教育委員会が本気出したらスゴかった。』（時事通信社・2020年）参照。

5. 「『家庭に丸投げ無責任』休校延長、学校の工夫と親の苦悩」朝日新聞デジタル2020年5月13日（https://digital.asahi.com/articles/ASN5D73Q2N5DUTIL024.html?iref=pc_ss_date）など参照。

6. 「教育の個別（最適）化」と教育を受ける権利の関係については、堀口悟郎「AIと教育制度」山本龍彦編『AIと憲法』（日本経済新聞出版社・2018年）262〜267頁参照。

7. この対応を可能にするための制度的措置として、2020年8月13日に令和2年文部科学省告示104号・105号が公示された。

8. 髙橋哲「新型コロナウイルス臨時休業措置の教育法的検討（一）」季刊教育法205号（2020年）11頁など。

9. 世取山洋介「新型コロナウイルス感染症の拡大と子どもの権利」法と民主主義

549号（2020年）36頁など。

10. 前馬優策「コロナショックで広がる教育格差」東洋館出版社編『ポスト・コロナショックの学校で教師が考えておきたいこと』（東洋館出版社・2020年）20頁以下など。ただし、この事態は、コロナ禍によって教育格差が生じたというよりも、以前から存在していた教育格差が顕在化したものとみるべきだろう。松岡亮二『教育格差』（ちくま新書・2019年）、末冨芳「教育格差と子どもの貧困をどうする？」季刊教育法206号（2020年）46頁以下など参照。

11. 世取山・前掲注9）36〜37頁など。

12. 髙橋哲「新型コロナウイルス臨時休業措置の教育法的検討（二）」季刊教育法206号（2020年）15頁。同様の主張として、中川律「学校再開後の子どもたちへの教育は、どのようなものであるべきなのか？」時の法令2109号（2020年）56頁以下も参照。

13. 髙橋・前掲注12）19頁。

14. この点を早期に指摘したものとして、内田良「学校は安全か？」東洋館出版社編・前掲注10）14頁以下参照。

15. 「不登校の子どもたちが授業参加 オンライン授業がきっかけに」NHK NEWS WEB 2020年6月12日（https://www3.nhk.or.jp/news/special/education/articles/article_20.html）など参照。

16. 喜多明人『学校環境と子どもの発見』（エイデル研究所・1983年）35〜36頁参照。

17. 苅谷剛彦「教室空間・学校空間と教育過程」天野郁夫ほか『教育社会学〔改訂版〕』（放送大学教育振興会・1998年）107頁。

18. 寺崎弘昭「近代学校の歴史的特異性と＜教育＞」堀尾輝久ほか編『学校とはなにか』（柏書房・1995年）107〜111頁参照。

19. 柳治男『＜学級＞の歴史学』（講談社・2005年）142〜152頁参照。

20. 建築学および教育学における教育空間論の系譜について、詳しくは、牧野智和

「現代学校建築における主体化のモード」
ソシオロゴス43号（2019年）105頁以下
参照。

21. ミシェル・フーコー（田村俶訳）『監
獄の誕生〔新装版〕』（新潮社・2020年）
226〜262頁参照。

22. 山名淳『都市とアーキテクチャの教育
思想』（勁草書房・2015年）173頁。

23. 上野淳『未来の学校建築』（岩波書店・
1999年）199〜200頁参照。

24. 堀口悟郎「コロナ禍と学校教育」法学
セミナー790号（2020年）66〜67頁参照。

25. この点に関する判例の見解は必ずしも
明らかでないが、旭川学力テスト事件（最
大判昭和51年5月21日刑集30巻5号615
頁）において最高裁が「子どもの教育が
教師と子どもとの間の直接の人格的接触
を通じ、その個性に応じて行われなけれ
ばならないという本質的要請」を認めて
いることは、日本型学校教育に親和的で
あるように思える。もっとも、ICT技術
を効果的に活用すれば、オンライン教育
でも「直接の人格的接触」は可能かもし
れない。

26. 文部科学省初等中等教育局長「不登校
児童生徒への支援の在り方について（通
知）」（2019年10月25日）。この方針は、
当該通知によって廃止された文部科学省
初等中等教育局長「不登校児童生徒が自
宅においてIT等を活用した学習活動を
行った場合の指導要録上の出欠の取扱い
等について（通知）」（2005年7月6日）
においてすでに示されていたが、認知度
が低かったこともあり、2019年の上記通
知に改めて明記されることとなった。

27. 「無学年式 AI×アダプティブラーニ
ング『すらら』大分県が行う不登校児童
生徒支援のICT教材に採択」すららネッ
ト2020年6月23日（http://surala.jp/
image/press/200623.pdf）。

第3部
コロナ禍の
人権問題

学生は大学に何を求め、大学は学生に何を求めるか
（AFRC_AF／イメージマート）

❻ 大学の運営・教育に関する諸問題
——大学における自治や学びは保障されているか

はじめに

　新型コロナウイルスは、大学における運営や教育にも大きな影響を与えている。緊急事態宣言が出される以前の３月には、多くの大学で卒業式などのイベントが中止・縮小開催となった。４月に入ってからも入学式などが同様の対応を迫られ、緊急事態宣言後は、大学への入構制限をはじめ、講義開始の延期、あるいはリモート講義の導入などが余儀なくされた。また、学会や研究会が中止・延期となるなどしている。

　宣言解除後も施設利用等を制限して

いる大学は多く、従来とは異なる対応が続いている。コロナ禍は、大学の自治や学問の自由との関係でどのような問題を生じさせているか。本章では、特に大学の運営・教育に関して生じる憲法上の諸問題を析出することを試みたい。

1 コロナ禍における大学の自治

（1）非強制的介入

　緊急事態宣言、知事による感染防止のための施設利用停止に係る要請、あるいは文部科学省による通知や各種情報等を受けて、各大学は対応を続けている。緊急事態宣言等は基本的には要

請にとどまるもので、法的な強制力を伴わないものと考えられる。ただ、そのことから施設・学生管理権を含む大学の自治が十全になされていると判断するのは早急であろう。

施設・学生管理権が問題とされた代表的なケースとして東大ポポロ事件が存在するが、警察権との関係で大学の自治はどこまで保障されるかが争点となっている。[★2]これまで議論されてきた学外からの直接的な権力的介入という視角からみれば、要請にとどまる行政の動きは大学の自治を阻害するものとまではいえないかもしれない。

もっとも、近年の高等教育政策をみるに、直接的な介入だけではなく、学外の評価あるいは非強制的・誘導的な手法によっても大学の自治は影響を受ける可能性がある。国立大学法人評価委員会による大学評価[★3]や認証評価機関による評価など、直接的な強制力を伴わず各大学の運営や判断に影響を及ぼしうる政策が進められており、[★4]大学は学外の評価を意識せざるをえない状況にある。

さらに、学外の評価と関連して、大学は強い競争にもさらされている。研究教育にとどまらず、学生募集にも影響は及ぶ。[★5]たとえば、学部学科の名称が大きく変貌しつつある動向を「学生

募集のため、さらに大学の『見栄え』をよくするための、いわゆる『ブランド戦略』の一つとして広がってきた動向」[★6]とする指摘は、学外の評価を意識した競争に大学が巻き込まれていることを示唆する。

もちろん、学外の評価や学生・保護者のニーズへの応答も重要である。しかし、過度な競争にさらされることにより自治的判断に萎縮効果を引き起こす可能性があることも否定できない。さらに、学外からの評価を意識しすぎることは、場合によっては新型コロナウイルスへの対応が学外へのエクスキューズになってしまうことにもなりかねない。その場合、形だけの対策に陥る可能性もあり、かえって学生・教職員に負の影響をもたらしかねない。

たしかに、この間の対応は学生や教職員の安全に配慮した自治的判断であった可能性は十分に考えられる。ただ、2020年の年末にかけて感染が拡がりつつある状況で、文科省は対面での講義を求めており、各大学は対面での講義がどこまで可能か見極めなければならない。とるべき対応が見えづらかったという事情はあるものの、2020年度前期に広範な入構制限等をした一方で、その時よりも感染が拡がる中で無批判に対面推奨に従うのであ

れば、それは果たして自治的な判断といえるかどうか疑問が残る[★7]。

コロナ禍は、大学の自治に対する学外からの影響や非強制的介入という問題を改めて浮き彫りにしている。

(2) トップダウン型の意思決定の促進？

他方、大学内部における意思決定はどうか。大学の自治の中心として、教授や研究者等で構成される教員団の自律、教授会の自治が想定される[★8]。もっとも、国立大学法人法や学校教育法の改正によって、大学における意思決定は教授会自治からトップダウン型へとシフトしつつあり、学長との関係での教授会の位置づけも変容を被っている[★9]。

コロナ禍との関係では、トップダウン型の意思形成が促進されていないか注意が必要である。教員団が「学問上のディシプリンを基礎にして、隣接ディシプリンの専攻者という資格で結合する組織体」[★10]であるなら、研究や教育に関わる決定について可能な限り専門の意向を汲み取れるようボトムアップのプロセスがとられるべきである[★11]。そして、事態の緊急性のため、トップダウンでの決定がなされたとしても、例外的なものとして扱い、研究教育に関するトップダウン型の意思決定の促進を回避することが重要である。

(3) 自治と自由の対立

コロナ禍は、学外と大学あるいは学長と教授会とは異なる、新たな対立構図を浮き彫りにしている。それは、大学の自治と教員の研究教育の自由の対立である。これまで、大学の自治と教員の自由は親和的に理解されてきた。また、教員同士に対立があるにしても、自治的な決定が担保されることが重視されていたように思われる。

しかし、コロナ禍が浮き彫りにするのは、教員団内部の緊張関係である。たとえば、対面での講義や試験を求める教員とそれを希望しない教員が対立することが想定される。通常に近い講義形態を求めるのは自然なことである一方、講義への取り組みやすさや健康への配慮等から非対面を希望することにも十分な理由が認められる。そのため、優劣をつけがたい。

教員団内部で意見が割れ、どちらかの希望する決定がなされた場合、一方は希望しない講義形態をとらざるをえなくなる。その結果、個々の教員の研究教育の自由が制約される可能性が生じる。そのため、突き詰めて考えると、教員団内部の対立は、大学の自治（教授会自治）と個々の教員の自由の対立として把握できる。このような対立をいかに調整すべきか。

大学の自治も教員の研究教育の自由も憲法上保障されるものであり、また大学の自治により教員の自由がより保障されることを踏まえると、相互排他的に関係づけるのではなく、どちらもが可能な限り最大限保障される枠組を追求することが求められる。具体的には、大学の自治による教員の自由への制約を最小限にする枠組みが考えられる。

このことを念頭に、対面での講義や試験を求める教員とそれを希望しない教員における対立について考察してみたい。まず、施設管理の問題も含むため、学部教授会を越えて大学が決定の主体となることが想定される。ただし、研究教育に関わることから教授会における合意形成を経るなどのボトムアップで進めることが求められる。そして、大学の自治的決定とは異なる研究教育を求める教員との関係では、統一的な方針からの例外（異なる講義形態等）を可能な限り残すよう、教員の研究教育の自由の制約が最小限になるよう調整を進めることが考えられる。

(4) リモート教授会

関連して、感染防止の観点からリモートで教授会を開催している大学も少なくないと推察できる。教員団の同僚性やコミュニケーションを重視する

なら、教授会の意義は合意形成と議論の機会の確保であろう。そのため、感染を避けつつ教授会の構成メンバーが参加できるリモート教授会は肯定的に評価できる。

同時に、コロナ禍が終息したのちも、リモートでの教授会を続けるべきかどうかは慎重な検討が必要である。まず、オンライン上で会議が可能なアプリケーションにおいて、円滑なコミュニケーションや実質的な議論が可能かどうか検証が不十分ということが理由として挙げられる。また、出席や投票の確認は、対面の方が確実性が高いものと思われる。さらに、慣習的に積み上げられてきた教授会内部での議論の作法や合意形成のプロセスが存在すると考えられ、リモートでの教授会を続ける積極的な理由が存在するか慎重に見極める必要もある。そのため、リモートでの教授会は、現段階では例外的なものにとどめるのがよいように思われる。

2 リモート講義をめぐる諸問題

(1) 教授の自由に対する制約

コロナ禍において、教授会だけではなく、一部の講義もリモートで行われている。2020年8月から9月にかけて行われた文科省の調査「大学等にお

ける後期授業の実施方針等の調査について」によると、2020年度後期に、全面対面を予定している大学が19.3％、オンラインと対面の併用を予定している大学が80.1％、その他が0.6％となっている[★12]。2020年度前期、およそ6割の大学が対面とオンラインを併用していたことを踏まえると[★13]、2020年度は対面とオンラインの併用で講義を進めた大学が比較的多いといえる。また、このような状況はしばらく続くものと思われる。

オンライン講義についてはその教育効果も重要であるが[★14]、憲法論との関係では教授の自由がより重要である。これまで、教授の自由については、内容に対する制約[★15]、あるいは学校種による保障の程度[★16]が論じられてきた。しかし、コロナ禍における教授の自由の制約については、内容や保障の程度とは異なる観点から考察する必要がある。

コロナ禍におけるリモート講義の導入は、教授の自由という観点からみた場合、特定の方法が求められるものといえる。リモート講義の導入は、とりわけ新たな条件整備を伴うもので、大学ごとに選択されるアプリケーションやクラウド型サービスは各教員の講義の方法に影響を与える。

現在は「メディア革命」ともいわれる時期で、「20世紀の学校を成立させる条件であった黒板やノート、鉛筆に加えて、ICT（情報通信）技術の活用、すなわちデジタル教材、電子黒板、タブレット端末やインターネット情報などの技術が学校に導入されつつある」[★17]。もっとも、コロナ禍におけるリモート講義の導入は、このような学校教育におけるメディアの変化という文脈にとどまらない変化も指摘できる。すなわち、これまでのICT技術の活用が教室を前提としていたのに対し、新型コロナ禍におけるリモート講義の導入は教室からオンライン上へと教育の空間が変わる点にその特徴を見出すことができる。

もちろん、これまでの教育空間とは異なるオンライン上での教育にもメリットがある。たとえば、オンライン上で会議等が可能なアプリケーションや講義支援を目的としたクラウド型のサービスなどを積極的に活用することにより、これまでできなかった教育実践が可能となる。また、通学・通勤時間の削減や何らかの事情で大学に通うことが難しい学生が講義に参加しやすくなるなどの利点もあろう。

他方で、アプリケーションやクラウド型サービスの導入・使用は、教授方法に影響を及ぼす。これまで利用され

てきた「教室に黒板」という空間は、多様な教授方法に開かれていたといえる。そのため、内容を決定したうえで、教育方法を選択することが可能であった。しかし、オンライン上での教育は、プレゼンテーション資料に音声を加える形式かあるいは同時双方向型のアプリケーションで講義を進めるかなど、先に方法を決定する必要があり、まず教育方法それ自体が大きな影響を受ける。

そして、教育方法に対する影響は、間接的に内容にも影響を及ぼす。特定の教育方法を事前に選択することはその方法に合わせて情報を取捨選択することになり、その結果、講義内で扱う内容が限定される可能性がある。また、オンライン上で講義を行う場合、通信環境への配慮等から、講義内容を録画し、学生と共有することも考えられる。視聴可能な範囲を限定することは想定されるが、論争的な主題に対する見解や独自説の紹介などへの萎縮効果も否定できないであろう。

このようにアプリケーションやクラウド型サービスの構造・使用を通じて、教育方法が規定され、間接的に内容に影響が及ぶ可能性がある。ここに教授の自由に対する制約という問題領域を看取できるのではなかろうか。このような制約についての議論は、管見の限り、見当たらない。そのため、制約の有無、態様・程度、あるいはその正当化については今後の課題となるが、この問題は、表現の自由論におけるアーキテクチャ論とのアナロジーで語れる[★18]可能性があることをここでは指摘しておきたい。

(2) リモート講義がカバーできないもの

リモート講義については、学生の視点からも論じる必要がある。この間リモート講義への不満や不安などが報道されている[★19]が、まず、権利としての教育という観点から、学生の経済的負担が憲法論上の論点として確認できよう。この点は、3で改めて扱いたい。

そのほか、学生の不満や不安には、友人との交流をはじめとする学生生活が不十分であることも含まれている。そのため、リモート講義の質がどのように改善しても、また施設利用が可能になったとしても、学生間の交流が制限されているのであれば、本質的な問題解決にはならない可能性がある。

ここには、大学が、人的な交流を通じて人生を豊かにする空間であるという前提があるのではなかろうか。コロナ禍において浮かび上がるのは、大学という空間、そしてそこに集うことの重要性である[★20]。いわゆるパブリック

フォーラム論でいわれるような開かれた空間とまではいえないにしても、プライベートな空間を超えた自己と他者のコミュニケーションを可能にする公共的な空間としての大学の位置づけが意識される必要がある。

3 権利としての教育と大学生

(1) 自己責任・受益者負担と公的教育費支出の低さ

憲法や国際人権法などを根拠とする権利としての教育という考え方は、教育思想や教育運動にも登場する極めて抽象度の高い概念である。教育を権利として把握することから、国や地方公共団体による教育の機会均等の実現や就学・修学のための条件整備なども、その意味内容として含む。ここでは、権利としての教育という考え方に基づく就学・修学のための条件整備を念頭に、先に少し触れた学生の経済的負担について考えてみたい。

コロナ禍において、通信環境の整備など本来想定していなかった負担が学生あるいはその家庭に求められている。また、入構制限により施設等が利用できないことに対する疑問や不満も存在する。とりわけ後者との関係では、学費減額あるいは学費返還を求める動きが、複数の大学でみられる。[21]

もちろん、このような状況において、各大学や文科省による支援もなされている。文科省の「新型コロナウイルス感染症の影響を受けた学生への支援状況等に関する調査（令和2年10月16日）」[22]によると、各大学独自の給付や支援など何らかの対応をしている大学は9割を超える。また、文科省による学生支援として、アルバイト代の減収などにより学業継続が困難となっている学生に10万円を支給する緊急支援などを挙げることができる。[23]

これら支援を評価できる一方、同時に限界にも目を向けなければならない。日本の公教育においては自己責任や受益者負担といった考えが根強く、学費や大学生活にかかる費用を学生ないしは家族が負担しているからである。[24]この点、たとえば、給付型の奨学金が不十分であり、学生の2人に1人が奨学金を借りていることはよく知られている。先の文科省による緊急支援も、重要な施策ではあるものの、アルバイト収入の減少などが要件とされ、支援の対象が限定されている。ここにも自己責任や受益者負担の考え方が垣間見える。

さらに、日本における公的教育費支出の低さにも触れなければならない。教育費は家族や個人が支出するという

意識が強いことに加え、諸外国と比較しても日本は公的教育費の支出が低い。[★25] また、日本の大学の学費は世界的にみても非常に高いことも指摘されている。[★26] このような状況下、2019年に「大学等における修学の支援に関する法律」が制定されているが、世帯収入によって対象が限定されているなど問題点もある。

権利としての教育からみた場合、学生は大学での学びを通じて人格の自由な発展を求め、そのための経済的な負担は国や地方公共団体が担うということが基本線となる。新型コロナ禍において進められている支援はもちろん、広く、学生への経済的支援に係る制度設計について、自己責任論・受益者負担論あるいは公的支援教育費支出の低さを回避したうえで、議論がなされるべきであろう。

(2) 大学における学生像

この間、学費減額あるいは学費返還の要望をはじめ、学生の中に様々な要望・意向があることが浮き彫りになっている。このような動きは、大学の自治と学生の関係を改めて考えるきっかけとなる。最後に、学生の声を大学の意思決定にどのように位置づけるかという論点も挙げておきたい。[★27]

この論点を検討する前提として、いかなる学生像を措定するかが重要である。憲法でその自由が保障される学問は「真理探究を目指して行われる知的営為」[★28] といわれる。また、学問上の成果の継承という観点から、大学の目的を「目先の利益に囚われず、深く広い人類的視点から自然、社会、人間存在を対象に真理を探究し、その成果を次世代に継承していくこと」[★29] との考えも存在する。このような真理探究や学問の成果の継承といった目的を一定程度共有する学生像を前提にできるかどうかが一つの議論の分かれ目となる。もし、「注文の多い消費者」[★30] という学生像が措定されるのであれば、大学の自治への関与の仕方も、その像に規定されたものにとどまることになろう。問題は、学生は大学に何を求め、大学は学生に何を求めるかである。[★31] コロナ禍は、このことも問題として浮き彫りにしている。

おわりに

コロナ禍は、大学の自治や学問の自由の観点からみると、大学の自治に対する非強制的介入、トップダウン型の意思決定の促進、自治と自由の対立、あるいは教授の自由への制約などの問題を生じさせている。また、権利としての教育からみると、自己責任や受益

者負担を背景とした重い経済的負担といった問題を改めて浮き彫りにしている。ほかにも、ここでは十分に触れられなかった問題も存在する。

　コロナ禍における大学の運営・教育に関する諸問題は、新たな論点を浮上させている。もっとも、以前から存在した問題が顕在化したものも多く、可能な限りこれまでの議論の延長線上に位置づけて検討することが重要である。その際、これまでのどの議論に位置づけて論ずるか慎重に見極めることが必要となる。

〔安原陽平〕

［追記］ 再校校正中の1月7日に緊急事態宣言が再発出された。

★
1.　リモート講義、オンライン講義、同時双方向型、オンデマンド講義、あるいはハイブリッドなど様々な言葉が存在するが、現段階では厳密な定義は困難である。そのため、本章では、一部・全部を問わず、非対面でインターネット上で行われている講義を広くリモート講義とよぶ。
2.　最大判昭和38年5月22日刑集17巻4号370頁［東大ポポロ事件］。
3.　「評価機関の委員が自己の見解に固執する場合、評価の実質が文部科学省事務当局にゆだねられる場合のいずれを想定し

ても、大学の今後の方向を左右するものとして、この評価活動こそ評価の対象とすべきである」（塩野宏『行政法概念の諸相』（有斐閣・2011年）438頁）として、評価の問題が指摘されている。また、「2010年度には運営費交付金の一部について第1期中期目標期間の評価結果に基づき増減するという競争的配分が行われたことにも注意しなければならない」（荒牧重人＝小川正人＝窪田眞二＝西原博史編『新基本法コンメンタール　教育関係法』（日本評論社・2015年）168頁〔石川多加子執筆〕）という指摘も挙げておきたい。
4.　細井克彦編集代表／石井拓児＝光本滋『新自由主義大学改革—国際機関と各国の動向』（東信堂・2014年）参照。
5.　山口裕之『「大学改革」という病—学問の自由・財政基盤・競争主義から検証する』（明石書店・2017年）242頁以下参照。憲法論上、大学の置かれた現状に対する同旨の理解として「近時の改革動向を見ると、次のような疑問が浮かぶ——大学執行部への権限集中が進み、競争原理が導入され、（学生という）顧客集めに奔走せざるを得ない大学で、固有法則性に基づいた自由な学問プロセスを脅かしているのは、国家のみてはなく、経済やメディア（≒社会の声）という他の社会システムてはないか」（栗島智明「大学の自治の制度的保障に関する一考察—ドイツにおける学問の自由の制度的理解の誕生と変容」法学政治学論究106号（2015年）103頁）という指摘が存在する。
6.　寺﨑昌男『日本近代大学史』（東京大学出版会・2020年）486頁。
7.　ここで問題にしているのは、リモート講義にすべきか対面講義にすべきかではなく、各大学の状況に応じた自律的判断がなされているかどうかである。
8.　芹沢斉＝市川正人＝阪口正二郎編『新基本法コンメンタール　憲法』（日本評論社・2011年）209頁以下〔松田浩執筆〕

参照。

9. 　たとえば、国立大学については成嶋隆「新自由主義と国立大学法人法」228頁以下、私立大学については蔵原清人「新自由主義と私立大学」282頁以下参照、両論文とも細井編集代表・前掲注4）に所収。

10. 　松田浩「『大学の自律』と『教授会の自治』―autonomyとself-governmentの間」憲法理論研究会編『憲法と自治〈憲法理論叢書11〉』（敬文堂・2003年）118頁参照。

11. 　各大学の各学部の構成は様々である。「大学構成員の円滑なコミュニケーションや同僚制の文化も確保できる大学運営のあり方が求められる」（常本照樹「大学の自治と学問の自由の現代的課題」公法研究68号（2006年）6～7頁）との指摘は、教授会が異なるディシプリンを有する研究者の集団である場合にも妥当しよう。

12. 　https://www.mext.go.jp/b_menu/activity/detail/2020/20200915_01.html（以下、ウェブサイトの最終閲覧日はすべて2021年1月22日）。

13. 　文科省HP「新型コロナウイルス感染症の状況を踏まえた大学等の授業の実施状況（令和2年7月1日時点）」（https://www.mext.go.jp/content/20200717-mxt_kouhou01-000004520_2.pdf）。

14. 　たとえば、立正大学HP「オンライン授業に一定の教育効果～対面授業時のスコアと比較分析　『オンデマンド配信型』は大幅にスコア上昇」（https://www.ris.ac.jp/pressrelease/2020/press_001.html）、「オンライン講義、課題と手応え」朝日新聞2020年8月24日朝刊19面参照。

15. 　教授の自由に対する制約について、たとえば渡辺康行＝宍戸常寿＝松本和彦＝工藤達朗『憲法Ⅰ　基本権』（日本評論社・2016年）207頁以下参照。

16. 　最大判昭和51年5月21日刑集30巻5号615頁［旭川学テ事件］、安西文雄＝巻美矢紀＝宍戸常寿『憲法学読本〔第3版〕』（有斐閣・2018年）177頁など参照。

17. 　木村元『学校の戦後史』（岩波新書・

18. 　たとえば、成原慧「アーキテクチャの設計と自由の再構築」松尾陽編『アーキテクチャと法―法学のアーキテクチュアルな転回？』（弘文堂・2017年）33頁以下など参照。

19. 　「オンライン授業　慣る学生」朝日新聞2020年8月5日朝刊3面。

20. 　学校種や得られる利益は異なるが、学校という空間に集うことに価値を見出す論稿として、堀口悟郎「コロナ禍と学校教育」法学セミナー790号（2020年）66～67頁参照。

21. 　「新型コロナ　学生2割『退学考える』バイト激減、『学費減免訴え』」毎日新聞2020年5月2日朝刊22面。

22. 　https://www.mext.go.jp/content/20201016-mxt_kouhou10-000004520_1.pdf.

23. 　文科省HP「新型コロナウイルス感染症の影響で学費等支援が必要になった学生のみなさんへ」（https://www.mext.go.jp/a_menu/koutou/hutankeigen/142041_00003.htm）。

24. 　中澤渉『なぜ日本の公教育費は少ないのか―教育の公的役割を問いなおす』（勁草書房・2014年）280頁以下参照。

25. 　同前9頁以下参照。

26. 　山野良一『子どもに貧困を押しつける国・日本』（光文社新書・2014年）118頁以下参照。

27. 　この点につき基本的な方向性を示すものとして、「学生が大学における学問研究および学習の主体であり、大学の不可欠の構成員であるという点については、ほぼ異論のないところである。問題は、大学の自治における学生の役割をどう捉えるかである。学生参加の意味を、大学管理機関の意思決定過程への何らかの形での学生の意見の反映というように広く捉えた場合には、学生参加を否定すべき理由はない」という指摘は重要である。なお、「大学の管理運営にどの程度の学生参加を認めるかについては、教授会自治と矛盾

しない範囲で各大学が自主的に決定すべきである」とも述べられている（野中俊彦＝中村睦男＝高橋和之＝高見勝利『憲法Ⅰ〔第5版〕』（有斐閣・2014年）351頁）。

28.　木下智史＝只野雅人編『新・コンメンタール　憲法〔第2版〕』（日本評論社・2019年）296頁。

29.　大浜啓吉「学問の自由と大学の自治」大浜啓吉編『公共政策と法』（早稲田大学出版部・2005年）28頁。

30.　塩野・前掲注3）434頁。

31.　学生像だけではなく、大学像も問題となろう。この点、たとえば、吉見俊哉『大学という理念　絶望のその先へ』（東京大学出版会・2020年）参照。

第3部
コロナ禍の
人権問題

ドイツのコロナ接触確認アプリ
Corona-Warn-App
（picture alliance/アフロ）

❼ 感染拡大防止とプライバシー保護
——情報通信技術を利用した感染拡大防止をどう制御するか

はじめに

　今回の新型コロナの対策においては、情報通信技術の活用が大きな役割を果たしている。日本でも、接触確認アプリ「COCOA」が開発・リリースされたことがよく知られている。感染拡大の防止、封じ込めに成功したとされる中国や韓国、台湾などでは、より包括的、大規模な情報通信技術の活用が行われた。大量の情報を迅速に処理することが、大規模化した新規感染症のさらなる拡大防止にとって大きな意義をもつことは確かである一方で、新型の感染症への感染という、高度にセンシティブな情報[★1]を大量に収集、活用するのは、プライバシー保護との緊張関係をはらむ。

　権威主義的体制のもと、新型コロナ問題の発生以前から情報通信技術を用いた監視体制が構築されてきたとされる中国[★2]などはともかく、立憲主義諸国においては、感染拡大の防止と、プライバシー保護のバランス（比例性）をいかに確保するかは大きな問題となる。本章では、まず、国家措置の比例性要求一般をめぐる問題と、プライバシー保護、新型感染症対策に特殊な問題を確認しておきたい（下記1）。

　なお、コロナ禍における情報通信技

術の活用のありようは、立憲主義諸国の間でも差異がみられる。国民の間に個人情報の収集に対する強い拒否感があるとされ、EU一般データ保護規則（GDPR）に象徴される堅固な個人データ保護体制を有するEU諸国と並んで、「邪教としてのデータ保護教」が信奉されているなどと一部で揶揄されるほどに個人データ収集への警戒感の強い日本[★4]においては、情報通信技術の活用がそれほど進まなかった[★5]のに対して、近隣諸国・地域における情報通信技術の積極活用は対照的だとされる[★6]。果たして、その実態はどうであったのか、日本と韓国、台湾といったところとの差は、どこにあったのか。まずは日本の対応（下記2）、ついで、韓国、台湾の対応[★7]（下記3）について概観し、最後に簡単なまとめを行いたい（**おわりに**）。

1 問題の難しさ

(1) 一般的な難しさ

効果的な感染拡大防止とプライバシーその他の権利保障の関係を考える場合、制約される権利利益と感染拡大の効果の比例性を確保することが重要であると一般には説かれることとなる。「比例性」という言葉を用いるとドイツ色が強く出るきらいがあるが、比例原則が国際的に広く受容されているも

のであるほか、アメリカ型の違憲審査基準論も、裁判所における衡量に一定の枠組を付与しようとするものであり[★8]、広い意味では、比例性に関わるものと解される。比例性、つまり国家の措置の目的、あるいはそれによって得られる利益と、当該措置によって制約される利益がバランスのとれたものであることを確保すべきというのは普遍的な指摘であるといえるともに、それゆえに、いわば当然の指摘であって、それ自体で具体的な帰結をもつものではない。もう少し詳しくいえば、国家の措置に比例性を要求する比例原則自体の融通無碍な大枠としての性格は、法学とは異なる分野の専門知を取り込む余地をも与えてくれるものであるが[★9]、悪くいえば、個別・具体的判断に依存することになり[★10]、それに伴う判断の予測がつかなくなってしまうことの裏返しでもある[★11]。

(2) 感染拡大防止とプライバシー保護の比例性にまつわる固有の難しさ

さらに、本章で扱う問題は、比例原則の上記のような一般的問題に加えて、そこで比較・衡量される権利・利益の性質上、よりいっそう具体的な判断の不透明性が増す。まず、被侵害利益となるプライバシーの権利というものは、

その内容が必ずしも明確ではない。日本におけるプライバシー権理解の＜現在地＞は、自己情報コントロール権としてのプライバシー権理解であるとされるものの、その保護の対象となる自己情報の内容や、保護の程度については見解が区々であるうえに、手続的・構造的性格が強いほか、実害からは一定の距離のある予防的な性格をもつことも認められており[★12]、これをどこまで主観的権利[★13]——つまり、個人が国などに一定の措置などを要求できる権利——として理解することができるかについては近時鋭い批判も登場している[★14]。さらに、そもそも自己情報コントロール権の保護対象が、プライバシーの「本丸」、私生活に関する情報の処理に限定されず、事項横断的に、自己に関する情報の処理権限を扱うものであるとともに、権利としての具体性も多様なものを含んでいるという指摘にも基本的に肯かされる[★15]。このような議論を踏まえると、結局、プライバシー権なり、自己情報コントロール権の射程には幅広い事項が含まれ、その外延もはっきりとせず、個別具体的な情報把握において、人格的自律——つまり、個人が独立した人間として自分の人生のあり方を決められること——の実現との関連性の程度などの面で、どういった性

質をもつ情報がどの程度関係しているのかを見極めざるをえない。

　次に、もう一方の利益である、新規感染症の感染拡大防止は、抽象化すれば、一般公衆の生命・身体の保護ということになり、枢要な権利に関わるものであることは間違いない。しかしながら、具体的措置がどのように感染拡大防止にとって機能するのかは定かではない。公衆衛生学、医学自体が優れて経験的な知の蓄積に支えられる学問であり、ことに新型の感染症となると、ある程度予備的、予防的に、広範な情報収集を行う必要性は認めざるをえない。さらに、情報収集が高度な科学技術を利用して行われるとなれば、その構造がある程度はブラックボックス化することも避けられない[★16]。

　このように、いずれも不明確さをもち、予防的措置を要求する対立利益を衡量しなくてはならず、しかも、迅速な対応が求められる中で、具体的な場面で情報通信技術の効果を適切に理解し、曖昧かつ広範な射程を有するプライバシー権のどの部分に関わるものであるのかを、正確に、かつ、透明性のある形で洗い出すことが、国家機関やそれをサポートする専門家集団に本当に可能なのかは相当に疑問である。そうなると、個別の措置には、できる範

囲での決定過程の透明性確保と説明責任が求められ、同時に、定期的、事後的な、検証が行われる必要があるといえよう。そして、この継続的な立案、決定、検証プロセスにおいては、執行府のみならず、議会も、プライバシー権という主観的権利の制約という構成にせよ、情報社会に対応した制度構築義務として構成するにせよ、民主的正統性を背景とした決定責任を負うとともに、健全な公論を喚起するための重要な役割を担う。新規感染症の感染拡大にあたっては、議会における公開の議論空間の保持自体も危機にさらされるのであるから、ことは容易ではないが、議会における審議、決定をできるだけ確保することも重要となってくる。[18]なお、このように構想されるのは、議会に能力が備わっているからではなく、むしろ議会も含めて誰もがよくわからないので、公論も巻き込みながら、常に見直しと修正をしていかなければならないからである。もっとも、「誰もがよくわからない」といえる状況はある意味でまだ幸せだろう。AIによるビッグデータ解析等が進み、（そこに至るプロセスはよくわからないにしても、）感染症対策の「正解」が提示される場合、個人がそれに反する行動をとる余地がどこまであるのかは相当に怪しい。

その意味では、プライバシー権をやはり個人の尊重に関わる主観的権利として構成し、切り札とする余地を残す必要性があるのかもしれない。[19]

2 日本の対応の概要と特徴

わが国における情報通信技術の活用は、近隣諸国とは対照的に限定的なものであったうえ、政府の情報取扱いへの意識も決して高くなかったとされる。すなわち、まず、感染者等の情報の収集・分析についても、基本的にはFAX、電話、電子メールを利用し[20]、手作業が中心となり、情報共有・把握の迅速化のために開発された新システムの普及は進まなかった。そのほか、政府と通信事業者、交通事業者との協力のもと、人の移動や市民の健康状態についての統計化の実施と公表が行われたが、要保護性の高いデータを扱う際にもその取扱基準を政府が積極的に示すことはなく、むしろ情報提供者である民間事業者がプライバシーに配慮して、政府との協定に一定の提供制限の可能性が規定されるに至ったという。[21]

日本における情報通信技術の活用で最も注目されたのは、冒頭でも触れた接触確認アプリ（COCOA）の開発・運用であろう。感染者との接触を

追跡するスマートフォン等のアプリは、2020年3月のシンガポールでの実用化を皮切りに、各国で開発・運用が進められた。わが国でも民間でアプリ開発が進められるとともに、個人情報保護委員会による「考え方」の表明が行われるなどしたが、4月にスマートフォンのOSシェアの大部分を占めるAppleとGoogleが、両社の提供するOS上で各国の公衆衛生当局の開発したアプリが機能するような曝露通知APIを共同開発すると発表し、日本でも厚生労働省をアプリの開発・運用当局として、Apple・Google型のAPIを利用したアプリ開発を行うこととなった。こうして開発されたCOCOAについては、新型コロナウイルス感染症対策テックチームが「接触確認アプリ及び関連システム仕様書」を公表したうえ、「接触確認アプリに関する有識者検討会議」による、プライバシー保護や透明性の観点からの評価が行われた。アプリのダウンロードや使用、感染報告の任意性、アプリ間でやり取りされる識別子から個人や端末を特定することを困難にする仕組みの導入、中央サーバで接触者のデータを保存するのではなく各端末内に保存され（非集中型）、14日間の保存期間の後は削除されることなど、プライバシーに配慮し

たものとなっており、有識者検討会議の評価書も基本的に問題はないとしていた。[★22]

もっとも、このようにプライバシーに配慮した仕様は、国民の理解に基づくダウンロードと適切な使用、とりわけ、感染の報告が行われなければ十分な効果を発揮できないという問題を抱えるものである。[★23] さらに、ここでも、公衆衛生当局としての厚生労働省が主導してプライバシーに配慮したアプリ開発を行ったというよりは、国の責任の明確化なども含めて、Apple・Googleが構築したアーキテクチャに誘導された面が大きいと指摘されている。[★24] 以上のような日本の対応をみると、日本政府の受け身の姿勢が強く滲むが、[★25] 加えて気にかかるのは、すでに指摘されているように、国会の存在感の薄さである。[★26]

3 情報通信技術積極活用国の概要と特徴

韓国においては、携帯端末の位置情報、医療・処方記録、出入国記録、交通カードにおける移動履歴、クレジットカードやデビットカードなどの利用履歴、監視カメラ映像といったものの収集が、感染者の接触追跡のために実施されたほか、アプリを利用した隔離

措置遵守の監視が行われた。[★27] また、台湾でも、移動追跡アプリは導入されなかったものの、感染者、擬似感染者の詳細な行動追跡が行われ、聞き取り調査等によっては不明であった点を補充するために監視カメラ映像が活用されたとされるほか、携帯電話を利用した隔離措置遵守監視システムや、デジタル化された健康保険カードを利用したマスクの販売システムの導入など、情報通信技術の活用による、新型コロナウイルス対策が実施された。[★28]

　両者の上記のような措置は、プライバシーあるいは個人情報保護との関係で緊張関係をはらむが、韓国や台湾の個人情報保護法制が未整備であったためにこのような措置が可能だったのではない。韓国、台湾双方の憲法裁判所は、プライバシー、あるいは個人データについての権利を、自己情報コントロール権あるいは情報自己決定権と整理し、憲法上の権利として承認している。[★29] そして、韓国においては、データの収集、保存、利活用について、原則的にデータ主体の同意が要求される個人情報保護法[★30]が、台湾においても、収集、処理が可能な場合を限定する個人データ保護法[★31]が存在する。それでは、どうして上記のような情報収集、利活用[★32]が可能であったかといえば、2003

年のSARS禍、2015年のMERS禍を契機に法律の整備が進められており、今般のコロナ禍発生後に制定されたものもあるが、これらの事前に成立していた法律に則って、個人情報保護法の規律の例外をなす措置がとられたのである。[★33] もっとも、韓国[★34]、台湾[★35]では、政府の強硬な措置に対して、以前のウイルス禍での苦い経験も相まって、一般的な市民の支持は高かったようであるが、これらの立法やそれに基づく措置に憲法上の疑義が呈されなかったわけではなく、いくつかの外国語文献を参照しただけで結論づけることは早計ながら、これはむしろ、立法の存在を前提として、その内容や具体的措置の比例性などをめぐる公論が機能していたとみることもできよう。[★36]

おわりに

　日本では政府による個人情報取得に強い警戒感が示され、アプリの活用もあまり進まない一方で、韓国や台湾においては、個人情報取得を含めた措置に広い支持があったことを踏まえると、どのような措置が適切な効果をもたらし、それに比して穏当なプライバシー制約にとどめることができるか、それ自体はっきりしない中で、各国の措置のあり方を決めるのは、究極的には、

市民の感染症への意識、プライバシー制約への抵抗感というものに依存するということかもしれない。それは、不確実性の中の立憲民主政において、最終的には国民の理解が得られない政策はとられるべきではないという意味では、当然かつ妥当なことであろう。ただ、そうであるからこそ、執行府の説明責任と、議会の決定、公論喚起責任は大きなものとなる。その意味では、日本の対策において、執行府が責任をもって、専門知を踏まえながら、必要と考える措置の説明を行う姿勢に欠けていること、国会のプレゼンスが小さいことはやはり問題であろう。今回の対応の反省点も踏まえて、「平時」から、より規律密度の高い、新型感染症対策法制を進めるとともに、「有事」にあって、機動的な立案、決定、検証のプロセスを稼働できるような枠組みを用意しておくことが求められよう。

〔山田哲史〕

[付記] 2020年11月30日脱稿。

★

1. 韓国では、新興宗教の集会や同性愛者のクラブで集団感染が発生し、日本でも「夜の街」が感染拡大の場とされたことなどを踏まえれば、感染自体もさることながら、感染経路に関する情報も高度なセンシビリティをもちうることが指摘できよう。

2. たとえば、中国における、スマートフォンアプリや決済システムを利用した行動管理のありようとその問題性については、P. Mozur, R. Zhong & A. Krolik, *In Coronavirus Fight, China Gives Citizens a Color Code, With Red Flags*, *N.Y. Times*, Mar. 1, 2020 (updated Aug. 7, 2020), https://www.nytimes.com/2020/03/01/business/china-coronavirus-surveillance.html などを参照。なお、今般のコロナ禍において、中国で何か特別なハイテク技術が開発、利用されたというよりは、従来の監視システムを利用して、強制的に情報提供を行わせている側面が強いという、鈴木正朝ほか「厚労省のアプリに代替案はあるのか：キャリアのGPSを使う？ アプリをプリインストール？ QRコードにキャッシュレス？—プライバシーフリーク・カフェ（PFC）リモート大作戦！ 02#イベントレポート #完全版（1/4）」〔板倉陽一郎発言〕（https://www.atmarkit.co.jp/ait/articles/2007/29/news004.html）の指摘を参照（本章で引用する、インターネット資料の最終確認日は2020年11月30日である）。他の非立憲主義国家イランにおけるスマートフォンアプリの活用とそれが監視手段となる危険性について、*Iran's Coronavirus 'Detection' App Could Have Spied on Users: Researcher*, *The Week* Mar. 10, 2020, (https://www.theweek.in/news/world/2020/03/10/irans-coronavirus-detection-app-could-have-spied-on-users-researcher.html) を参照。なお、国家によるものではなく、

新型コロナウイルス対策とは直接関係するものではないが、アメリカにおいても、市民の位置情報、行動履歴が把握、記録されていることにつき、S.A. Thompson & C. Warzel, *Twelve Million Phones, One Dataset, Zero Privacy*, N.Y. Times, Dec. 19, 2019（https://www.nytimes.com/interactive/2019/12/19/opinion/location-tracking-cell-phone.html）参照。

3. ある意味象徴的な出来事を紹介しておくと、執筆当時筆者が滞在していたドイツにおいては、2020年3月の感染症予防法（IfSG）の改正に際して、連邦保健大臣が、匿名化されていない（なお、匿名化された位置情報の提供はこれに先んじて行われており、感染拡大の予想等に利用されたという）携帯電話の位置情報の提供を通信会社に求めることができる規定を設ける可能性をいわば観測気球として示唆したが、身内（ただし、保健大臣やメルケル連邦首相の所属するキリスト教民主同盟ではなく、その大連立のパートナー社会民主党の所属である）の連邦司法大臣や、連邦データ保護監察官から、反対、あるいは慎重であるべきとの意見表明がなされ、連邦政府の法改正案にも結局このような規定は設けられなかった。以上について、*V. Höhne/ J. Schable/ S. Weiland*, So ringt die GroKo um die Verwendung von Handydaten, Der Spiegel am 23. 3. 2020, https://www.spiegel.de/politik/deutschland/corona-krise-wie-die-r...dung-von-handydaten-ringt-a-8bd7ee23-6a09-4b73-9be3-c0a021f7e70a; *T. Rudl*, Standortdaten gegen Corina: Jens Spahn lässt Testballon steigen, Netzpolitik am 23. 3. 2020, https://netzpolitik.org/2020/jens-spahn-laesst-testballon-steigen/ などを参照。このような経緯もあり、ドイツでも、日本と同様のApple・Google共同開発のAPIを利用した非集中型接触確認アプリが導入されるにとどまっている。もっと

も、同じEU加盟国であっても、隣国フランスにおいては、Apple・Google型のアプリは採用されず、中央サーバで管理する集中型アプリが採用されており（これについては、曽我部真裕「『接触確認アプリ』の導入問題から見える課題」法律時報92巻9号（2020年）3頁参照）、EU内部でも対応は一様ではない。なお、欧州委員会は、各国の区々な対応がEUでの統一的な対応を困難にしているとの懸念も示しながら、2020年4月8日に勧告（Commission Recommendation (EU) 2020/518）を出した。内容は、勧告ということもあり、比較的抽象的なレベルにとどまっているが、情報通信技術を利用したコロナ対策がGDPRなどとの関係で満たすべき基準等を提示している。

4. 髙橋郁夫＝有本真由＝黒川真理子「新型コロナウイルス対プライバシー：コンタクトトレーシングと法」第3章3.4.（位置No.2378以下）(Amazon Kindle、2020年)。

5. コロナ禍における日本での情報通信技術の活用と法的規制については、宍戸常寿「パンデミック下における情報の流れの法的規律」論究ジュリスト35号（2020年）63頁以下を参照。

6. M. Ichihara, *Corona-Tracking and Privacy: The Opposite Approaches of South Korea and Japan*, on Jul. 27, 3, 2020, DOI: 979-11-90315-98-2 95340, http://adrnresearch.org/publications/list.php?cid=1&sp=&sp%5B%5D=1&sp%5B%5D=2&sp%5B%5D=3&pn=1&st=&code=&at=view&idx=89.

7. 筆者の語学力の問題から、日本語、英語、ドイツ語による限定された資料によっており、現地語の文献を参照できていないことをあらかじめご了承願いたい。

8. 松本哲治「3 審査基準論と三段階審査論」曽我部真裕ほか編『憲法論点教室〔第2版〕』（日本評論社・2020年）22頁などを参照。

9. See R.A. Miller, *The Ugly German,* Verfassungsblog, 13. 10. 2020, https://verfassungsblog.de/the-ugly-german/, DOI: 10.17176/20201013-113459-0.

10. 関連して、比例原則それ自体に優位な特性があるのではなく、比例原則を用いた衡量の場面で、専門知を尊重する立場を連邦憲法裁判所がとったことが、同裁判所の判断の安定、受容をもたらしたと指摘する、*K.-H. Ladeur,* Recht – Wissen – Kultur: Die fragmentierte Ordnung, 2016 S.84ff.〔もっとも、同書 S.182ff. は、比例原則を通じて法テクストへの拘束性を緩和され、法は制御能力を失い、各専門分野の集合知を通じた戦略的な事案ごとの実験的判断がなされているのが現状であるとも指摘している〕も参照。

11. なお、ドイツにおいて比例原則といわば地続きの関係にある（この点については山田哲史『権利ドグマーティク』の可能性」岡山大学法学会雑誌68巻3・4号（2019年）736〜735頁註（15）参照）、本質性理論も同様の特徴をもつ。すなわち、同理論は民主的決定の重要性を説くものでありながら、本質性という相対的概念が、法学外の専門知を取り込む余地を認め、古典的な法の拘束性を解放してしまうのである（siehe *Ladeur,* ebd., S.29f. u. 182）。

12. 個人情報取得が予防的に行われるようになってきているがゆえに、その保護も予防的性質をもつのであるとする、小山剛の指摘（小山剛「im Rahmen des Rechtsstaates"—『法治国家の枠内において』」大沢秀介＝小山剛編『自由と安全—各国の理論と実務』（尚学社・2009年）236頁、小山剛「なぜ『情報自己決定権』か」全国憲法研究会編『日本国憲法の継承と発展』（三省堂　2015年）330〜331頁）は、感染症対策における個人情報取得も、予防的、広範なものとならざるをえないという点を踏まえれば、ここでも重要な意義をもつ。

13. 山本龍彦「自己情報コントロール権について」憲法研究4号（2019年）44〜51頁。

14. 曽我部真裕「自己情報コントロール権は基本権か？」憲法研究3号（2018年）76〜77頁、音無知展『プライバシー権の再構成—自己情報コントロール権から適正な自己情報の取り扱いを受ける権利へ』（有斐閣・2021年）などを参照。

15. なお、この指摘（土井真一「国家による個人の把握と憲法理論」公法研究75号（2013年）17〜19頁）は、「プライバシー権＝自己情報コントロール権」の図式自体をも崩すものである。

16. 山本・前掲注13）49頁なども指摘するように、これは現代のプライバシー権構想が構造的性格を強くしていることとも密接に関わっている。

17. 危機管理にあたって、デマなどの弊害は大きく、当然、その制御も一つの課題となる。そして、健全な議論の確保のためにも情報通信技術が用いられうるが、本章に与えられた課題はプライバシーに関わる論点を検討することであるため、ここでは立ち入らない。

18. この点に関連する問題については、本書第4部❸が扱う。

19. もっとも、核心的な人格権などを想定することも考えられ、プライバシー権として構成する必然性はないだろう。

20. 現代において、FAXを利用するのは先進国では日本ぐらいであるという批判もインターネット言論空間などでみられたが、何の因果か、時を同じくしてドイツにおいても連邦政府のFAXへの依存がいまだに高いことが大衆紙で嘲笑の的とされた。Siehe *L. Ginsburg,* Von wegen Digitalisierung! So viele Faxgeräte nutzt die Bundesregierung immer noch, Bild am 13. 10. 2020, https://www.bild.de/politik/inland/politik-inland/von-wegen-digitalisierung-so-viele-faxgeraete-nutzt-die-bundesregierung-immer-no-73401216.bild.html .

21. 以上本段落で紹介した点の詳細は、宍戸・前掲注5）64〜67頁を参照。

22. 詳しくは、宍戸・同前67〜69頁、曽我部・前掲注3）1〜3頁、羽深宏樹「日本型新型コロナウイルス接触確認アプリのアーキテクチャとガバナンス〜内閣官房テックチームによる『仕様書』と『評価書』を紐解く〜」NBL1173号（2020年）10頁以下などを、https://cio.go.jp/techteam から入手可能な「仕様書」、「評価書」とともに参照。とりわけ、宍戸、曽我部が指摘するように、評価書が個人情報保護法制の規定内容を超えて、プライバシーに配慮した指摘、評価を行っていることが注目される。なお、評価書において、透明性や包摂性の確保、使用目的の限定、継続的な検証の必要性が強調されていることは、先に**1(2)** の末尾で述べた点との関係で重要である。また、使用目的の限定について、「評価書」が、民・刑事事件の証拠収集への利用を行わないよう求めていることに関連して、ドイツでは、情報通信技術の利用に関するものではないが、飲食店等の利用に際して提供が義務づけられた利用客の連絡先情報の刑事捜査等への転用が問題となった（J. Fährmann/ C. Arzt/ H. Aden, Corona-Gästelisten – maßlose polizeiliche Datennutzung, Verfassungsblog, 14. 8. 2020, https:// verfassungsblog.de/corona-gaestelisten-masslose-polizeiliche-datennutzung/）ことが注目される。

23. 一説に60％の普及率でロックダウンの実施と同等の効果が得られるとされるところ、厚生労働省は、11月17日にダウンロード件数が2000万に到達したと発表した（https://www.mhlw.go.jp/stf/ newpage_14895.html）。また、陽性登録件数は、11月19日17時点で2716件であるとされる（加藤綾「接触確認アプリ『COCOA』、陽性登録件数を再集計。900件増」Impress Watch 2020年11月20日 https://www.watch.impress.co.jp/docs/ news/1290586.html）。日本と類似の接触確認アプリが導入されたドイツにおいても、その機能への疑問は顕在化しており、バイエルン州首相が「牙のない虎」と批判したとされる（普及の規模や機能の分析を含めて、Söder: Corona-Warn-App „bisher ein zahnloser Tiger", Frankfurter Allgemeine Zeitung aktualisiert am 20. 10. 2020, https://www.faz.net/ aktuell/politik/inland/markus-soeder-massive-kritik-an-der-corona-warn-app-17010612.html）。また、アプリの利用を促してきた連邦保健大臣自身が新型コロナウイルスに感染するという事態が生じたが、皮肉にも、感染時、大臣のアプリは感染の危険性が低いことを示していたとも報道された（H.-J. Vehlewald/ S. Majorczyk, Wie gut warnte die Warn-App Spahns Kontakte?, Bild am 22. 10. 2020, https://www.bild.de/ bild-plus/politik/inland/politik-inland/ gesundheitsminister-hat-corona-wie-gut-warnte-die-warn-app-spahns-kontakte-73547842,view=conversionToLogin. bild.html）。

24. 鈴木ほか・前掲注2）〔高木浩光発言〕、鈴木正朝ほか「これ、個人データですよね：フリークス、コロナ接触確認アプリ適法性を精査する―プライバシーフリーク・カフェ（PFC）リモート大作戦！ 03 ＃イベントレポート ＃完全版（4/5）」（2020 年）（https://www.atmarkit.co.jp/ ait/articles/2007/29/news010_4.html）。

25. 鈴木正朝ほか「これ、個人データですよね：フリークス、コロナ接触確認アプリ適法性を精査する―プライバシーフリーク・カフェ（PFC）リモート大作戦！ 03 ＃イベントレポート ＃完全版（5/5）」（2020年）（https://www.atmarkit.co.jp/ ait/articles/2007/29/news010_5.html）は、必要と考える措置を、それに伴うリスクとその対策を含めて説明し、責任を果たそうとする姿勢が、日本政府には欠

けていたと指摘する。

26.　宍戸・前掲注5）69頁。これに対して、諸外国では、迅速な対応の必要性、感染症の実態の不透明性から、強制的措置の根拠を付与する法律の明確性要求の緩和が許容されるとしても、権利侵害の重要性との関係でそれがどこまで許容されるかが大きな問題となった。プライバシー制約に限定されない例とはなるが、ドイツにおいては、2020年11月のIfSGの改正（BGBl. 2020 I, S.2397）において、従来とられてきた具体的措置が列挙され、いわば連邦議会による追認が行われた（新型コロナに特化した措置が列挙された28a条1項が象徴的である）ほか、その措置には原則4週間の期限（ただし、延長は可能）を設けなければならないこと（同条5項）となった。それでも、野党からは、現代の全権委任法であるなどの強い批判が向けられた。これについては、*A. Hanke*, Das steht im neuen Infektionsschutzgesetz, Frankfurter Allgemeine Zeitung am 18. 11. 2020, https://www.faz.net/aktuell/politik/inland/corona-massnahmen-das-steht-im-neuen-infektionsschutzgesetz-17058280.html?fbclid=IwAR1IPTJnOMJLcEiQhbsj-Gq7oI6daRN0qBTYBCAhkHGJaaVaW4t8zl81jX4#void などを参照。ドイツ以外でも、感染拡大防止のため諜報機関に携帯電話の位置情報のトラッキングを行わせたことに関連して、イスラエル最高裁は、代表民主政において市民の生命にとって重要な決定は議会が行わなくてはならず、人間の尊厳に密接に関連し、イスラエルを民主政国家たらしめる基礎も担うプライバシー権の性質から、透明性の担保された完全な立法手続を経た法律による授権が必要である旨、本質性理論を彷彿とさせる判示をしている（Ben Mir v. Prime Minister, The Supreme Court sitting as High Court of Justice [Israel], Judgement on April

26, 2020, ¶¶ 31 & 36, https://versa.cardozo.yu.edu/opinions/ben-meir-v-prime-minister-0掲載の英訳版を参照した）。また、強制隔離を扱った事件であるが、台湾（司法院大法官釈字第690号解釈［2011年9月30日］第3段落［大法官ウェブサイト掲載の英訳版＜https://cons.judicial.gov.tw/jcc/en-us/jep03/show?expno=690＞を参照した]）でも、感染症対策における法律の明確性への配慮が憲法裁判所により問題とされた。さらに、オーストリアでは、第1次ロックダウンに際して、日曜にもかかわらず議会の議事を開催し、法整備がなされたのは、全部留保の国の面目躍如といったところがあった。

27.　S. Park, G.J. Choi & H. Ko, *Information Technology-Based Tracing Strategy in Response to COVID-19 in South Korea – Privacy Controversies*, 323 JAMA 2129, 2129 (2020). 韓国における、情報通信技術を用いた対応の全貌については、THE GOVERNMENT OF REPUBLIC OF KOREA, FLATTENING THE CURVE ON COVID-19: HOW KOREA RESPONDED TO A PANDEMIC USING ICT (2020) も参照。

28.　*N. Martin*, Corona-Eindämmung in Taiwan: Nur digitale Tools?, DuD 2020, S.815ff..

29.　韓国について、Constitutional Court of Korea, 99 hunma 513, 2004 hunma 190, decided on May 26 2005［韓国憲法裁判所ウェブサイトから入手可能な英語要約を参照した。判決内容については、H. Ko, J. Leitner, E. Kim & J. Jeong, *Structure and Enforcement of Data Privacy Law in South Korea*, 7 INT'L DATA PRIVACY L. 100, 106 107 (2017) も参照］、台湾について、司法院大法官釈字第603号解釈第8段落（2005年）［大法官ウェブサイト掲載の英訳版＜https://cons.judicial.gov.tw/jcc/en-us/jep03/show?expno=603＞を参照した］。

30. Ko, Kim & Jeong, *id.*, at 101-103.

31. 台湾の個人データ保護法の英訳版は、
https://law.moj.gov.tw/ENG/LawClass/
LawAll.aspx?pcode=I0050021で入手でき
る。概要については、LIBRARY OF CONGRESS,
REGULATING ELECTRONIC MEANS TO FIGHT
THE SPREAD OF COVID-19 76-78 (2020)
を参照。

32. 病歴のほか、医療、遺伝、性生活、健
康診断、前科に関係する情報については
原則的に、収集、処理を禁じ、データ主
体の同意や明示的な法定の事情がある場
合などにその例外を許容する（6条）と
ともに、その他の個人情報についても、
法律上の義務の履行のために必要な場合、
データ主体の同意がある場合、あるいは、
データ主体の権利・利益を害さない場合に、
個別の目的のために情報の収集が可能と
し（15条）、その処理も限定的な場合に、
信義誠実の原則に則って、法律上の義務
の範囲内で、かつ、データ収集の個別の
目的のために必要な限度で可能とする（16
条）。

33. 台湾について、*Martin* a.a.O. (Anm. 28),
S.817や林倖如「台湾における新型コロナ
ウイルスへの法的対応―行政法学の観点
から」法学セミナー787号（2020年）4
頁以下、韓国について、Park, Choi & Ko,
supra note 27, at 2129や崔桓容「韓国に
おけるCOVID-19への対応と法的争点―
行政法学の観点から」法学セミナー789
号（2020年）46頁以下を参照。もっとも、
韓国、台湾とも、厳密には「内戦」が終
結していない、（準）戦時体制にあり、そ
ういった背景も踏まえた、個人番号制度
の存在などの要素の重要性を指摘する見
解もある。

34. Ichihara, *supra* note 6, at 3; Park, Choi
& Ko, *id.*, at 2130［いずれも、国家人権
委員会が過剰な個人情報の開示を控える
よう勧告したと指摘する］. さらに、崔・
同前53頁も参照。

35. 林・前掲注 33) 10頁、LIBRARY OF
CONGRESS, *supra* note 31, at 78-79などを
参照。

36. 崔・前掲注33) 53頁、*K. Bardenhagen*,
Was Taiwan bei Corona besser gemacht
hat, N-TV am 12. 11. 2020, https://www.
n-tv.de/politik/Was-Taiwan-bei-Corona-
besser-gemacht-hat-article22163913.html
参照。

第4部

コロナ禍の統治問題

記者会見で説明する専門家会議の
尾身茂副座長と安倍晋三首相
（毎日新聞社／アフロ）

❶ 政治家と専門家の関係
──政権は医学専門家に主導権を握られたのか

はじめに

　新型コロナウイルスの感染拡大への
対応に際しては、どの国の政府も公衆
衛生等を含む広義の医学専門家の知見
に頼ることになった。ただし、実際に
とられた対策には国によって大きな違
いがある。政策決定は様々な要因に左
右されたが、各国で政策当事者が専門
家の提案を有効に活用できたかに注目
が集まってきた。

　日本では、この点で当時の安倍晋二
政権の対応に多くの批判が出た。それ
は、政策決定に際して政権と専門家の
連携が不十分な、あるいは政権が専門

家に依存するような状態をしばしば作
り出したためである。また専門家たち
がソーシャルメディア等を通じて、自
ら感染状況や対策の提案を説明する
ケースが目立った。それにより、黒子
であるべき専門家が「前のめり」になっ
た、もしくは政権の消極性によりそう
ならざるをえなくなったとされる。こ
うした状況を受けて、日本では政府と
専門家の関係全般が未熟あるいは歪で
ある、とする論者もいる。[★1]

　本章では、新型コロナウイルス感染
の第一波が沈静化するまでについて、
安倍政権と政権に動員されて助言を
行った医学専門家の関係の説明を試み

る。そこでは、専門家の意見が広範に知られ、市民がそれをもとに政権の対策を評価するという異例の状況が生まれていたことが指摘される。そのうえで、それが政権の行動を制約したことを、アメリカ合衆国（アメリカ）の新型コロナウイルス対策にも触れつつ検証する。

1 新型コロナウイルス対策における医学専門家の政策的関わり

2019年12月に中国の湖北省武漢市で感染が確認され、同年末に世界保健機関（WHO）への報告がなされた新型コロナウイルスについて、日本でも翌2020年1月15日に感染者の存在が判明した。同月30日には内閣に新型コロナウイルス感染症対策本部が設置され、本部長の安倍首相のもと、全閣僚を構成員として政権の対策の中核となった。2月4日以降は、横浜港に寄港したクルーズ船ダイヤモンド・プリンセス号で多数の感染が確認され、3月下旬には全国の1日あたりの感染確認が100名を超えるようになる。★2

この間に、専門家の動員も進められた。厚生労働省（厚労省）は1月28日に対策推進本部を設置し、2月4日に専門家のアドバイザリーボードを立ち上げた。その主力は、2009年の新型インフルエンザ対策でも活躍した研究者たちであった。同月14日には、陣容をほぼそのままに、内閣の対策本部に助言する新型コロナウイルス感染症対策専門家会議が設置されている。座長には国立感染症研究所所長の脇田隆字が、副座長には地域医療機能推進機構理事長等を務める尾身茂が任命され、大学の医学系研究者等が加わった。尾身副座長は、WHOの西太平洋地域事務局で感染症対策に貢献し、事務局長も務めた第一人者であった。

また2月25日には厚労省の対策本部に、国と地方自治体を結んで感染クラスターの発生防止や接触者追跡を中心に感染リスク管理を検討する、クラスター対策班が発足した。感染症研究所等の国立機関や東北大学等の研究者が参加し、専門家会議からも押谷仁東北大教授が入る等して、連携して活動することになる。さらに3月26日には、改正新型インフルエンザ特措法に基づいて対策本部が設置され、専門家会議の構成員の多くはその諮問委員会にも加わった。

こうして多角的に組織化された専門家たちは、活発に活動した。専門家会議は持ち回りも含めて17回開催されたが、それだけでは議論が足りず、長時間におよぶ「勉強会」が頻繁に開かれた。同会議はたびたび独自に記者会

見を行う以外にも、その構成員を中心とする「コロナ専門家有志の会」がブログやツイッターで情報発信を行った。クラスター対策班も、「新型コロナクラスター対策専門家」という名義のツイッターのアカウントから情報を発信してきた。

　これらの専門家組織は、感染拡大を防ぐべく様々な提案を行った。それらは感染クラスターへの早期の着目、密閉空間・密集場所・密接場面のいわゆる「3密」の回避、市民の自主的な行動変容を重視したこと等の独自性から、新型コロナウイルス対策の「日本モデル」とも呼ばれるようになる。他方、感染を判定するためのPCR検査の実施数が諸外国と比べて極端に少ないことは、それでも感染を抑え込めたと評価される一方、実際の感染規模を把握できているかが疑問視されることにもなった。

　そのうえで、感染の第一波における政権と専門家の関係には大きく二つの特徴があった。

　第1に、専門家の積極性が目立ち、黒子の役割を逸脱しているとも評された。上でみた活動のほかにも、専門家会議は独自に見解を公表し、またその記者会見は首相や閣僚のそれに比べて長時間に及んだ。専門家らは後に「前のめりになった」と反省したが、そうした姿勢が政策責任の所在を不明確にしうることは自覚されており、感染拡大への危機感に加え対策の趣旨を市民に理解してほしいという意識が強く働いていた。専門家会議に明確な法的位置づけがなかったことが自主的な活動を可能にした一方、その会見が厚労省の会見場で行われたことは、専門家が主導権を握っているという印象を強める効果をもった。[★3]

　第2に、専門家への政権の対応は一貫性を欠いた。2月27日になされた小中高校の全国一斉臨時休校の要請や、4月1日に表明されたマスクの全戸配布（いわゆる「アベノマスク」）のように、重要な政策を専門家に諮問せずに決めることもあった。またクラスター対策班の西浦博北海道大学教授（当時）が4月3日に発表した「行動の8割削減」案に対して、それを値切るような形で首相が「最低7割、極力8割」と発表する等、対策の主導権を専門家と争うような姿勢もしばしばみられた。

　ところが、4月7日の緊急事態宣言の発表の前後からは、首相が会見に尾身副座長を同席させて説明を求めたり、専門家の了承をもとに政策決定するかのような発言を首相が行ったりと、専門家に依存するような動きが目立つよ

うになる。しかしその後、5月25日の緊急事態宣言の全面解除に向けて、専門家の関与が減っていった。6月24日には専門家会議の廃止が発表されたが、これは専門家会議の構成員が同会議の位置づけの見直しについて記者会見で語っていた最中のことで、政権による専門家の軽視が改めて印象づけられた。同会議は、7月3日に新型インフルエンザ等対策有識者会議の「新型コロナウイルス感染症対策分科会」に再編されている。

このように、多くの時期に政権が専門家の行動に翻弄されているかのような展開が生じたが、専門家はそもそも政権に要請されて協力していたはずである。にもかかわらず、政権が専門家を使いこなせなかったのはなぜなのだろうか。次に、この点を検討しよう。

2 市民に注視される政治家と専門家

専門家の関わる政策過程では、その提案を政策当事者が正面から受け止めたうえで政策判断を下すことが求められる。新型コロナウイルス対策についても、鈴木一人は政策当事者が科学者でもあったドイツや台湾の例を引きつつ、政治家が科学に基づく専門家の提案を理解したうえで自らの責任で政策を決め、市民に説明することの重要性

を説く。待鳥聡史も、専門家の提供する専門知は政策という「カクテル」の材料の一部であり、政策当事者はそれを他に考慮すべき要素と主体的かつ適切に組み合わせて政策を作る「バーテンダー」たるべきと論じる。[4]

彼らを含む政治学者は、安倍政権が新型コロナウイルス対策において政策決定に際して専門家を軽んじたり、逆に専門家任せになったりと、本来の役割を果たさなかったという見方で一致している。牧原出は、専門家を前のめりにさせてしまった政権の消極性と未熟さを問題視する。また河野勝は、それが安倍首相個人のリーダーシップの欠如だけでなく、組織としての政権の限界からくるという。谷口将紀は、長期政権からくるおごりが、専門家に意見を求めたという体裁だけ整えようとする安易な姿勢につながったとする。[5]

このように、既存の議論は新型コロナ対策の限界について政権の体質を問題視する。筆者もそれに異存はないが、それ以外にもある重要な要因があったと考える。以下ではそのことを、専門家の政策過程への関わりに関する政治学の考え方を使って明らかにしよう。[6]

ここでの政権と専門家の関係は、前者が後者に政策案の立案を依頼する、本人＝代理人関係として捉えられる。

この委任関係は、専門家が政権よりも関連知識を豊富にもつ点（「情報面の非対称性」という）に特徴がある。そのため本人（政権）は、代理人（専門家）が依頼者本人でなく代理人自身の利害や好みにかなった提案をしていたとしても判別が難しい。

　新型コロナウイルス対策でも、感染拡大を防ぎたい一方、経済や人権への影響を考慮して極力社会・経済活動を制約したくない政権側は、感染拡大の確実な抑止を最優先する専門家たちが厳しめの提案をしていると捉えていたとされる。[7]それに、専門家も必ず正しい結論を出せるわけではなく、課題によっても適切な提案を行う難易度は異なる。今回の新型コロナウイルスは未知のウイルスであり、その対策は一流の専門家にも極めて難しいものといえる。

　つまり、政権からみた専門家の提案はいわば「効く保証のない苦い薬」であった。それを受けた政権の選択肢は無数に考えられるが、両極端なものとして次の二つが挙げられる。第1は、専門家の提案を無視して自らの好む、経済や人権への負担が小さい対策をとることである。それにより、行動制限を嫌う人々の支持を維持でき、実際には感染もそれほど拡大しないかもしれない。第2は、逆にすべて専門家の提

案に従ってしまうことである。人々は行動の制約に不満を覚え、それでも感染拡大を防げないおそれがある。しかし、「信頼できる専門家に従った」と説明すれば専門家に責任を転嫁できるかもしれない。

　これらは最も極端な選択肢であるが、政権にはどちらの路線も採用する動機がある。ここまでは本人＝代理人関係一般にいえることだが、新型コロナウイルス対策については、政権の政策選択にある制約条件が決定的な影響を及ぼしたと考えられる。それは、感染抑止の政策的優先順位と専門家の提案内容の可視性がいずれも非常に高かったことである。

　現代政治において専門家は多くの政策過程に関与するが、一般市民が専門家の見解を詳細に知る機会は少なく、関心もないのが普通であろう。ところが、新型コロナウイルスは市民の生命を脅かす「戦後最大の危機」（4月7日記者会見での安倍首相）であり、その対策は掛け値なしに最も注目された政治課題といえる。さらに、専門家は記者会見やソーシャルメディア等で自分たちの考えを丁寧にわかりやすく発信していった。専門家の提案がこれほど世間に広く知られた政策過程は、ほかに考えにくい。

その結果、政権の対策は専門家の提案との比較にさらされつづけた。また専門家会議が5月1日に発表した「新しい生活様式」に関する世論調査では、それを取り入れることに前向きな回答が8割を超える等、専門家は人々の信頼を集めていたといえる。そのため、専門家の見方と合致しない政策は、納得いく説明がない限り受け入れられにくかったと考えられる。5月下旬に専門家会議の議事録が作成されていないことが判明し、政権が批判されたのも、新型コロナウイルス対策の妥当性は専門家の議論を考慮して評価されるべきだという人々の意識の表れであろう。[8]

実際、2020年春に専門家への諮問なく行われた全国一斉休校要請と「アベノマスク」には強い反発が出、政権にとって専門家を軽んじるわけにはいかないことを学習する機会になったといえる。待鳥は、3月を境に政権の方針が「経済重視」から「医療重視」へと移行したとみて、その要因として地域住民の安心を重視する地方自治体の影響を挙げるが、それは人々が医学専門家の見方を踏まえて新型コロナウイルス対策を捉えるようになった時期でもあった。こうして、政権は独自路線と専門家への依存の間で後者を選ぶ動機づけを強めていったのである。[9]

ただし、政権はただ専門家の提案を呑んだわけでなく、しばしば水面下での専門家との「交渉」を通じて政策案の調整を行った。これは、専門家の見解とのずれが表面化することによる批判を避ける意味をもつが、外からは専門家と対策の主導権を奪い合っているようにみえても不思議でない。この間、政権の支持率が芳しくなかったのも無理はなかろう。[10]

そのうえで、緊急事態宣言の解除に向けて、政権が明らかに主導権を握るようになったのは、感染が一時下火となり、政策判断に際して経済等他の要素の比重が増して、専門家側も関与に消極化したことが大きい。市民の間でも「コロナ疲れ」が広がって、政権が専門家の意向をあまり意識せずに政策を決定できるようになったのである。[11]

以上の議論は、紙幅の都合上試論にとどまる。しかし、新型コロナウイルス対策については政策の優先順位の高さとそこからくる専門家への注目があいまって、専門家の関わる他の政策過程とは異なるメカニズムが生じていた可能性が無視できないであろう。

3 専門家の影響が及ぶ条件

日本では、新型コロナウイルス対策を機に、政府内に感染症対策の専門家

機関を設置し独立性を与えるべきだといった意見も出ている。安倍首相をはじめ政権関係者も、すぐ下でみるアメリカの疾病予防管理センター（CDC）をモデルにした専門家機関の設置にしばしば言及している。★12 しかし、以上の議論が妥当であれば、独立性をもつ専門家機関でなくとも、専門家の見解が社会的に大きな存在感をもっていれば、時の政権は良かれ悪しかれそれを踏まえた政策形成を迫られることになろう。

ただし、専門家の提案は注目されさえすればそれだけで政権を制約するわけではなく、専門家自身が支持されていることが前提となる。社会科学では、ある主体に関する評判の有無や高低が他の主体の行動に影響することが注目されてきた。専門家の高い評判は政策過程における影響力を拡大しうると考えられている。新型コロナウイルス対策において、専門家の法的立場にかかわらずその評判が政権の行動に影響するであろうことについては、次のアメリカの事例が示唆的である。

アメリカ連邦政府では、2020年1月29日にホワイトハウスに新型コロナウイルス対策のタスクフォースが設置され、国内で感染拡大が警戒されるようになった2月下旬には、マイク・ペンス（Mike Pence）副大統領が座長に任命されて対策の中心となった。そこで専門知識を提供したのが、保健福祉省（HHS）傘下のCDCおよび国立衛生研究所（NIH）である。特に1946年創設のCDCは、長年の疾病対策の実績で一般市民から信頼を集めてきた。新型コロナウイルス対策でも、タスクフォースとCDCはテレビ広告やハガキの郵送等による市民の啓発を行っている。★13

新型コロナウイルス対策のコーディネーターに任命されたデボラ・バークス（Deborah L. Birx）政府特別代表と並んで専門家の顔となったのが、アンソニー・ファウチ（Anthony Fauci）NIHアレルギー・感染症研究所所長である。彼は1980年代から継続的に政権への助言にあたっており、特にHIV・エイズ対策に果たした役割で知られる。新型コロナウイルス対策でも、4月半ばまではバークスと共にタスクフォースのブリーフィングにほぼ常に同席し、説明も行った。2020年春に実施された世論調査では、回答者の政治的立場を問わずこれら専門家機関と専門家が高い支持を集めていた。★14

日本でも知られるように、ドナルド・トランプ（Donald J. Trump）大統領は新型コロナウイルス対策の主導権をとらなかった。それどころか、2020年

１月末の時点でウイルスの危険性を理解しながら意図的に過小評価したり、抗マラリア薬のヒドロキシクロロキンが新型コロナウイルスに効かないことが確認された後も有効性を吹聴したりと、無責任な言動が目立った。トランプ政権は明らかに日本の安倍政権よりも社会経済活動の復旧を重視し、専門家を軽視した一方、評判の高い専門家の提案に注目が集まっていた点は日本と共通する。アメリカの事例は、前節で提示した政権＝専門家関係のメカニズムにとってのハード・ケースといえる。

　トランプ大統領の専門家に対する敵意からすれば、最低限の対策もとらずに専門家機関の活動を妨害したとしても不思議はなく、人事権の行使等そのための手段もあった。実際、４月にはHHSの幹部職員がNIHの閑職に追いやられており、政権によるヒドロキシクロロキンの推進に反対したことが原因とされる。同月から、ファウチ所長についてもトランプ大統領の支持勢力の間でタスクフォースからの解任を求める声が強まった。しかし、結局主要な専門家が更迭されることはなかった。

　それに、意外にもトランプ大統領は専門家の提案に真っ向から反する政策を採用することもしていない。そもそもアメリカで市民社会の秩序維持に主たる責任を負うのは州・地方レベルの政府であり、ロックダウン等の強力な権限を発動できるのも州知事等であった。それでもトランプ政権は、２月以降中国やEU諸国等からの入国禁止や、カナダ国境の一時閉鎖措置等の対策をとった。３月13日には二つの緊急事態宣言を出して、医療関連の規制を緩和し、全国規模での感染対策を容易にする等している。同月末には、感染爆発の生じたニューヨーク市に海軍の病院船が派遣されている。また国防生産法に基づいて、３月27日には人工呼吸器の、翌月28日には食肉業者への生産命令が出された。

　トランプ政権がとれる対策をすべて講じたとはお世辞にもいえず、それにより新型コロナウイルス対策に遅れが出たのは間違いない。それでもこれだけの措置をとったのは、専門家の意見に反する政策をとるのは彼らへの責任転嫁もできなくなることを含めて得策でないという判断に基づいたものと説明できる。トランプ大統領はファウチ所長の人気をひどく気にしており、対策初期には彼を含む専門家との友好関係を強調した。専門家たちは、事実に反する大統領の発言の訂正に追われたものの、表向き関係は良好であった。

　この説明の妥当性を裏から示すのが、

5月以降の政権の態度変化である。ファウチ所長は、4月後半からはほとんどブリーフィングにも同席しなくなる等、トランプ大統領から明らかに疎まれるようになった。また政権は、CDCによる活動再開ガイドラインの策定にも介入を強めた。そしてこれは、ファウチ所長が共和党支持者の間で人気を落とした時期と合致する。今日の大統領は、対立政党の支持者からの支持をもともとはほとんど期待できないため、政権は自党の支持者の信頼を失った専門家を尊重する必要がなくなったとみられるのである。トランプ大統領はこの年の夏以降、間近に迫った選挙での劣勢もあって政府内の専門家への攻撃をさらに強めていった。[18]

日本の専門家会議と異なり、ここで政権に攻撃されたCDCやHHSの専門家は連邦政府内の正規職員である。にもかかわらず、世論の変化によって政権からの扱いが変わったことは、本章で示した政権と専門家の関係のメカニズムが専門家の法的地位にかかわらず働きうることを示していよう。

おわりに

本章では、日本の新型コロナウイルス対策で安倍政権が専門家に主導権を握られているかのような事態が生じた一因が、専門家の情報発信と市民の関心の高さが組み合わさって、市民に支持された専門家の提案からの逸脱が困難になったことにあるという見方を示した。そのうえで、この議論の妥当性を、それがより当てはまりにくくみえるアメリカの事例について確認した。

一般に、選挙で選ばれていない専門家が政策を左右することは、民主主義との緊張をはらむ。この点、日米の新型コロナウイルス対策における専門家の関与では興味深い逆説が働いていた。法的な強制力をもたない医学専門家とその提案が、多くの市民に支持されているという意味で民意を媒介に政権の行動を拘束したからである。だとすれば、黒子であるべき専門家が「前のめり」になって政権から対策の主導権を奪いとった、という見方は成り立たないであろう。また、このようなメカニズムが働いていたとすれば、新型コロナウイルス対策の事例を日本の政治家と専門家の関係全般に拡張して論じることも適当でなかろう。

とはいえ、この事例が政策過程における専門家の役割について何ら示唆を与えないわけではない。本章の理屈が成り立つならば、ある政策領域で非常時に専門家の政策的影響を高めたければ、政府の内外を問わず何らかの専門

家組織を設けて高い評判を得られるよう育成することは有益と考えられる。しかし、それにはその組織が長期にわたり実績を積み上げる必要がある。

なお、本章で示したようなメカニズムが働いていたとしても、政権が専門家と政策的な主導権を争ったり逆に依存したりといった行動が正当化されるわけではない。専門家にしても常に正しいわけではなく、その提案以外にも政策形成には様々な事項が考慮されるべきだからである。専門家の提案に正面から向き合わないことは、説明責任の点でも問題をはらむ。

2020年11月21日、菅義偉政権は、感染の急速な再拡大を踏まえて、観光業や飲食業の振興のために利用料金を補助する——専門家への諮問を経ずに策定された——「Go Toキャンペーン」の見直しを決定した。これは、前日に出された新型コロナ対策分科会の緊急提言を受けたものであった。感染の第一波で生み出された、世論を媒介とする専門家の影響力は、どうやらその後も健在のようである。

〔岡山　裕〕

★

1.　春日匠「新型コロナ、安倍政権と専門家の『いびつな関係』」現代ビジネス2020年5月12日（https://gendai.ismedia.jp/articles/-/72501）。

2.　以下新型コロナウイルスの感染対策については、次が包括的な検討を加えている。一般財団法人アジア・パシフィック・イニシアティヴ『新型コロナ対応・民間臨時調査会　調査・検証報告書』（ディスカヴァー・トゥエンティワン・2020年）（以下「コロナ民間臨調報告書」という）、竹中治堅『コロナ危機の政治』（中公新書・2020年）。

3.　新型コロナウイルス感染症対策専門家会議構成員一同「次なる波に備えた専門家助言組織のあり方について」コロナ専門家有志の会ウェブサイト2020年6月24日（https://drive.google.com/file/d/14epORUcVUV2pDTapuWHwD2Ce5PYoOc5T/view）（2020年11月24日最終アクセス）。河合香織「分水嶺―ドキュメント・コロナ対策専門家会議（第1回）」世界2020年10月号27〜41頁。「科学的な知見　政策に生かすには」朝日新聞2020年7月2日朝刊20面。

4.　鈴木一人「感染症との闘いを左右した政治と科学のバランス」外交62号（2020年）24〜31頁。待鳥聡史「政治判断　専門家に語らせるな」朝日新聞2020年9月8日朝刊13面。

5.　牧原出「前のめりの専門家とたじろぐ政治」中央公論2020年8月号96〜104頁。河野勝「政治における委任とリーダーシップ　安倍政権のコロナ対応について」Voice2020年8月号66〜73頁。コロナ民間臨調報告書279頁。谷口将紀「コロナ危機への政権対応　官邸主導の『誤用』、混乱招く」日本経済新聞2020年8月21日朝刊25面。

6.　以下で取り上げる、政治学における専門家の政策過程への関与に関する理論の整理として、次の拙稿を参照。岡山裕「専

門性研究の再構成」内山融＝伊藤武＝岡山裕編『専門性の政治学』（ミネルヴァ書房・2012年）所収。

7. 待鳥聡史「『強い官邸』が賢い選択をするには」Voice2020年7月号62～69頁。

8. 「新しい生活様式『採り入れたい』86％ 共同世論調査」産経新聞ウェブサイト2020年5月10日（https://www.sankei.com/life/news/200510/lif2005100048-n1.html）。

9. 待鳥・前掲注7）66～67頁。専門家会議のある関係者は、全国一斉休校要請について、専門家の提案と違うことをしたかったのではないかという印象を語っている。コロナ民間臨調報告書124頁。

10. コロナ民間臨調報告書284頁。河合香織「分水嶺―ドキュメント・コロナ対策専門家会議（第3回）」2020年12月号235～250頁。

11. コロナ民間臨調報告書161～163頁。

12. 渋谷健司「『日本版CDC』設立で国を守れ」Voice2020年5月号51～59頁。「CDC念頭に組織の強化を」日本経済新聞2020年3月4日朝刊4面。「感染症対策司令塔を創設」日本経済新聞2020年6月24日朝刊4面。

13. Elizabeth W. Ethridge, *Sentinel for Health: A History of the Centers for Disease Control* (University of California Press, 1992).

14. Aaron Blake, "Trump Takes Aim at Fauci, as GOP Views of the Expert Quickly Sour," *Washington Post*, May 14, 2020 (online), https://www.washingtonpost.com/politics/2020/05/13/republicans-are-increasingly-turning-against-fauci/; Pew Research Center, *Public Holds Broadly Favorable Views of Many Federal Agencies, Including CDC and HHS*, April 9, 2020, https://www.pewresearch.org/politics/wp-content/uploads/sites/4/2020/04/pp_2020.04.09_Agencies_FINAL.pdf.

15. Bob Woodward, *Rage* (Simon and Schuster, 2020), Prologue.

16. Michael D. Shear and Maggie Haberman, "Health Dept. Official Says Doubts on Hydroxychloroquine Led to His Ouster," *New York Times*, April 22, 2020 (online), https://www.nytimes.com/2020/04/22/us/politics/rick-bright-trump-hydroxychloroquine-coronavirus.html.

17. Maggie Haberman, "Trump Has Given Unusual Leeway to Fauci, but Aides Say He's Losing His Patience," *New York Times*, Mar. 23, 2020 (updated May 13, 2020, online), https://www.nytimes.com/2020/03/23/us/politics/coronavirus-trump-fauci-html.

18. Abby Goodnough and Maggie Haberman, "White House Rejects C.D.C.'s Coronavirus Reopening Plan," *New York Times*, May 6, 2020 (online), https://www.nytimes.com/2020/05/07/us/politics/trump-cdc.html; Aaron Blake, "Trump Takes Aim at Fauci"; Pew Research Center, *Trust in Medical Scientists Has Grown in U.S., but Mainly Among Democrats*, May 21, 2020, https://www.pewresearch.org/science/wp-content/uploads/sites/16/2020/05/PS_2020.05.21_trust-in-scientists_REPORT.pdf.

リモート刑事手続のスケッチ。ビデオを通じて出廷するのは、
G.フロイド氏死亡事件で罪に問われた元警官
（AP／アフロ）

❷リモート裁判
——裁判の公開性はリモート手続によって確保されるのか

はじめに

　裁判という作用にとって、公開性の要請は本質的なものである。ところが、新型コロナウイルス感染症の疫禍において、これは実に困難な要請となった。人と人との接触に感染リスクが伴い、ソーシャルディスタンスの確保が必要とされる中、どのようにして裁判の公開性を確保することができるのか。こうした実践的な課題にどう対応したかは、翻って、そもそも公開性がいかなる意味で重要性を認められているのかを、よく映す切り口ともなろう。本章では、アメリカ刑事司法を素材に、これらの問題群を検討してみたい。

　連邦憲法上[1]、刑事裁判の公開に関係する条文としては、第6修正と第1修正とが挙げられる。のちに詳述するように両条文の関係は必ずしも単純ではないのであるが、標準的な整理として、前者は被告人の権利であり、後者は公衆（the public）の権利であるとされる。

　しかし、そもそも公開が要請される裁判とは、具体的にはいかなる手続を指すのか。条文上は、第6修正が、「公平な陪審による、迅速かつ公開のトライアルを受ける権利（the right to a speedy and public trial, by an impartial jury）」を保障するものであることから、

トライアル以外の手続にまで公開性が要請されるのか、問題となる。この点、判例によって、第6修正のみならず第1修正についても、公開性が保障される手続の範囲が、トライアルからその外の手続まで拡張されてきたという展開があった。そうして射程が拡大されていた公開性保障が、コロナ禍で問題に逢着したわけである。

とはいえ、パンデミック後の裁判所による対応をみると、トライアルが占める地位はやはり格別のようである。むしろ「陪審による」トライアルの保障の問題ではあるが、それを対面により実施することを確保するため、裁判所が振り向けているエネルギーには、目を見張るものがある[★2]。2020年末時点では感染再拡大のために後退局面にあるものの[★3]、夏場にかけて、どうにか陪審審理（jury trial）の再開に漕ぎ着けていたことは、やはり注目される。そうして陪審審理については対面性の確保が重視されるのと好対照であるが、その他多くの手続の場面では、感染拡大当初からビデオ会議システムなどが大胆に導入されたことも、興味深く指摘できる[★4]。

この点だけをみても対応は一様ではないものの、コロナ禍の影響は、アメリカにおいて、裁判手続のあらゆる階梯に及んだと言ってよかろう。本章は、その限られた一部を、裁判の公開性という切り口から扱うにすぎないけれども、特に日本と比べた場合のアメリカ司法の特色が浮かび上がるよう、留意したいと思う。

1 法廷から弾き出される人々

(1) コロナ禍のアクセス制限

本論に入るにあたり、2020年6月末に提訴が伝えられた[★5]、ある訴訟を用いて、筆者の関心対象を例解する。カリフォルニア州連邦地裁に提起されたその訴えは、同州のカーン郡上位裁判所において、公衆が訴訟手続へのアクセスを制限されたことにつき、第1修正に反し違憲であると主張するものであった。原告には、アメリカ自由人権協会（ACLU）のほか、息子の刑事手続につきアクセスを制限された父親数名が立っている。訴状によれば、同裁判所は、対面での手続に参加する権利を当事者の家族に対してさえ制限し、また、公衆がビデオによりリモートで手続にアクセスすることも認めなかった、とされる。断るまでもないが、この州裁判所の措置の背景には、コロナ禍がある。

この事例には興味深いポイントが複数含まれており、たとえばリモート手

続が登場することは、ICT技術によって公開性を下支えする可能性を示唆するものとして注目される。しかし、本章にとって決定的な視点を提供するのは、原告となっている父親たちである。すなわち、手続に立ち会えず弾き出される彼らの姿こそ、アメリカ刑事司法の重要な一面を映し出すのではないか。

(2) プレスリー事件（2010年）

ただし、そうして父親たちにフォーカスするに際しては、その弾き出しが果たしてパンデミック後の新しい事態なのかどうかを、考えておく必要がある。この問いに対する応答は、半分は然り、半分は否というものになるので、以下、そのことを説明するために、2010年の連邦最高裁判例、プレスリー判決[6]を扱う。

プレスリー判決の事案で公開性が問題となった手続は、陪審選任手続である。裁判所により退出させられたのは、ただ一人、被告人の叔父であったが、被告人弁護士が法廷からの公衆の排除に抗議したのに対して、裁判所が返した説明は、傍聴人が座るスペースがないというものであった。陪審員候補42名が入室すると、各列を隙間なく埋めて、傍聴人のためのスペースは残らないというのである。こうして、陪審が選任された後のトライアルまで待てば公開されるとは確言されるものの、空間的余力を理由として、被告人の叔父は手続から弾き出されてしまう。しかし、被告人側が、コカイン密輸罪で有罪判決を受けた後、再審理（new trial）を求める手続の中で証拠によって示したところでは、42名の陪審員候補が入った後も、公衆のための十分なスペースが残る広さがあったようである。

連邦最高裁の判断は、第6修正の公開のトライアルを受ける権利が侵害されたとする上告人（被告人）の主張を、認めるものであった。法廷意見の立論は、のちに扱うのでここでは深入りしないとして、一点だけ注目すべきポイントを挙げれば、事実審裁判所が、公衆の傍聴に対して可能な限りの便宜を図り、手続を非公開とする前に合理的な代替策はすべて検討すべき積極的義務を負うものと、認められている。積極的という意味は、当事者からの申出がなくても、やはり義務を負うということである。第6修正に基づく被告人の権利が問題とされていることからすれば、やや奇妙な感も残るが[7]、ともあれ本件の事案については、州裁判所はこの義務を適切に果たさなかったという評価になる[8]。

そのように、連邦最高裁は、公開性

を確保すべく、かなり厳格な姿勢を打ち出しているのであるが、逆に事案は、公開性を貫徹させない方向での圧力の所在を、よく示唆している。ただ一人の被告人の叔父が、手続から弾き出されるという事態は、事実として、コロナ禍を待たずとも現れていたのであり、その点では、(1)で先述したカーン郡の事例に新規性はない。

(3) 刑事手続の風景

ここで、州裁判所で日常的に繰り返される刑事手続の風景を簡単にでも描いておくことが、有用であろう。[★9] 列をなして並んで手続に立ち会う彼(女)ら傍聴人は、多く、そこに現れる犯罪の被疑者・被告人や被害者、証人との具体的関係性ゆえに、手続に関心をもつ人々である。あるいは親族、あるいは友人、少し広くはコミュニティのメンバーが、刑事手続においてどのように扱われるかを自身見定めるために、彼(女)らは手続を傍聴しようとする。その結果、法廷を傍聴人として埋める人々には人種的な偏りが生じ、黒人やヒスパニック系が多くなる。犯罪の嫌疑で逮捕される者も、被害者も、いずれも黒人やヒスパニック系が占める割合が大きいのが、アメリカの現実だからである。

しかし、彼(女)ら傍聴人は、たしかに具体的事件への関心をもって裁判所へと足を運ぶけれども、彼(女)らが傍聴することになる手続は、当の具体的事件には限定されない。大量の事件を常時抱え、その圧力に曝された州裁判所における刑事手続は、忙しなく次々と進められていく。ルーティン化された仕方で、ひょっとすると分ですらなく秒単位で処理されることになる一つの事件を傍聴するためには、勢い、他のいくつもの事件をも傍聴することになる。刑事手続が行われる裁判所の空間は、具体的にはこのようにして、傍聴人で満たされる。

こうした実態と、プレスリー判決の事案でただ一人の傍聴人さえ弾き出された事実とは、裏腹の関係にある。裁判所も、物理的には一定の制約された空間でしかありえないことを考えたとき、一定の手続を閉ざしてしまうことへの欲求が生じることも、理解はできる。加えて、傍聴人の側からは切実な関心事であろう手続も、裁判所サイドからみて、ルーティン化された茶飯事の一コマだと考えられてしまえば、それが公開されることの権利性も低く見積もられるこしにならざるをえない。そうした傾向に抗ったものとして、プレスリー判決における連邦最高裁の判断は、捉えられるべきであろう。同判

決以降、下級審で射程が拡大され続けている公開性の要請は、刑事手続の実務に負荷をかけ続けたであろうと推察される。

そして、カーン郡の父親たちも、以上の脈絡の延長線上に位置づけることが、十分に可能である。一旦、そのような連続性を確認することで、初めて、コロナ禍で提起された問題のうち新規性を認めるべき部分を、適切に選り分けることが可能になろう。

2 判例法理・再訪
—— コロナ禍が提起した問題の位置づけのために

(1) プレスリー判決の飛躍

では、そのように考えたとき、新しい問題として、どのようなものが浮かび上がるであろうか。第1に、第1、第6修正の公開性保障を受ける手続についても、なお非公開措置を正当化しうる有力な論拠として、感染症対策が登場した。第2に、プレスリー判決で裁判所の検討義務が確認された代替策として、リモート手続[★10]が大規模に活用されうる状況に至った。第3に、上記の2点のいずれもが、個別具体的な手続の非公開という以上に、体系的に裁判の公開性を左右する事情である。

以下では、これら新しい問題につい

ても適切な位置づけを与えることを企図して、プレスリー判決に至るまでの判例法理の展開を検討する。考察の起点となるのは、ここまでペンディングにしてあった、プレスリー判決法廷意見のリーズニングである。

同判決で示された重要な判断であった、陪審選任手続にも第6修正の保障が及ぶという命題について、その意義を理解するためには、公開の裁判を受ける権利は第1修正によっても保障されるものであったことを、改めて想起する必要がある。第1修正については、それによる公開性の保障が陪審選任手続にも及ぶとする先例が、すでに存在した（プレス・エンタープライズ I 判決[★11]）。他方、第6修正については、トライアル以外にも公開性の保障が及びうることには先例の基礎があったが（ウォーラー判決[★12]）、その先例は陪審選任手続ではなく、トライアル以前の証拠排除申立てに対する審理に係るものであった。これら二つの先例に専ら依拠して、プレスリー判決法廷意見は上記の命題を導出しているのであるが、直ちに看取されるように、二つの先例とプレスリー判決の判断との間には、懸隔がある。

実際、その懸隔が埋められていないではないかと法廷意見を批判する、

トーマス（Thomas）裁判官の反対意見が付されている。第1修正による陪審選任手続の公開性保障と、第6修正による異なる手続の公開性保障とを接ぎ合わせたところで、第6修正による陪審選任手続の公開性保障は出てこないはずだというのである。[13]

もちろん、法廷意見も一定のロジックを用意してはいる。すなわち、法廷意見は、少なくとも陪審選任手続に関する限り、公開の手続を求める権利について、第1修正上の特権を主張する者に、被告人以上の保障を認めるべき、正当な理由がないという。そうすると、プレス・エンタープライズⅠ判決で、すでに第1修正によって陪審選任手続の公開性が保障されている以上、ましてや、被告人が公開の手続を求めている本件では、第6修正によって公開性を保障すべきは当然だということになる。第6修正による公開性の保護が陪審選任手続にも及ぶことは、「プレス・エンタープライズⅠ、ウォーラー両判決のもとで、十分に決着がついている（well settled）」というプレスリー判決の判断は、こうして基礎づけられている。[14]

たしかにこのロジックには一定の説得力があるが、なお論拠として弱いことも、否定できないと思われる。トーマス反対意見も実際に指摘するポイントであるが、第6修正の公開性保障は明示的である反面、「トライアル」という文言上の限定がある点、第1修正とは異なる。[15]この文言から来る制約に対処し切れるかという疑問は、残るであろう。果たして、第6修正に係る先例であるウォーラー判決をみると、一方、「明示的な第6修正上の被告人の権利は、公開のトライアルを保護する点で、黙示的な第1修正上のプレスと公衆の権利に劣らないということに、疑いの余地はほとんどない」[16]と述べており、プレスリー判決と類似のロジックが現れている。しかし、ウォーラー判決は他方で、併せて、そこで問題となっていた証拠排除申立てに対する審理について、それが公開されることの利益がトライアルの場合と通底するものであること、手続の設計として陪審を立てないトライアル（bench trial）に似通っていることをも、指摘していたのである。[17]この後者の論拠に自らは触れないプレスリー判決にとって、ウォーラー判決から抽き出せるのは、第6修正が公開性を保障する範囲が陪審審理に限定されるわけではない、というところまでなのではないか。そうだとすると、具体的な、陪審選任手続への拡張については、プレス・エンタープラ

イズⅠ判決に代表させた第1修正判例の一本足で支えていることになり、過重負荷なのではないか。

以上の疑問は、第1修正サイドの先例、プレス・エンタープライズⅠ判決の事案をみると、さらに増幅される。というのも、同判決は、具体的には、プレスの権利として、手続の公開性を保障したものであったからである。ごく簡単にその事案を紹介すると、10代の少女に対する強姦、殺人の罪で有罪となり、死刑判決を受けることになる被告人の裁判における、陪審選任手続の非公開が問題とされた。非公開措置は、被告人代理人が陪審員候補のプライバシー保護のためとして求めたもので、訴追側の州も同意していた。対するに、本件上告人プレス・エンタープライズは、手続前にはそれが公衆と報道機関とに開かれて行われるべきであると申し立て、これが斥けられて手続が行われた後では文字起こしが開示されるべきだと申し立てていた。この文字起こしの開示をめぐる手続が、連邦最高裁に至って、そこで上告人の主張が、第1修正に基づくものとして認められたわけである。このようなケースで、プレス、さらにプレスを通じて間接的に手続にアクセスしようとする公衆が、手続の公開に対して有する利

益について考える限り、実質的にも、トライアルに射程を限定する理由が見出しにくいことは、たしかに頷ける。[18]しかし、これと、被告人の叔父ただ一人が陪審選任手続に立ち会えるかが問題であったプレスリー判決の事案との間には、無視できない違いがあるのではないか。

このように、プレスリー判決には、依拠した先例によって結論を十分に基礎づけられているか、少なからず疑問がある。トーマス反対意見からの批判は、論拠としての先例と結論との間に飛躍があるという弱点を指摘するものとして、的確であった。しかしながら、プレスリー判決のためにいえば、多少の論拠を補えば、その結論を支持することは、実はさほど難しくないように思われる。そして、多少先取りしてしまえば、プレスリー判決の飛躍を埋めるために想定できる補足的論拠こそ、コロナ禍以降の裁判の公開性にとってレレヴァンスをもちうるポイントなのである。項を改めて、そのようにプレスリー判決に論拠を補う方向で、議論を進めていきたい。

(2)「刑事司法システム」の「開放性」

プレスリー判決の飛躍は、立論に含まれていたいくつかの不分明と関係する。ここでそれらを列挙すれば、第1に、

第1修正と第6修正との条文間の関係をめぐる不分明。第2に、公衆としていかなる主体を想定するかをめぐる不分明。第3に、それ自体不分明であった公衆の利益が、さらに被告人の利益とどのように関わるかをめぐる不分明。これらは相互に関連するが、本章のここまでの叙述では、第1のものを基軸としてきた。しかし、縺れる糸を解きほぐすための手がかりを求めるには、むしろ、後二者にフォーカスするのが有用である。

そのうち第3の不分明については、プレスリー判決が、プレス・エンタープライズI判決のリーズニングから引き継いだものであることを、確認できる。というのも、プレスリー判決は、当事者の申出も要さずに、裁判所が非公開でない代替策を検討する積極的な義務を負うことを基礎づける文脈で、次の言明をプレス・エンタープライズI判決から引いているからである。

> 陪審員を選任する過程は、それ自体が一つの重要事項であり、それは対立する両当事者にとってだけでなく、刑事司法システム（the criminal justice system）にとっても、そうなのである。[★19]

実は、この言明こそ、元来のプレス・エンタープライズI判決のリーズニングにとって、中核ともいえる要素であった。この短い一文の中で、「刑事司法システム」という一句を梃子に、一方で人的な関与者と、他方で手続の階梯との双方について、視野を一挙に拡大しているからである。それがよく反映された、別の一節も引用しておこう。

> 被告人が公正なトライアルを受ける権利よりも高位にランクする権利はない。しかし、被告人の権利の優位性は、コミュニティの誰も（everyone in the community）が、公正さを促進する陪審選任手続に立ち会う権利と、切り離すことが困難である。[★20]

いみじくも、プレス・エンタープライズI判決法廷意見にとっての公衆は、「誰も（everyone）」であり、したがって特定の誰かである必要がない。なぜか。「誰も（anyone）が自由に立ち会うことができると確実に認識することによって、確立された手続が履践されており、また、逸脱があれば知れるであろうという、担保が得られる」からである。「開放性（openness）」は、そうして、刑事裁判の公正さと共に、公正さの外観をも支えるとされる。[★21]

ここでは、おそらくは自覚的に、情報の媒介者たるプレスが具体的事案の当事者であることも、論理のうえでの重要性を剥奪されている。してみれば、プレスリー判決がプレス・エンタープライズⅠ判決との事案の差異に無頓着であったことは、むしろ後者の論理を正解したものとして、評価することができるかもしれない。

しかし、いくら不分明が、そもそも先例に内在していたといっても、一方でプレスと、他方で被告人の親族や友人とで、それぞれが手続の公開性に対して有する利益は、やはり質的に異なる実態があるのではないか。なお燻るこのような疑問に対してさえ、「刑事司法システム」の「開放性」への関心は、一定の回答を与えうるものである。以下、判例法理の検討の最後として、このことを確認する。

(3) 公開性保障の拡張と、コミュニティの役割

もっとも、検討素材には、これまでに登場していない判決を取り上げる。プレスリー判決のリーズニングで依拠されている程度は小さいが、しかし、プレス・エンタープライズⅠ判決からの直接の系譜に連なる判決として重要な、1986年のプレス・エンタープライズⅡ判決である[★22]。両判決の連続性

は顕著であるが、いくつかの点で、後者がより明確な理論構成を与えている点があり、扱えるのはその一部になるが、既述の関心に沿う限度で検討していきたい。

簡潔にプレス・エンタープライズⅡ判決の事案を紹介すると、いずれも看護師として関わった患者を被害者とする、計12の殺人の訴因で起訴され、死刑を求刑されていた被告人の刑事裁判につき、予備審問の非公開が問題となった。公開が自らに対する偏見を助長するのを防ぐために被告人が非公開を求めたケースで、州も当初はそれに反対しなかったが、予備審問が終結するタイミングで、本件上告人プレス・エンタープライズが文字起こしの開示を求めた。以後の手続経過は省略するが、やはり連邦最高裁に至って、上告人の主張が、第1修正に基づくものとして認められている。

このように、非公開を要請するのがほかならぬ被告人の利益であるという事案であるから、それを抑えても公開性の保障が貫かれるべきだとすれば、そこで第1修正が奉仕する価値がいかなるものであるか、丁寧な分析が必要になると予想される。実際、プレス・エンタープライズⅡ判決は、この点につき注目に値する議論を展開する。

第1修正による公開性の保障が及ぶ手続の範囲を画定する枠組として、格段に明確なものが現れるのである。「刑事司法システム」に対する着目はプレス・エンタープライズⅠ判決から引き継がれるが、その機能する局面は限定かつ明確化されている。

その枠組みは、「経験とロジック」の相補的な2要素からなる。前者は、ある手続につき、歴史的にみて開放的なものであったかどうかを問題にする。それに対して後者は、当該手続が機能するうえで公開性が重要な役割を果たすものであるかどうか、という問題である。[★23] プレス・エンタープライズⅡ判決は、予備審問について、この双方を肯定するのであるが、ここで注目したいのは「ロジック」に関する説示の方である。

そこで判決は、予備審問の機能における公開性の役割を論ずる、まさにその中で、「総体としての刑事手続過程（the overall criminal proceedings）」に観点を移す。そうすると、予備審問が、「しばしば刑事手続における終局的かつ最重要の階梯」であるという認識が得られる。同様に、陪審が不在の状況では、「予備審問への公衆のアクセスはなお一層重要なものになる」ことも指摘される。[★24] ここで想定されているの

は、アメリカ刑事司法の優れて現代的な問題状況である、トライアルの減少という事態であろう。いわゆる答弁取引と密接に関わるその背景にまで説き及ぶ余力はないが、2012年のある最高裁判決でも「今日の刑事司法は、大半において有罪答弁のシステムであって、トライアルのシステムではない[★25]」と明言されているように、トライアルに至って終結する事件は、今や稀なのである。

こうして、プレス・エンタープライズⅠ判決においては、ただ手続諸階梯の区別のレレヴァンスを低下させる機能の方が目立った「刑事司法システム」への着目が、プレス・エンタープライズⅡ判決では、積極的かつ明確に、トライアル以外の手続への公開性保障の拡張を要請することになった。同判決こそが、下級審における公開性保障の射程拡大の本格的起爆剤となったという指摘があるが、それも故無しとしない。[★26]

そして、ここまで来れば、実はプレスリー判決までの距離も、もうほとんど残っていないのである。というのは、まず主体についてみると、トライアルの外の広大な領野までを視野に入れたときには、プレスが関心をもつのは些少な一握りにすぎない。刑事手続の「総

体」について満遍なく、公衆からのアクセスを現実的なものとして想定するためには、事件に具体的関心をもつコミュニティの役割にも期待をかける必然性がある。さらに、そうした公衆からのアクセスが、手続の公正性の確保に寄与することが期待されている以上は、プレス・エンタープライズⅡ判決のように被告人自身が非公開を求めていたケースは措いても、通常は第6修正の被告人の権利の射程に収めることに、さしたる困難はないはずである。

このように論理のうえでは十分に熟していた機を生かすには、プレスリー判決の事案は格好のものであった。そのような事案が2010年まで現れなかったことが、偶然によるのか、何らか構造的要因があるのかについては、本章は答えを持ち合わせない。しかし、遅くとも10年前の時点で、傍聴人がルーティン的なトライアル以外の手続にアクセスするのを事実として阻害する圧力が存在していたのは、確かだと思われる。プレスリー判決は、それに対する連邦最高裁の反応であった。

しかるに、まさにその種のアクセスこそ、コロナ禍が最も大きな影響を与えた類型だと思われる。だからこそ、本章も、その位置づけを探って、延々と判例法理の展開を辿ってきたのであ

る。いよいよ、その成果を踏まえて、パンデミック下の現実を考察してみることにしよう。

3 リモート手続における公開性確保

本章における判例展開の検討の基軸は、公開性が保障される手続の範囲の拡大という現象であったが、そうして保障が及ぶようになったトライアル以外の広汎な手続が、コロナ禍ではリモート手続の対象とされたのであった。実際上やむをえない措置であっただろうが、解釈論上提起される問題も多い。物的空間としての法廷にアクセスできないだけで公開性の要請を満たさないと考えるか、それとも、リモートでも公衆に広くアクセス可能性が開かれている限り公開されていると考えてよいかさえ、自明ではないのである。[27]

しかし、個別具体的な手続を想定した従来の解釈論の中に位置づけることをいったん断念し、マクロの手続全体へのインパクトという視点を採ったら、どうか。本章の教訓の一つは、判例法理も、後者の視点への関心に裏打ちされており、したがって、それも解釈論と無関係ではないということであった。そして、すでに指摘したとおり、感染症対策を目的とするアクセス制限、代替策としてのリモート手続の活用、い

ずれも広汎に行われた制度的対応であり、マクロな視点からの検討に馴染む。

そうした視点からみると、まずは、リモート手続の活用がもたらしうるメリットが目立つ。従来、手続の公開を事実として制約する圧力として無視できなかったのが、空間的制約を中心に、裁判所の物的設備の不十分さであった。ストリーミングにより、オンラインでアクセスする方途が確保されれば、物的設備はもはや問題にならず、手続へのアクセス可能性を広げるであろう。

しかし、そればかりを一方的に重視してよいだろうか。従来の公開性保障は、手続の特質として対面が求められる場合は別論、基本的にはリモート手続を通じた公開性によって代替されうるものであったのだろうか。

そうではない、という回答の可能性を探るのが、本章の試みであった。傍聴人、つまり法廷という空間に立ち会うことによって裁判にアクセスする公衆にフォーカスしたのも、そのための方途としてである。一つの範型として、プレスリー判決における被告人の叔父を設定し、彼が与えられた保護について、先例上の基礎を点検した。その中で、判例法理が想定する手続の公開性にとって、傍聴人が重要な位置を占めるということは、確認できたと思う。

第1に、プレス・エンタープライズI判決に端的に現れた「開放性」のヴァージョンは、重要である。法廷の開放性について最高裁が与える分析を評して、ある論者が用いた表現を借りれば、情報源ではなくて、むしろ街路や公園との類推で語られるものとして、法廷や裁判は構想されている。[★28]つまり、「誰もが自由に立ち会うことができる」ことに、情報へのアクセスには尽きない意味が認められるのである。極端な例を想定すれば、情報だけであればプレスを通じて入手できることで満足し、法廷に立ち会えるのはプレスに限定するという構想も、更地からは想定できるところ、これは判例の基礎にある構想とは相容れないと思われる。

第2に、特にプレス・エンタープライズII判決において、刑事司法総体への関心が、トライアル以外の手続の重要性の認識と明確に結びついて以降、傍聴人に期待される役割は、一層増大したはずである。つまり、彼（女）らの手続へのアクセスが、ますます機能してくれなければ、刑事手続全体の公正性確保は覚束ない。

これらの観点を加えたとき、リモート手続による代替は、一見したところよりはるかに困難に感じられるようになる。たしかに、空間的容量をもはや

問題にしないで済むアクセス可能性の拡大は、表層的には、「誰もが自由に立ち会うことができる」手続の実現に思われるかもしれない。しかし、そこでの手続は、もはや、街路や公園と類比されるような伝統的な場としての機能を、喪失しているであろう。人々が、自らが関心を有する手続に随時ヴァーチャルにアクセスできるのは、いかにも効率的であろうが、そのように各々私的な範囲に寸断された限りでの開放性は、却って現実のアクセスの総量を低下させると見込むことにも、十分な理由がある。このように考えると、リモート手続の大胆な活用は、パンデミック下の諸制約の中でこそ公開性をある程度下支えするが、それら制約がクリアーされたときには、再び制御されて然るべきものではなかろうか。

もちろん、これは現時点での筆者の観測にとどまる。アメリカ司法が、実際にどのような選択をするか、将来の展開を注視すべきであろう。もっとも、パンデミック下でリモート手続が活用されるようになって以降も、それで傍聴人が見失われることへの問題関心は、低調なようである。[29] してみると、自覚的な議論は期待しにくいかもしれないし、せいぜい、本章の懸念は杞憂と片付けられるにすぎないかもしれない。

おわりに

日本においては、コロナ禍に直面しての司法の反応は、端的に言ってダイナミズムを欠く。裁判員裁判は、2002年4月からの緊急事態宣言下で多くの期日が取り消されたことで話題を呼んだが、それ以降、アクリル板、傍聴席数の制限といった地道な感染対策を取り入れて実施されているようである。[30] かねてより指摘されてきたIT化の遅れも、パンデミック下で劇的な進展をみたわけではなく、特に刑事について、なお停滞が語られる。[31] 民事の分野に目を向ければ、裁判手続のオンライン化やODRの推進など、動きが比較的活発であるが、それでも変化は鈍重であるといわざるをえない。

ただ、本章が扱ったアメリカとの比較では、彼我でパンデミックがもたらした危機の深刻さが違ったことは、軽視できない事情である。その限り、ダイナミズムを欠いたことも、一概にネガティヴに評価されるべきものではないのかもしれない。ただそれが、日本の司法の公開性に対する尊重の程度を反映してもいないかと懸念を抱きつつ、[32] 筆者としては、これも杞憂であることを願うばかりである。

〔岡野誠樹〕

[追記] 校正段階で、水谷瑛嗣郎「オンライン裁判から考える『裁判』像——憲法の視点から」法学セミナー791号（2020年）36頁以下に接した。

★

1. 本章では、州憲法上の保障には立ち入らない。なお、州レベルの手続に対しても、本章で問題となる第6修正、第1修正上の権利保障は、第14修正のデュープロセス条項を通じて規律を及ぼす。

2. E.g., United States Courts, *Courts Making Juror Safety a Top Priority* (Sep. 10, 2020), https://www.uscourts.gov/news/2020/09/10/courts-making-juror-safety-top-priority. なお、本章で引くインターネット情報の最終閲覧は、すべて2020年12月28日である。

3. E.g., United States Courts, *Courts Suspending Jury Trials as COVID-19 Cases Surge* (Nov. 20, 2020), https://www.uscourts.gov/news/2020/11/20/courts-suspending-jury-trials-covid-19-cases-surge; New York State Unified Court System, *Memorandum: Revised Pandemic Procedures in the Trial Courts* (Nov. 13, 2020), http://www.nycourts.gov/whatsnew/pdf/JT_Memo_Nov13-001.pdf.

4. E.g., United States Courts, *Courts Deliver Justice Virtually Amid Coronavirus Outbreak* (Apr. 8, 2020), https://www.uscourts.gov/news/2020/04/08/courts-deliver-justice-virtually-amid-coronavirus-outbreak; New York State Unified Court System, *Virtual Court Operations to Commence in NYC Mid-*

week (Mar. 22, 2020), http://www.nycourts.gov/LegacyPDFS/press/PDFs/PR20_07.pdf; New York State Unified Court System, *Virtual Courts Expanded Beyond the Limited Category of Essential and Emergency Matters* (Apr. 13, 2020), https://www.nycourts.gov/LegacyPDFS/press/PDFs/PR20_15virtualcourtstortsetc.pdf. なお、連邦裁判所における刑事手続でのリモート手続の活用を根拠づける制定法としては、CARES法（Coronavirus Aid, Relief, and Economic Security Act, Pub L. No. 116-136, 134 Stat. 281 (2020)）が重要である。同法は、合衆国司法会議が「緊急事態」性を認めていることを条件に、各連邦地裁の首席裁判官に、管内でビデオ会議ないし音声会議を用いて刑事手続を行うことを許す権限を認めている。

5. Kevin Penton, *Court Accused Of Blocking Public Access To Trials Amid Virus*, Law360 (Jun. 29, 2020), https://www.law360.com/articles/1287367/court-accused-of-blocking-public-access-to-trials-amid-virus.

6. Presley v. Georgia, 558 U.S. 209 (2010).

7. 後述2（2）も参照。

8. *Presley*, 558 U.S. at 214-16.

9. 以下の2段落における叙述は、Jocelyn Simonson, *The Criminal Court Audience in a Post-Trial World*, 127 HARV. L. REV. 2173, 2184-89 (2014) に基づく。

10. リモート手続には多様なヴァリエーションがありうるが、本文で設定した問題に即して、以下では、ストリーミング技術により提供される手続の映像ないし音声に、裁判所外から公衆がアクセスする場面を、基本的に想定する。その中には、手続本体がZoom等のビデオ会議システムを用いて行われて、その画面映像がストリーミングで流されるという状況も想定できる。これと、手続本体は対面で行われている

場とでは、法的にも実践的にも重要な相違があろうが、その間の区別には本章では頓着しない。

11. Press-Enterprise Co. v. Superior Court of Cal., Riverside Cty., 464 U.S. 501 (1984) (Press-Enterprise I).

12. Waller v. Georgia, 467 U.S. 39 (1984).

13. *Presley*, 558 U.S. at 216-18 (Thomas, J., dissenting).

14. *Id.* at 213.

15. *Id.* at 217 (Thomas, J., dissenting).

16. *Waller*, 467 U.S. at 46.

17. *Id.* at 46-47.

18. スティーブンス（Stevens）裁判官同意意見が推し進める方向である。*Press-Enterprise I*, 464 U.S. at 516-18 (Stevens, J., concurring).

19. *Presley*, 558 U.S. at 214 (quoting Press-Enterprise I, 464 U.S. at 505).

20. *Press-Enterprise* I, 464 U.S. at 508.

21. *Ibid.*

22. Press-Enterprise Co. v. Superior Court of Cal., Cty. of Riverside, 478 U.S. 1 (1986) (Press-Enterprise II).

23. *Id.* at 8-10.

24. *Id.* at 11-13.

25. Lafler v. Cooper, 566 U.S. 156, 170 (2012).

26. Simonson, *supra* note 9, at 2206-16.

27. *Cf.* Michael Shammas & Michael Pressman, *Advocacy through the Computer Screen: The Permissibility & Constitutionality of Jury Trial by Video Conference* 4, https://papers.ssrn.com/sol3/papers.cfm? abstract_id=3664014 ("There is no reason why online jury trials cannot be public.")

28. C. Edwin Baker, *Media That Citizens Need*, 147 U. PA. L. REV. 317, 401 (1998) ("[T]he Court's initial analysis of courtrooms' openness was based less on a right of access to information and more on a tradition of courtroom trials as places where people could gather information about their government. For First Amendment purposes, this led the Court to analogize the courtroom and trial to streets and parks, rather than to governmentally held informational resources.").

29. Susan A. Bandes and Neal Feigenson, *Virtual Trials: Necessity, Invention, and the Evolution of the Courtroom*, 68 BUFF. L. REV. (forthcoming 2020) (manuscript at 57 n.207), https://papers.ssrn.com/sol3/papers.cfm?abstract_id=3683408#.

30. 「裁判員裁判『3密』軽減急ぐ」日本経済新聞2020年6月4日朝刊28面。

31. 「コロナ禍で司法停滞」日本経済新聞2020年7月16日朝刊34面、「刑事裁判IT化に遅れ」日本経済新聞2020年9月27日朝刊2面。

32. 「開放性」が、手続の公正さとその外観とを共に支える、と論じるプレス・エンタープライズⅠ判決の説示は、事案類型の相違にかかわらず、最大決平成10年12月1日民集52巻9号1761頁で用いられたロジックを想起させる。そこでは、司法（具体的には裁判官）と市民とのコミュニケーションを、むしろ閉じることによって、裁判官が「外見上も中立・公正」であることが確保されるとの想定がなされているとうかがわれる。

新型コロナ感染拡大防止のため出席議員数を制限して
行われた第202臨時国会開会式（UPI／アフロ）

❸リモート国会
——物理的な出席は憲法が求めるものなのか

はじめに

　新型コロナウイルスの感染拡大を受け、遠隔授業やリモートワークが進む中、国会や地方議会においても密閉・密集・密接の「3密」を回避することが課題となった。その際に、インターネットなどの情報通信技術（ICT）を用いて国会審議に参加する仕組みや遠隔投票による採決実現を求める意見が与野党から出された。ただ、憲法56条で規定する議員の「出席」の解釈をはじめ、「憲法との関りがあるので、慎重な議論が必要」という否定的な意見が多いことや、国会議員に感染者が

あまり出ていないことなどから、一時的な感染防止対策を講じるにとどまっている。

　しかし、世界に目を向ければ、新型コロナウイルスの感染を防ぐために、いくつかの国の議会ではオンラインによる審議や採決を試験的に導入する動きもみられる。たとえば、イギリスの下院（定数650人）では4月22日にテレビ会議システム「Zoom」を使った審議を取り入れた。約700年の歴史を有する下院においてオンライン審議は初の試みであり、注目を集めた。イギリスがオンライン審議の導入を行った背景には、議会のクラスター化が存在した。

新型コロナウイルスの感染が急拡大する中でもすし詰め状態で議論を続けた結果、ジョンソン（Boris Johnson）首相やハンコック（Matt Hancock）保健相ら感染する議員が次々に出てくるといった事態が生じたのである。こうした事態のもと、「議場は危険」という認識が広がり、遠隔投票も実現した。

イギリス以外にも、新型コロナウイルス感染者数が世界トップであるアメリカでは３月18日に初めての連邦議会議員感染者[★5]が確認され、それに伴って十数人の議員が隔離されたことを受けて、議会の指導部はオンライン審議や採決について検討を開始し、下院は５月15日に議事規則の特別規定にあたる決議第965号[★6]を採択し、下院本会議での代理人議員を通じた遠隔投票を認めるに至っている。

こうした諸外国の状況と比較したとき、日本の国会内で感染者が出て拡大した場合、果たして現状のままで必要な審議や決定を行いうるのだろうか。もちろん、オンライン審議や採決には、憲法上の規定（定足数）やセキュリティなど様々な懸念も存在する。しかし、国会内に人が密集することを一時的に回避すればよいという問題ではなく、議員が地元選挙区と国会との行き来をすれば、秘書などのスタッフも議員に帯同するのは当然であり、感染を各地に拡大させる要因ともなりかねない。「いずれ終わる例外的な事態」と消極的に解するのではなく、誰もが未経験の事態であるからこそ、リモート国会の実現に向けた諸課題を検討しておく意義は十分にある。本章では、諸外国の状況を示しつつ、日本におけるリモート国会のあり方を検討する。

1 日本の現況
──「出席」の解釈をめぐって

日本におけるリモート国会の実現への法的な障壁となっているのは憲法56条である。憲法56条は、「両議院は、各々その総議員の３分の１以上の出席がなければ、議事を開き議決することができない。両議院の議事は、この憲法に特別の定のある場合を除いては、出席議員の過半数でこれを決し、可否同数のときは、議長の決するところによる。」（傍点筆者）と規定し、両議院の議事方法のうち、議事を開き議決をするための定足数と、普通の場合の議決方法とを定めている。定足数には、議事を開くための定足数と議決をするための定足数とがあり、国によっては両者の定数を異にするものもあるが、日本では両者の定数を同一にし、一つにまとめて規定する[★7]。憲法56条の定め

る定足数は本会議のそれを指し、委員会の定足数については国会法で規定されている。[★8]これらに規定される「出席」とは、一般に会議に参加する意思をもって本会議場ないしは委員会室に現在することを意味すると従来解されてきた。[★9]

「出席」に関するこのような解釈は、地方議会におけるオンライン審議や採決にも影響を与えている。総務省が「新型コロナウイルス感染症対策に係る地方公共団体における議会の委員会の開催方法について」（2020年4月30日付け総行行第117号総務省自治行政局行政課長通知）により、自治体条例や会議規則を改正すれば委員会をオンラインで開催できるとしたことで、委員会のオンライン開催が行われるようになった。[★10]しかし、地方議会の本会議においては、地方自治法113条の「出席」や116条の「出席議員」が国会のそれと同様に、現に議場に出席していることと解されるため、オンライン審議や採決ができないこととなっている。[★11]

では、憲法56条の議員の「出席」をどのように考えることができるだろうか。この点については意見が分かれている。[★12]たとえば、宍戸常寿教授は「〔憲法56条の要件を満たし〕成立した本会議にオンライン参加しても良いのではないか。『出席』は本会議場に集まることに限らない。（議場にいない議員も）審議に参加して表決し、その様子が公開される議会制の本質的要素を満たせば、出席と見て差し支えない」とする。この見解は、「衆参両院には、会議の運営方法を決める議院自律権がある」ことに基づき、「憲法の枠内で議院規則を制定すれば出席のあり方も変えられる」というものである。国会の本会議や委員会の形式的な成立要件は憲法上の要請として最低限維持しなければならないが、それ以外の事柄については議院自律権に基づいて決定することができるということになる。

こうした見解に対して、長谷部恭男教授は「国会議員の『出席』の意義は『全国民を代表する』という職責と切り離しては考えられない」とし、「その場に見える形で物理的に存在する必要があ」り、「『出席』なき『代表』はあり得」ないという立場から、リモート国会に否定的な見解を示している。[★13]また、「感染症を理由にオンラインでの出席を認めれば、憲法の定める原則自体を変えることになる」ことから、まずは「感染を防ぐために何が必要かを考えるべきだ」とする。この見解によれば、国会議員の出席は、全国民を代表する議員の職責と表裏の関係にあるとされる。それゆえ、議員は議場に

目に見える形で出席（present）することにより、その場に現前（present）することのない全国民を代表（represent）することになる。会議に出席することは憲法上の要求として捉えることになるのだろう。

しかし、1946年の憲法公布時には議決時は議員が議場にいることを想定していたにすぎないこと、議事を開くための定足数はまったく定めのない国も少なくなく、議決のための定足数が「多数決の原理を実行あらしめるために」要求されるものであること、憲法上のハードルとされる「『出席』の定義については衆参各院が判断できる」ことに鑑みれば、「現に出席していること」と憲法上厳格に解すべき特段の根拠は存しないようにも思われる。この点、リモート国会の実現の機運の高まりがないことに伴い、議論が活発化していないこともあるため、オンライン審議や採決を試みた諸外国における状況を概観したうえで、改めて日本におけるリモート国会のあり方を考察する。

2 諸外国（欧州）における試み

諸外国の立法府は、パンデミックの中、採決や行政監視実施をめぐる課題を解消するために様々なアプローチを採用してきた。欧州のいくつかの議会では遠隔投票を採用し、その他の議会ではこうした実践を検討するようになったものの、イギリス以外の先進7か国（G7）内のいずれの国も2020年4月中旬の時点では、遠隔投票の実施に踏み切っていなかった。

イギリス庶民院に宛てられた4月4日付けの書簡の中で、議長のリンジー・ホイル（Lindsay Hoyle）は、下院議員が会期中、毎日最初にテレビ会議システムを通じて質疑や発言を行うことができるようになると説明した。そして4月16日、庶民院委員会は、議員が4月22日以降、Zoomを用いて大臣や首相に質疑を行えるようになると発表し、遠隔投票システムについての決定を下院本会議に委ねた。これを受けて、4月21日、庶民院は全会一致で「ヴァーチャル議会」を承認し、その結果、一度に議場に入場できるのを650人の議員のうちの50人のみとし、さらに別の120人がテレビ会議を通して遠隔的に参加できることとなった。参加者は、前の選挙で獲得された議席数に基づき、政党間で割り当てがなされることとなった。こうして、イギリスでは4月22日、およそ700年にわたるイギリス議会の歴史で初めてテレビ会議形式による審議が開始された。

また、列国議会同盟(Inter-Parliamentary

Union）は、すでに遠隔投票を制定化している欧州の立法府をリスト化している[19]。たとえば、クロアチアの議会は、委員会による遠隔会議の開催やEメールまたはテキストメッセージを通じた遠隔投票を認める措置を実施している。チェコ共和国の議会もまた、国会がWebexによる遠隔投票を採用している。さらに、ルクセンブルク上院もWebexを使用した委員会や点呼投票を認めている。スペインの国会は、3月に本会議を開催したときには、出席することのできない議員を対象にテレビ会議および遠隔投票を採用した。

このようにイギリス以外の先進7か国では、8月中旬の時点で遠隔投票の制度化にまでは踏み切っていない。たとえばフランスでは、上院が委員会をTixeoを用いてテレビ会議形式で開催し、下院も同様に遠隔での委員会を開いたが、遠隔投票を承認するには至っていない。

3 アメリカ連邦議会における遠隔投票

新型コロナの感染拡大という危機的状況の中で、欧州ではイギリスをはじめ、いくつかの国々においてオンライン審議や採決が試みられてきた。新型コロナウイルス感染者数が世界トップ

であるアメリカでも3月18日に初めての連邦議会議員感染者の確認を受けて、議会の指導部はオンライン審議や採決について検討を開始した。当初は、党派に関係なく、下院議長であるナンシー・ペロシ（Nancy Pelosi）や上院共和党院内総務であるミッチ・マコンネル（Mitch McConnell）などのベテラン議員らは、会議の時間を制限したり、議場における議員の数を減らしたりなどのわずかな手続面の修正を施せば新型コロナウイルスのリスクには十分対応できるという認識から、遠隔投票には反対の立場を示していた[20]。しかし、下院議長のペロシが党内の圧力を受けて、下院議院規則委員会に遠隔投票に関してさらなる検討を行うよう付託したことで、下院では遠隔投票の実現に向けた動きが加速した。

(1) 上院における遠隔投票に向けた動き

上院では共和党院内総務のマコンネルをはじめ、遠隔投票に反対の共和党議員が多数派を占めるため、今日に至るまで遠隔投票は実現していない。しかし、上院では下院よりもいち早く遠隔投票実現のための議事規則修正の決議案が出され[21]、また、4月30日には上院の歴史上初となるオンライン公聴会が調査小委員会で開催された。いずれも共

和党のロブ・ポートマン（Rob Portman）上院議員によるものである。ポートマン議員は民主党のディック・ダービン（Dick Durbin）上院議員とともに、3月19日に決議案第548号を上院議院規則運営委員会に提出した。同決議は上院規則7条に以下の文言を追加することで、国家的な危機における欠席議員の参加を可能にする修正である。

5. 上院議員が直接自らの票を投じることが実行可能でないほどの国家の非常危機が存在すると多数党院内総務またはその指名する者および少数党院内総務またはその指名する者が判断する場合には、上院議員は、院外から自らの票を投じるために信頼でき、かつ安全であると上院事務局長、守衛官および門衛長が承認した技術を用いることができる。その場合、こうした状況下にある上院議員が本項に基づき票を投じることができるのは、そのような判断がなされた日から起算して30日間に限られるものとする。ただし、この期間は、適正に選出され宣誓を行った上院議員の5分の3の賛成票によって延長することができる。この期間中、本項に基づき自らの票を投じるために遠隔的に参加して、承認を受けた技術を用いる上院議員は、定足数のために、出席したとみなされるものとする。……

また、ポートマン議員が委員長を務める常設の調査小委員会は4月30日に、Webex を用いて「危機的状況における上院運営の継続性と遠隔投票」と題するラウンドテーブルで公聴会を開催した。これに先立ち、ポートマン議員は同委員会の少数党筆頭理事であるトム・カーパー（Tom Carper）議員とともに合同のメモを公表した。小委員会のスタッフによって作成されたメモには、特に遠隔投票を導入する際して上院が検討すべきセキュリティ技術における三つの原則（後述）が強調されていた。このように上院では後述の下院とは異なり、完全な形での遠隔投票の実現に向けた動きが一部議員によって提唱されたものの、結果的には共和党院内総務であるマコンネルをはじめ、反対の声が多く、今後も実現の見込みはない。

（2）下院における遠隔投票の試み

下院では5月13日に議院規則委員長であるジム・マクガバン（Jim McGovern）によって、本会議において代理人議員を通じた遠隔投票を認めるための決議案第965号が提出され、5月15日に217対189の賛成多数で採択された。下院決議第965号の内容は次のようになっている。

1条では「公衆衛生上の緊急事態に

おける本会議での代理人議員を通じた遠隔投票の授権」に関する内容が規定されている。新型コロナウイルスに伴う公衆衛生上の緊急事態下にあることについて、守衛官が議会医務官と協議したうえで下院議長等に通知した後であればいつでも、下院議長等は、少数党院内総務等と協議のうえ、出席する議員に代理人議員として投票または出席の記録が可能となる45日間の適用期間を指定することができる。また、当該期間は議会医務官と協議のうえでの守衛官からさらなる通知を受けた場合には45日間延長できる。

2条では「代理人議員指名手続」について規定されており、代理人議員を通じた遠隔投票等を行う議員は、代理人議員の氏名を特定する署名済みの書簡（電子的形態も可能）を議会事務官（クラーク）に提出する。1人の代理人は10人までの議員を代理することができる。

3条では「適用期間中の投票手続」について規定されており、適用期間中に記録投票もしくは賛否表決が請求される場合や定足数不足の異議が出された場合には、賛否表決が行われ、電子投票装置による投票の場合には、代理人議員は投票用紙に「代理人により」と明示する。また、代理人議員は投票

等につき、指名する議員からの厳密な指示に従って投票または出席の記録を行う意図がある旨を公表するために、議長に認証を求める。

4条では「委員会における遠隔審議の授権」について規定されており、いずれの委員会も、本条に従って遠隔審議を実施することができ、そのように遠隔実施された議事は、下院の公式の議事とみなされる。なお、委員会は、秘密会または非公開の会合を遠隔で実施できない。

5条では「下院本会議での遠隔投票の実行可能性に関する調査および認証」について規定されており、下院議院運営委員長は、少数党筆頭理事と協議したうえで、下院本会議における遠隔投票を実施するための技術の将来における実行可能性を調査し、運用可能かつ安全な技術が存在するとの認定がされ次第、認証書を下院に提出する。下院議院規則委員長が、少数党野党筆頭理事と協議のうえ、遠隔投票を実施する規則を会議録に印刷するために提出した後、下院議長の通知により、下院本会議で遠隔投票が実施される。

この決議を受けて、ペロシ下院議長は5月20日に45日間の遠隔投票の開始を宣言して以降、数回の延長を経て、直近では11月13日に延長の宣言を行

い、12月31日まで代理人を通じた遠隔投票が可能となっている。

4 遠隔投票をめぐる憲法問題

　新型コロナウイルスの感染が拡大するアメリカにおいて、議員が感染拡大の要因とならないとともに議会の機能を維持するという観点から、下院において代理人を通じた遠隔投票の実施が可能となった。しかし、「議事を行うための定足数は、各議院の議員の過半数である。」と規定する合衆国憲法1条5節1項が、本会議において議員の現実の出席を求めていることから憲法と抵触するのではないかということが指摘されていた。実際に、当初から代理人を通じた遠隔投票に反対してきた共和党指導部は、下院決議965号は違憲であるとして5月20日に連邦地裁に訴訟を提起している[★24]。また、遠隔投票と憲法上の問題については、前述の上院の調査小委員会におけるスタッフメモや下院規則委員会の多数派スタッフの作成した報告書でも紙幅が割かれ[★25]、さらには議会調査局（CRS）が取り上げている[★26]ことからみても、アメリカにおいて遠隔投票を実現するための一つの重要論点になっていることがわかる。

　合衆国憲法は、各院に対して規則制定権を付与しており、上下院で議事手続に相違点（たとえば、電子投票は下院のみなど）がみられるように、広汎な裁量権を認めている。各院がその内部手続においていかなる方法を採用するかについては各院の決定にすべて委ねられている。ただ、この裁量は無制限というわけではなく、憲法上の制約を無視したり、基本的人権を侵害したりすることは認められない。そのため、まず問題となるのは、遠隔投票が憲法と抵触するかである。

　第1に、合衆国憲法が現実の出席を求めているか否かについては、直接に行うことを明白に想定する規定があることが指摘される。たとえば、1条4節や修正20条には連邦議会が1年に一度「招集する（assemble）」という文言、1条5節には「欠席議員の出席の強制」という文言、1条6節には「議院の会議に出席中……逮捕されない。」という規定がある。ただ、これらの規定は起草者が連邦議会における物理的な出席を想定していたことを意味するものの、遠隔投票を明確に禁止しているとまではいえない。

　第2に、遠隔投票の実施にあたり一番問題となる「定足数」要件が挙げられる。1条5節が「議事を行うための定足数は、各議院の議員の過半数である。」と規定する定足数要件は、憲法

制定会議の頃から議会運営において十分に確立されたものであった。下院ではかつて議事も討論もともに定足数は必要だという規則に基づいていたが、議場にいるが投票しないという場合に定足数の決定にカウントしないことが議事進行妨害につながることから、トマス・リード（Thomas Reed）が下院議長であった1890年に解釈をし直し、投票の有無に関係なく出席議員をすべて算入することとになった。そのことが問題となった合衆国対バーリン事件[27]で、連邦最高裁は議院規則制定権について、各院が自らの規則について判断する権能を有しているものの、各院は「憲法上の制約」を無視してそのように判断することはできず、「規則が設定した手続の態様または方法と、達成されるべき結果との間に合理的な関連性があるべき」とした。そのうえで、1条5節の定足数要件の解釈について、合衆国憲法は過半数の出席を求めているが、過半数の出席をどのように認定するかを決定するうえでの大幅な敬譲を下院に認めているとした。そして、合衆国憲法が当該認定を行う方法について何ら定めていないことから、「過半数の出席を確認するために合理的に確実とされる方法を定めるのは下院の権限の範囲内であり、そのため、下院

が『審議を行う状態にある』という事実が立証されることになる」と判断した。前述の上院の調査小委員会のスタッフメモや下院規則委員会の多数派スタッフの報告書、さらにはCRSの報告書においてもこのバーリン判決が今回の遠隔投票の合憲性を支える重要な先例として位置づけられている。

ただし、各院に「過半数の出席を確認するために合理的に確実とされる方法を定める」広汎な権限が認められるとしても、「出席」とは何を意味するのかということが次に問題となる。連邦議会の歴史の中で、上下院ともに物理的な存在と切り離して、定足数の存在を確定する方法を検討したことは一度もない。仮に、物理的に存在することを1条5節が要求する「出席」と解するのであれば、遠隔投票に参加する議員を定足数に算入することを認めることは各院に認められた憲法上の権限を逸脱していることになる。他方、合衆国憲法が定足数を決定する方法については何ら規定を置いていないこと、前述のバーリン判決で示された内容——「出席」を下院が「審議を行う状態」にあることと関連させて用いていたこと——を重視して、遠隔投票に参加する議員を定足数の決定に算入することは議院の権限として認められると

解することもできる。最後に、こうした問題は、1条5節の定足数要件の最終的かつ解決の手がかりとなる解釈を行う権限を付与されているのが裁判所なのか各院なのかという問題とも関連する。

5 遠隔投票をめぐる技術的問題

　遠隔投票を実現するにあたっては、憲法上の問題のみならず、セキュリティなどの技術的問題も検討を要する。オンライン審議や採決を行う場合であっても、議場に存在するのと同様に、議員の身元や投票の正当性に対する信頼を確証するようなセキュリティ水準を提供する制度でなければならない。この点、前述の上院の調査小委員会のスタッフメモにおいては、セキュリティ技術に関する提言もなされており、そこには三つの原則（①暗号化、②認証、③照合）が検討課題として挙げられていた。

　第1に、遠隔投票を実施した場合の各議員による投票が送信中に暗号化されるのを徹底する方策が必要とされる。暗号化のツールとして3種類のものが示されている。一つ目のツールは、エンドツーエンド暗号化（E2EE）技術である。E2EEを使用した通信では、ネットワークを通じてやり取りされるメッセージなどのデータは、発信者と受信者の双方の端末でのみ正しく閲覧できる。それ以外の通信中のデータはすべて暗号化された状態で扱われるため、あらゆるタイミングで第三者による傍聴・窃視を阻止できる。二つ目のツールは、ブロックチェーンである。ブロックチェーンは、その暗号化された分散型台帳技術を有することで、投票を安全に送信するのみならず、正確な投票の認証を行うこともできる。また、ブロックチェーンは、取引ならびにすべての議決投票の改ざんを伴わない電子記録にあたっての安全で透明性の確保された環境を提供しうる。三つ目のツールは、国務省、国防総省、国土安全保障省、司法省間で、極秘情報をやり取りする、世界規模の情報通信共同システム（JWICS）類似のシステムを用いることである。

　第2に、議場で議員が直接投票するのと同様に、上院議員だけが投票を行うことができることをシステムが保証するのを徹底するための方策が必要とされる。まず、民間部門やその他の連邦政府機関ですでに採用されている、信頼性が高く安全なID認証手法である。近年では、多要素認証がセキュリティの中心になっている。2要素認証がよく知られており、パスワードに加

えて、電話への応答や、電子メールで送信されたコードの取得により、ログイン試行の正当性の確認が要求される。遠隔投票の実施の際の多要素認証の利用に際して必要とされる要素として、(a)パスワード、(b)トークン、(c)生体認証である。

第3に、議員による投票の照合が不可欠となる。遠隔投票には議員の投票を検証または公証する監査機構が備わってなければならないとされ、具体的には、信頼できる第三者に議員の投票を検証させるといったものが想定されている。

おわりに

新型コロナウイルスの感染拡大を受けて、イギリスやアメリカでは、議会が議員の生命を脅かすことなくその任務を遂行する方法を見つけることが重要であるという観点から遠隔投票の実現に向けた試みがなされていた。遠隔参加と投票は、各国議会の議員が自国の国民を代表し、危機に対処する必要な法律を可決し、安全な状態になるまで国を前進させる手段を提供することになる。他方で、その実現に向けては法的な問題のみならず、技術的な問題も存在する。法的な問題としては「定足数」要件を充足するための「出席」をどのように解するのかが鍵となる。この点、バーリン判決が示したように、かような要件はまさに「審議を行う状態」にあることと関連させて解すべきであり、オンライン審議が議員によって議場におけるのと同様に十分に参加可能なものであれば、「出席」を物理的なものに限定せず、オンラインによる参加も含めると解することは議院の判断として合憲的に行いうるものであるといえる。また、技術的な問題については、外部からの悪意ある攻撃を防ぎ、審議プロセスの整合性を確保するために、オンライン審議と採決の際に用いられる手段は慎重に検討されなければならない。

最後に、法律や議院規則のいかなる変更であっても、議会ができるだけ早く通常の対面手続に戻り、対面でのやり取りの目には見えないが、非常に現実的な利点を失わないようにすべきである。そして、何よりも重要なことは、常に国と議会をできるだけ安全に速やかに通常の機能に戻すことである。

〔小林祐紀〕

★

1. 自民党若手議員有志による「コロナを機に社会改革プロジェクトチーム（PT）」は2020年4月、国会のネット中継での視聴やウェブ会議への参加も「出席」とみなすよう求める提言をまとめた。参院では、重い身体障害がある舩後靖彦議員が3月にオンライン審議の検討を求めた。東京新聞2020年4月26日。なお、新型コロナウイルスとは関係なく、自民党内では数年前から、女性議員が妊娠や出産で議場に行けない場合の、ICTを用いた議決参加が検討されてきた。

2. 国会議員の新型コロナウイルス感染者は2020年9月18日（高島修一衆議院議員）まで一人も確認されておらず、その後も桜井充参議院議員、小川淳也衆議院議員のわずか3人にとどまっていた。しかし、12月以降新たに5名が感染し、うち12月27日に羽田雄一郎参議院議員が新型コロナウイルスに感染して亡くなった。

3. 衆議院本会議では4月中旬から、定数465人（欠員1人）のうち約半数が法案説明や質疑の間は退席し、採決の時に参集するという運用を始めた。参議院では定数が少ないため、通常は使わない席を活用し、議員が間隔を空けて座るなどの対応をとった。

4. リモート国会の実現に向けた動きは国会内にみられないが、大島理森衆議院議長は、新型コロナウイルスの感染が再び深刻化した場合の国会審議について「ICTを使う方法、テレワーク的なものを使う方法もやらねばならないかもしれない」と述べている。毎日新聞2020年8月20日朝刊。

5. 共和党のディアスバラート（Mario Diaz-Balart）下院議員と民主党のマクアダムス（Ben McAdams）下院議員の2名である。なお、上院議員で感染が判明している議員は6名にとどまっている。直近では11月16日に上院議長代行として大統領職の継承順位3位にあたるチャック・グラスリー（Charles Grassley）上院議員（87歳）の感染が判明した。

6. H. Res. 965, 116th Cong. (2020).

7. 法学協会編『註解日本国憲法（下巻）』（有斐閣・1954年）855頁。

8. 国会法49条「委員会は、その委員の半数以上の出席がなければ、議事を開き議決することができない。」

9. 森本昭夫『逐条解説　国会法・議院規則〔国会法編〕』（弘文堂・2019年）141頁。

10. 地方議会の委員会については、本会議と異なり、地方自治法上に「出席」に関する規定はなく、同法109条9項により、委員会に関し必要な事項は条例で定めることになっているため、地方自治体の判断によってオンライン開催が可能となる。

11. 地方議会運営研究会編『地方議会運営事典〔第2次改訂版〕』（ぎょうせい・2014年）332頁。

12. 東京新聞2020年5月10日。

13. 朝日新聞2020年7月26日朝刊2面。

14. 長谷部恭男編『注釈日本国憲法(3)』（有斐閣・2020年）732頁〔長谷部恭男執筆〕。

15. 法学協会編・前掲注7）855頁。

16. 東京新聞2020年4月26日（曽我部真裕教授の見解）。

17. Letter from Sir Lindsay Hoyle, Speaker of the House of Commons, to the House of Commons (Apr. 14, 2020), https://www.parliament.uk/documents/Speaker%20to%20all%20MPs%20-%20update%20re.%20virtual%20proceedings%2014%20April%202020.pdf.

18. William Booth, *U.K. Parliament Votes to Continue Democracy by Zoom*, WASH. POST (Apr. 22, 2020), https://www.washingtonpost.com/world/europe/virtual-parliament-uk/2020/04/21/373ccf08-83d1-11ea-81a3-9690c9881111_story.html.

19. Inter-Parliamentary Union, *Country Compilation of Parliamentary Responses to the Pandemic* (accessed Nov. 30, 2020), https://www.ipu.org/country-compilation-

parliamentary-responsespandemic.

20. Scott R. Anderson and Margaret L. Taylor, *Congress dawdles on remote voting* (May. 12, 2020), https://www.brookings.edu/blog/techtank/2020/05/12/congress-dawdles-on-remote-voting/.

21. S. Res. 548, 116th Cong. (2020).

22. PSI Staff Memorandum (Apr. 30, 2020).

23. アメリカ下院議会における遠隔審議については、中川かおり「【アメリカ】コロナ下の連邦議会下院における遠隔審議」外国の立法No.284-2（2020年）2頁以下も参照。

24. 連邦地裁は8月6日に原告の訴えを退ける判決を下したが、遠隔投票が合衆国憲法に反するか否かの判断には踏み込まず、合衆国憲法1条6節1項の保障する免責特権によって、被告であるペロシ下院議長、下院事務官のジョンソン（Cheryl Johnson）、守衛官のアービング（Paul D. Irving）は代理投票の運営に対する民事訴訟から免除されると判示した。McCarthy v. Pelosi, __F.Supp.3d__, 2020 WL 4530611 (2020). なお、控訴審の口頭弁論が11月2日にテレビ会議システムを用いて行われた。

25. U.S. House Committee on Rules office of the majority, *Majority Staff Report Examining Voting Options During the COVID-19 Pandemic* (Mar. 23, 2020). なお、本報告書では「遠隔投票の合憲性はこれまでに判断されたことのない方法」であることから、「仮に訴訟で争われた場合に……合憲であることを是認する有利な判断が下される保証はない」と指摘されていた。

26. Congressional Research Service, *Constitutional Considerations of Remote Voting In Congress*, CRS Legal Sidebar, LSB10447 (2020).

27. United States v. Ballin, 144 U.S. 1 (1892).

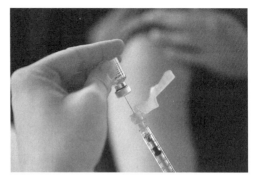

新型コロナウイルスのワクチン接種
（AP／アフロ）

まとめと展望

はじめに

　本書の各章ではコロナ禍で生じた憲法問題を取り上げてきた。一見すると、この試みには疑問符がつくかもしれない。なぜなら、ほとんどの憲法問題は政府による権利侵害や権力分立違反があって初めて顕現するものであり、コロナのまん延というような状況それ自体が「憲法問題」を引き起こすことは稀だからである。しかも、日本が実施した穏健型の新型コロナウイルス対策は国民の権利を直ちに侵害するような形で行われたわけではないため、政府行為を対象にしたとしても、憲法問題

との間に懸隔があるようにみえるかもしれない。

　しかし、パンデミックにおいていかなる憲法問題が生じたかという広い視野から考察することには重要な意義があると思われる。もともと、パンデミック時の憲法問題はこれまで十分に検討されておらず、せいぜい隔離などの強制的措置に注目が集まるだけであった。しかし、自粛要請に代表される日本のコロナ対策は強制的措置ではなく、そうした状況においてどのような憲法問題が生じるのかを考える必要がある。

　パンデミックという緊急時に政府がいかなる対策をとるべきかという問題

は国民の生命や自由に関わる問題であり、自由と安全という古典的な憲法問題の一つといえる。緊急事態は国家権力が一般社会の領域に浸潤する契機となるものであり、たとえ実際には強制力が行使されなかったとしても、そのあり方を検討するのは紛れもなく憲法学に課せられた作業である。とりわけそれは、十分に感染を防止できたのかという安全の面においても、そして権利救済を期待できない形で権利制約を行ったのではないかという自由の面においても、その妥当性を検討する余地がある。

とはいえ、まだコロナ禍が終息していない段階でその是非を判断するのは難しい。そのため、本書ではまず各国の緊急事態宣言やコロナ対策に関する比較法的考察を行い、各国の内容と課題を考察し、今後のあるべき姿を検討する際の材料を提示した。

また、各国では、新型コロナウイルス対策により、外出、営業、集会、登校、礼拝などが困難になるという状況が生じた。これらは新型コロナウイルス対策が個別の憲法上の権利を制約する場面であり、その中には日本でも生じた、または生じうる問題も含まれている。さらに、新型コロナウイルス対策は統治システムにも新たな課題を突

き付けた。緊急事態宣言の発令の是非は高度な専門的判断を要すると同時に総合的見地からの判断も必要となるがゆえに、専門家の判断をどのように考えるかという問題をはらむ。そして、コロナ禍では他者との距離を要することから、かかる状況下で裁判所や国会をどのように機能させるかという問題も浮上させた。本書では、こうした人権の問題と統治の問題も検討対象とし、いかなる問題を惹起するのかを明らかにするとともに若干の考察を加えた。

1 コロナ対策の比較法的考察

本書では、各国の新型コロナウイルス対策につき、強制型、穏健型、放任型という類型に区分しながら考察を行った。強制型は命令や罰則など強制的手法を用いて外出規制や営業規制などを行った場合、穏健型は強制ではなく要請という形で外出規制や営業規制などを行った場合、放任型は原則として新型コロナ対策をほぼ行わない場合を指す。実際には、各国でも州や地方自治体によって対応が異なることに加え、放任型と位置づけたスウェーデンも一定の規制を行っていることからすると、各国の対応をこの三つのいずれかに無理やり当てはめることは適切ではないかもしれない。だが、少なくと

も感染症対策の選択肢としてはこの三つのパターンがありうるはずであり、まずは3類型を設定して検討を進めたほうがよいのではないかと考えた。とりわけ、憲法の観点からすれば、強制か否かの峻別は権利制約との関係で大きな意味をもつ。強制であれば権利制約の度合いが強くなるであろうし、そうでない場合にも権利制約が生じるかどうかを検討する意味が出てくるからである。また、対策を行わないという選択をした場合にも、国家による国民の生命保護との関係で憲法問題が顕現することになる。そして穏健型をとった日本では強制措置を盛り込むべきかどうかについて物議をかもしており、日本における感染症対策の是非を考えるうえでも、まずは三つの類型を念頭にいずれが望ましいのかを検討することが肝要であると思われる。

今回、多くの国は強制型を採用していたが、その具体的内容は国によって異なる。たとえば、ロックダウンといっても、武漢のように市外に通じる高速道路などを封鎖したり住民の外出を禁止したりするといった本格的な都市封鎖を行うところから、欧米のように一部の活動を除いて外出を制限したり一定数の集会を禁止したりするところまで様々であった。欧米の対応をみると、

アメリカでは在宅勤務義務、必須事業を除いた営業禁止、一定数以上の集会禁止などの措置、イタリアでは労働や健康上の理由などを除く外出禁止、フランスでは通勤、通学、生活必需品の購入以外の外出禁止や夜間外出禁止などといった措置がとられた。また、アジアに目を向けると、韓国では法改正により最も深刻な状況下では必要人員を除く在宅勤務義務や一定数の集会禁止が盛り込まれたが、その完全実施はまだ行われていないといった状況にあり、香港では一定数以上の集会禁止や一部店舗の営業の停止や営業時間短縮が命じられた。以上をみると、一般的なロックダウンとは、在宅勤務義務（必須事業を除く）、営業禁止（必須事業を除く）、一定数の集会禁止などの措置が強制的に行われていることを指すことになろう。なお、日本においても一定の感染者に対する入院措置や病原体汚染区域の交通を遮断する規定は存在する[★2]が、感染していない者を含めて一定地域をまるごとロックダウンする規定はなく、現行法令上は自粛ベースの対策となる。

強制型の措置は、強制的に活動を制限するので感染防止策としては相応の効果を見込めるが、憲法上の権利との関係ではそれに与えるダメージは大き

くなる。ただし、権利と侵害の関係として捉えやすいので、制約が不合理であれば裁判所による救済を得やすい。穏健型の措置は、それに大多数の国民が従うのであれば、強制型と同等の効果を見込むことができる。[★3]だが、強制型ほど権利に与えるダメージは強くないため、事実上の強制により実質的な権利侵害が生じたとしても、裁判所がそれを権利侵害と認める可能性は低い。また、放任型は、感染防止効果はあまり期待できないが、憲法上の権利侵害も生じない。ただし、国民の生命を守る国家の責務という問題が生じることになる。いずれも一長一短があるものの、穏健型によって強制型と同等の効果を得られるのであれば、さしあたり穏健型の対応を実施し、それによって生じる実質的な権利侵害の問題の対応を検討し、穏健型の手法では十分な効果を得られないという場合には法改正を検討すると同時にそれがもたらす権利制約の問題を考えることになろう。

緊急事態宣言については、今回比較対象として扱った国はいずれも法令に基づいてこれを発令していた。アメリカやニュージーランドなどのコモンロー系の国は憲法上の明文がなくとも黙示の緊急事態権限があると解されているが、実際には分野に応じて様々な緊急事態に関する法令が存在し、それによって対応することが多い。感染症などの公衆衛生に関する事項は、広い意味では災害に関する緊急事態に含まれ、それとは別に公衆衛生上の緊急事態も規定されている。今回のコロナ禍では、複数の法律の緊急事態規定に基づいて宣言が発令された。また、イタリアやフランスなどの大陸法系の国も法令に基づいて緊急事態宣言が出された。なお、ドイツには基本法（憲法）に緊急事態に関する規定があるが、今回のコロナ禍ではそれではなく、さらに政府による緊急事態宣言でもなく、連邦議会が法律に基づいて「全国規模の流行状況」を認定し、これを受けて連邦保健省が規制権限を発動するという方式をとった。

このように、パンデミックに対する緊急事態宣言は、少なくとも上記の国では法律上の緊急事態規定に基づいて発令された。その内容は、アメリカのように州や地方自治体に支援を行う契機とするものからフランスのように外出規制などに結びつくものまで様々であり、また緊急事態宣言後に可能となる活動主体も中央政府が中心になるところと地方政府がメインになるところに分かれる。連邦制をとるアメリカやドイツはイタリアやフランスと比べて

地方政府の果たす役割が大きいが、アメリカでは連邦政府の機関であるCDCの存在感が大きく、ドイツは法改正によって連邦の保健省の権限を強化している。

日本は、どちらかといえばその中間にあり、緊急事態宣言を発令するのは国であるが、それによって必要な対策を判断して実施するのは地方自治体である。また、緊急事態宣言の発令につき、アメリカでは州や地方自治体が州法や条例に基づいて緊急事態宣言を出す仕組みになっているが、日本ではいくつかの地方自治体が法令の根拠なく緊急事態宣言を出しており、法の支配との関係が問われる。

2 コロナ禍の憲法問題

日本は、外出や営業の自粛、3密回避、テレワークの推奨、リモート授業の要請、接触確認アプリの利用推奨などの感染防止策を推進したが、それらによって生じうる憲法問題については十分な検討がなされているとはいえない。そこで本書では、営業の損失補償の問題の考え方、コロナ禍における学校教育のあり方、コロナ禍のデモや宗教的活動、感染者情報の取り扱いなどの人権問題に加え、さらに専門家の判断の位置づけ、国会や裁判所をリモー

トで行うことの憲法問題などにつき、外国での議論なども参考にしつつ、これらの問題を考察した。

営業自粛要請によって生じた損害の補償につき、これを裁判で争うのであれば、適法な公権力の行使により財産に対して特別な犠牲を課した場合に損失補償が認められることになる。そのため、営業自粛要請の場合は、そもそもそれが公権力の行使といえるか、そして財産に対して課されているのか、仮にそうだとしても特別な犠牲を課したといえるかが問題になる。営業自粛要請の場合にこれらの要件を満たすのは難しいと考えられるが、裁判のルートが難しいとしても、政策として補償を行うべきかどうかは別途検討すべき問題であろう。

コロナ禍では、普通教育機関は休校要請を受けて一時休校となり、リモート授業を行う学校がでてきた。かつて普通教育機関については教育権の所在をめぐり、国、教師、国民、保護者、子供など、様々なアクターに光を当てて議論がなされていたが、休校やリモート授業はそうした主体のみならず、学校というフォーラムをどのように位置づけるかという問題を提起することとなった。学校において対面で教育または学習をすることの意義が問われるこ

とになったのである。普通教育機関では、学習効果もさることながら、休み時間、ホームルーム、掃除の時間、クラブ活動など、学校において体験する活動が意味をもつことが少なくないとすれば、学校の意義を再評価すべきことになる。他面、教育はしばしば実験的側面をもつことからすれば、これを契機に学校外の教育の可能性も検討していくことにもなろう。とりわけ、感染症に限らず、いじめや体罰など、学校というフォーラムに生命や身体に対するリスクが存在する場合、学校以外の教育を検討する意義は少なくないかもしれない。さらに、大学におけるリモート授業やリモート会議は教授方法や教授会自治のあり方を考える契機となりうるものであった。

　また、日本では自粛要請にとどまったこともあり、それほど議論にならなかったが信教の自由や集会の自由に関する問題もある。特に強制型を採用した国では、礼拝活動やデモ活動の人数が制約された。礼拝の自由の問題につき、外国では宗教差別の問題として取り上げられており、アメリカでは違憲判決も下されている。集会制限は、3密を避けるために必要な措置であるものの、新型コロナウイルス対策そのものを問うデモすらできなくなってしま

うことを考えると、ハードケースとして立ち現れることになる。さらに、感染者情報の取り扱いについて、どこまで公表すべきかというプライバシーの問題もあるが、多くの地方自治体は公表に慎重な対応をとり、また接触感染アプリ「COCOA」の登録も任意だったことから、まだプライバシー侵害の問題がそれほど意識されていないような感があるが、政府のデジタル戦略に伴い、感染関係の情報利用が促進される可能性もあり、目が離せない領域である。

　コロナ禍は統治システムにも影響をもたらした。新型コロナウイルス対策や緊急事態宣言の発令をめぐり、日本も外国も専門家の判断をどの程度尊重するかという問題に直面した。公衆衛生関係の専門家であれば、最重視するのは当然ながら感染防止であり、その観点から助言が行われる。とりわけ、データに基づいて科学的に判断されるため、相応の説得力がある。しかし、政府は専門家の判断に必ず拘束されなければならないわけではなく、総合的見地から様々な考慮要素を検討したうえで決定を下すことになる。それは民主的責任を負う政府の役割である。しかし、新型コロナウイルスのケースでは、政府が専門家の見解を一考慮要素にとどめていた場合でも、世論が専門

家の見解に共感し、それを後押しする場面が垣間見られた。それに地方自治体の意見も加わることで、総合的事情から迅速な新型コロナウイルス対策に踏み込めない政府を動かしたような局面があった。このように、複層的に存在する民意の一部と専門家の見解が合致することにより、民主的正当性に欠ける専門家の力が強まる場面を顕現させたのがコロナ禍であったといえる。

また、コロナ禍に際し、裁判所は一時的に裁判活動を大幅に縮減せざるをえない状況に陥り、また国会についてはリモート国会の導入を求める声が一部に上がった。デジタル化が遅れている感がある司法においては、これを機にデジタル化を促進することで、緊急時における柔軟な司法救済を実現し、ひいては通常の裁判の効率化にも寄与する可能性がある反面、憲法が要求する裁判の公開に抵触しないかという問題を検討しなければならない。また、リモート国会は憲法が定める「出席」[★4]にあたらないのではないかという問題が生じうる。仮に出席の解釈によってこの問題を解決したとしても、「全国民の代表」との関係も問題となる。各選挙区から全国民の代表として選出された議員が一堂に会するのが国会であるとすれば、リモート国会がその前提

を掘り崩すかどうかという問題があるからである。もし最初からリモート国会を想定しているのであれば、それに見合った選挙区や選挙方法が選ばれてしかるべきではないかという問題が生じたり、[★5]全国民の代表としての権威を損なうのではないかという問題が生じたりする可能性がある。また、リモート国会は、野次をなくして1対1の議論を可能にするなど、デジタル操作によってこれまでの国会における議論の形を変える可能性もある。その是非もあわせて検討課題となってこよう。

3 アフターコロナの憲法問題

本書ではコロナ禍で起きた憲法問題につき、その状況や構造を明らかにすることに重点を置いたがゆえに、具体的な解決手法を提示するには至っていない。その意味では、コロナ禍がまだ終息していないのと同様に、コロナ禍の憲法問題も継続中の課題である。

もっとも、「ウィズコロナ」がいつまでも続くわけではなく、やがてそれは終息に向かうはずである。たとえコロナの根絶は難しいとしても、ワクチンを開発して季節性インフルエンザの程度まで感染拡大リスクを抑えることが期待されている。[★6]そこで、最後に「アフターコロナ」に向けた憲法問題につ

いて若干の考察を行い、その見通しを多少なりとも示すことにしたい。

現在の感染まん延に歯止めをかけ、将来のパンデミックのリスクを低くするためにもワクチンは重要な役割を果たす。当該感染症に対するワクチンを接種し、体内に免疫を作っておけば、その発症あるいは重症化を予防する効果が期待できるからである。そこで鍵を握るのが開発と供給である。感染症のまん延を抑えるためには、可能な限り早くワクチンを製造し、十分な量のワクチンを国民に供給する必要があるからである。

国家が公衆衛生維持の責務を負い、パンデミックに際してワクチンが重要な役割を果たす以上、国家は国民に対してワクチンを提供できるように努めなければならない。日本では予防接種が義務だった時代に予防接種禍訴訟が相次ぎ、副反応が社会問題化し、1994年の予防接種法改正によって義務ではなくなると需要が大きく減り、多くの製薬会社がワクチン事業から撤退したという経緯があり、ワクチンの国内製造力は必ずしも高くない状況にある。[★7] そのため、コロナ禍に際し、政府は外国のファイザー、モデルナ、アストラゼネカと基本合意や契約を締結し、2021年前半までに全国民のワクチンを確保する目算を立て、[★8] 同時に国内の製薬会社にもワクチン製造の助成を行った。[★9] こうしてみると、ワクチンの開発についてはやや遅れをとっているものの、供給準備については迅速な対応を行っているといえる。

もっとも、ワクチンは備蓄さえできればよいわけではなく、その先の問題も視野に入れなければならない。というのも、ワクチンは副反応の問題を伴うことから接種を強制するか否か、副反応に対する救済をどうするのかという問題が絡んでくるからである。この問題につき、政府は全国民に無料で接種することとするが接種を受けることについては個々人の努力義務とする方針を打ち出した。[★10] そして、2020年12月2日には予防接種法が改正され、無料接種や努力義務のほかに、副反応に対しては国が救済対応に当たることが規定された。[★11] これらの問題についても、政府は様々なリスクを考慮し、できる限りの対応をしているということができよう。

また、ワクチンには平等の問題も潜む。最初から全員分のワクチンを用意できればいいが、そうではない場合、ワクチン接種の対象者に対して一定の優先順位をつけなければならない。[★12] 政府は重症化リスクの高い高齢者、持病

のある人、医療従事者らを優先する方針を打ち出しているが、★13 その理由が合理的でない場合には平等違反の問題を生じることになる。当該類型を優先することが合理的か否かについては、当該感染症の性質、感染状況、当該類型のワクチンの必要性、ワクチン接種によって得られる利益と接種しなかった場合に失われる利益のバランス、その後のワクチン供給予定などを考慮して決めることになろう。高齢者や持病をもつ者については感染によって重篤になるおそれがあり、そして医療従事者は感染対策に不可欠でありかつ感染リスクの高い業務を行うことが優先理由であると考えられるが、こうした必要性だけでなく、政府は上記の理由等の関係についても説明していく必要があると思われる。

ワクチン接種を努力義務とすることは自粛要請と同じく同調圧力の問題が生じる可能性がある。つまり、多くの国民が接種を行った場合、接種していない者が接種せざるをえないような心理的圧迫を感じる雰囲気が醸成される可能性があるということである。とりわけ、政府が接種を証明するような書類や印を発行した場合、あるいは役所や公立学校等が接種の有無を確認し公表した場合には、接種を受けていない者に対する嫌がらせ等が起きるおそれがある。そうした対応は、店舗や施設等が店に入る際に接種証明の提示を求めたり、接種証明がなければサービスの提供を断ったりすることにつながり、接種の有無に基づく差別の問題が生じる。とりわけ、健康上の理由、思想上の理由、信仰上の理由などによってワクチンを受けない場合、それらの者に対する差別的扱いは憲法上の問題を惹起することになろう。

おわりに

本書では、コロナ禍の憲法問題について、コロナ対策の問題、緊急事態宣言の問題、人権の問題、統治の問題の四つに分けて考察した。前二者については主に比較法的分析を行い、各国がどのような対応を行っているのかを明らかにし、その意義と課題を踏まえながら、日本への示唆にも言及した。人権や統治の問題については、どのような憲法問題が生じているのかを明らかにし、ここでも適宜比較法的分析を行いつつ、今後の検討課題を提示した。本書が取り上げた憲法問題によってコロナ禍の憲法問題をすべて網羅したわけではなく、また分析内容も今後の検討を要するものが多いので、「コロナの憲法学」はこれで完結するわけでは

ないが、コロナ禍の憲法問題を考えるうえで、その取っ掛かりになる部分を提示できたと考えている。

また、アフターコロナを見据えて、再度新型コロナウイルスがまん延した場合や将来パンデミックが生じる可能性を念頭に、今後の制度設計を検討する必要がある。緊急事態宣言の要件、自粛か強制かの選択、国と地方自治体の権限配分や役割分担、保健所との連携や調整の見直しなど、課題は山積している。感染者情報についても、国はデジタルデータ推進政策にあわせて、地方自治体ごとに異なっている個人情報保護条例の内容を国の個人情報保護制度に統合させるように試みようとしている。統一的な政策という点で有益な反面、地域の実情に合わせた情報の取り扱いができなくなるおそれもあり、慎重な検討が必要な部分でもある。また、アフターコロナの世界が直面するのはコロナ禍の際に大幅支出した財政への対応であり、これもまた重要な憲法問題である。財政が破綻して大混乱が起きる前に対応しなければならないが、当然ながらそれは増税などの痛みを伴い、そしてそれを負担するのは国民である。コロナ禍で起きた憲法問題に加え、アフターコロナに向けた憲法問題にも同時に取り組んでいく必要が

ある。

〔大林啓吾〕

[追記] 第三波による感染者数や重症者数の増加を重く受け止めた政府は2021年1月7日に新型インフルエンザ特措法に基づく2回目の緊急事態宣言を出した。最初の対象になった首都圏（東京、神奈川、千葉、埼玉）は不要不急の外出や移動の自粛、イベントなどの開催宣言、飲食店を含む施設使用の営業時間短縮、テレワークなどが要請された。第三波による被害の拡大にあわせて、世論では強い規制を求める声が一層高まり、政府は法改正に着手し始めた。以前から地方自治体の知事らから強制力を備えた措置に変更するように法改正を行うべきとの声があったが、政府は経済への影響や個人の自由との関係を理由に早期の法改正には消極的であった。しかし、第三波が深刻な医療ひっ迫の状況をもたらし、さらに2回目の緊急事態宣言が1回目のときほど効果を挙げていないとの報道がなされると、これまで法改正に慎重な姿勢をみせていた政府も法改正に着手せざるをえなくなったのである。

2021年1月22日、政府は罰則を盛り込んだ特措法、感染症法、検疫法の改正案を閣議決定し、国会に提出した。特措法の改正案では、都道府県知事に営業時間の変更や休業について命令できる権限を与え、さらに命令違反の場合には過料を科すことが提示された。具体的には、緊

急事態宣言が出されている場合は50万円以下、出されていない重点措置の場合は30万円以下とし、さらに立入検査を拒否した場合も20万円以下の過料を科すとした。

また、内閣総理大臣が措置に応じない知事に対して指示できる権限を与え、機能的な指揮系統を目指す内容も盛り込まれた。対策によって生じる不利益に対しては、事業者支援を講じる規定を設けるとともに、感染者等に対する差別防止策をとることが国や地方自治体に義務づけられた。

感染症法の改正案では、知事等が感染者に自宅療養や宿泊療養を要請でき、要請に応じない者に対して勧告を行い、入院を拒否した者や入院先から逃亡した者に対して1年以下の懲役または100万円以下の罰金を科し、保健所の調査に対して正当な理由なく虚偽の申告をしたり拒否したりした場合は50万円以下の罰金を科すとしている。また、病院に対しては患者の受け入れを勧告できる根拠を定め、正当な理由なく応じない場合には公表するとした。

検疫法の改正案では、検疫所長が、感染者に対して自宅待機などの必要な協力を要請できるようにし、要請に応じない場合には施設に停留させることができるとし、停留措置に従わない者に対しては1年以下の懲役または100万円以下の罰金を科すとした。

本追記執筆時点（1月25日）ではまだ改正案の国会提出直後であるため、詳細を把握できたわけではないが、いくつか検討すべき点を提示しておきたい。まず営業規制については、一般的な規制態様である営業の不許可、許可の取消し、営業停止などと比べると、営業時間の短縮はそれほど強い規制ではない。他方で、休業命令は営業を行えなくなる措置であることから、制限の程度は強くなる。また、感染症まん延という自らの努力ではどうしようもない出来事によって休業を命じられることを踏まえると、営業の自由に対する制約の度合いが強いということになろう。休業規制のプロセスにつき、要請、命令、罰則という段階的構造になっている点は営業の自由に対して配慮されているといえる。そのため、緊急事態宣言が出されている状況であれば、感染症まん延防止という重要な目的のための必要最小限の措置として正当化されると考えられる。他面、緊急事態宣言が発令されていなくても、特定地域に対する重点措置として規制できるようになっている。政府は、地域限定的であるがゆえに緊急事態宣言ほど経済的影響が生じないと考えて、重点措置を発令しやすくなる可能性があり、恣意的な運用がなされないように注意する必要がある。

次に、入院規制についてであるが、これについては自由を強く制限する規制であることに加え、行政罰としての過料ではなく、刑事罰が科されていることからより慎重な検討が必要である。これまで

感染症法は他者に対する感染について意図的に感染させた場合のみ罰則の対象としていた。すなわち、感染症法67条は「一種病原体等をみだりに発散させて公共の危険を生じさせた者は、無期若しくは2年以上の懲役又は1000万円以下の罰金に処する。」と定め、悪質な感染行為を処罰の対象にしていたのである。ところが、改正案は感染者が入院を拒否したり入院先から逃亡したりした場合には「1年以下の懲役または100万円以下の罰金」を科すとしている。つまり、他者に対して意図的に感染させるような行為でなくても罰則の対象に含まれることになったのである。

たしかに感染者が自由に街を歩き回ったり不特定多数の者と接触することは他者の生命や身体を感染の危険にさらすものであり、入院させることは公共の福祉に基づく制約として許容されるものである。しかし、入院拒否や入院逃亡を行った者に対して罰則を設けることまで許されるかどうかについては慎重な検討が必要である。これについては67条と対比をするとわかりやすい。67条は意図的に他者に感染させることは悪質であり、犯罪行為と同様であるがゆえに罰則を設けている。しかし、入院拒否や入院逃亡は必ずしも他者に感染させることを意図しているとは限らず、それに対して罰則を科すことは見方によっては感染者を犯罪者扱いするようにも受け止められる。

また、かかる規制は住居や一般生活上の活動を強く制限するものであるため、仮に罰則を設けることが認められるとしても、罰則の適用には適正手続を設ける必要がある。まず、入院勧告の時点で、医師などの専門家が入院の必要性を判断し、入院期間を明示し、陰性が判明したら直ちに解放するなどの手続を設ける必要があろう。また、入院先には衛生条件の整った適切な施設を用意しなければならない。入院勧告を拒否した者に対しては告知と聴聞の機会を保障し、さらに入院先からも司法救済を受ける手続を整備しなければならないだろう。なお、改正案は罰則に懲役を加えているが、相手は感染者であるため、裁判手続の間も感染が続いている可能性があり、場合によって判決確定後も感染が続いている可能性もあるので、通常の刑事収容施設とは異なる施設を用意する必要がある。規制目的が感染症のまん延防止にあるとすれば、懲役を科すことによってその目的を達するのではなく、むしろ隔離することに意味があるのであり、一種の保安処分として対応すべき事柄のように思える。

保健所の調査拒否に対する罰則についてはプライバシーとの関係で問題がある。保健所が感染経路を調査して感染の連鎖にストップをかけることは重要であるが、行動履歴はその人の活動や誰と接触したのかを明らかにするため、高度なプライバシー性を帯びる。行動履歴のプライバシー性についてはGPS捜査違法事件（最大判平成29年3月15日刑集71巻3号13

頁）でも確認されている。また、保健所による行動履歴調査は濃厚接触者の炙り出しという側面が強いため、他者のプライバシーにも関わる。そのため、拒否が認められる正当な理由の内容を狭めて運用する場合にはプライバシー侵害となる可能性がある。また、情報の管理や利用についてもプライバシーに配慮した制度形成が重要である。

その他の規定についてもいくつかの憲法問題が考えられるが、とりわけ上記の問題は慎重に検討すべきである。コロナ禍の当初の経験を踏まえて法改正を行うことは重要であるが、感染症対策は人の生活に密接に絡むことに加え、しばしば強い措置を伴う傾向にあることから、行き過ぎた措置にならないように注意し、恣意的な判断が行われないようにしなければならない。また、今回の改正案については一部の規定の立法事実に疑問がある。改正法が必要なのは新型コロナウイルスの感染拡大に歯止めをかけなければならないからである。とりわけ第三波による感染拡大によって医療がひっ迫していることが問題視されたわけであるが、入院拒否や入院逃亡が感染拡大の主要因だったとは考えにくいことから、入院拒否や入院逃亡をした者に対して罰則を設けることで感染拡大に大きな改善が見込めるとは思えない。感染拡大に歯止めをかけるのであれば、在宅勤務要請の強化（指示を加えるなど）、大人数で集まることに対する規制、感染状況に応じたゾーンごとの規制など、よりマクロ的観点から規制してしかるべきであると思われる。

★

1.　なお、2020年12月に国王が異例の政策批判を行ったこともあり、スウェーデンは飲食店の人数制限や図書館等の閉鎖、マスク推奨など対策強化に乗り出した。「欧州でコロナ猛威、イタリア年末年始の外出禁止　スウェーデン規制強化に急旋回」日本経済新聞2020年12月19日夕刊3面。

2.　たとえば感染症法19条は1類感染症患者に対する入院勧告や入院措置、46条は新感染症の所見がある者に対する入院勧告や入院措置、33条は交通制限や遮断について規定している。

3.　国民が政府のメッセージを強く忖度する場合、自粛を重く受け止め、自粛を求められた行為以上に、自主的に様々な感染対策が行われる可能性もあり、場合によっては強制型以上の効果を得られる可能性もある。

4.　議員の出席については憲法55〜59条、また63条は内閣総理大臣その他の国務大臣の国会への出席について規定している。

5.　たとえば、国会がリモートでよいのであれば、選挙区設定や投票もデジタルでよいはずであり、それによって一票の格差の問題を解消した選挙区が設定されるかもしれない。

6.　「『ワクチン、唯一の希望』、日経・FT感染症会議開幕」日本経済新聞2020年11月6日夕刊1面。

7.　「新型コロナ　遺伝子ワクチン脚光　米ファイザー、使用許可申請　開発短期、管理は困難」毎日新聞2020年11月23日

東京朝刊3面。

8. 「ワクチン外交、透ける思惑　G20首脳会議開幕」朝日新聞2020年11月22日朝刊3面。

9. 「コロナワクチン、国内生産急ぐ、製薬6社、武田は米社と提携」日経産業新聞2020年8月19日7面。

10. 「コロナワクチン　全員無料　分科会了承　接種　努力義務に　健康被害　救済制度」読売新聞2020年10月2日東京夕刊1面。

11. 「米英、コロナ克服へワクチン迅速承認—日本、年度内のワクチン接種めざす、改正予防接種法が成立」日本経済新聞2020年12月3日朝刊3面。

12. なお、検疫法や新型インフルエンザ特措法には医療従事者や一定の公務員に対する接種に関する規定がある。

13. 「特集—withコロナ、ワクチン、期待と未知と、全国民分、来年6月までに、米英3社が供給、接種は無料」日本経済新聞2020年12月10日朝刊8面。

【執筆者紹介】

大林啓吾（おおばやし・けいご）＊編者
慶應義塾大学大学院法学研究科博士課程修了。博士（法学）。現在、千葉大学大学院専門法務研究科教授。主著として、『憲法とリスク―行政国家における憲法秩序』（弘文堂・2015 年）など。
担当：総論、第 1 部❶、同コラム（スウェーデン）、第 2 部❶・❺、第 3 部❹、まとめと展望

芦田 淳（あしだ・じゅん）
成城大学大学院法学研究科法律学専攻（博士課程後期）修了。博士（法学）。現在、国立国会図書館調査及び立法考査局主任調査員。主要著作として、「憲法学からみた地方自治保障の可能性」駒村圭吾＝待鳥聡史編『統治のデザイン―日本の「憲法改正」を考えるために』（弘文堂・2020 年）など。
担当：第 1 部❷、第 2 部❷

石塚壮太郎（いしづか・そうたろう）
慶應義塾大学大学院法学研究科後期博士課程単位取得退学。博士（法学）。現在、日本大学法学部准教授。主要著作として、「国家目標と国家目標規定」山本龍彦＝横大道聡編『憲法学の現在地』（日本評論社・2020 年）など。
担当：第 2 部❸

岡野誠樹（おかの・のぶき）
東京大学大学院法学政治学研究科法曹養成専攻修了。法務博士。現在、立教大学法学部准教授。主要著作として、「憲法‐訴訟‐法―違憲審査と訴訟構造の交錯―（一）～（五）」（未完）国家学会雑誌 133 巻 1・2 号～ 11・12 号（2020 年）など。
担当：第 4 部❷

岡山 裕（おかやま・ひろし）
東京大学法学部卒業。博士（法学・東京大学）。現在、慶應義塾大学法学部教授。主要著作として、『アメリカの政党政治―建国から 250 年の軌跡』（中公新書・2020 年）など。
担当：第 4 部❶

河嶋春菜（かわしま・はるな）
エクス＝マルセイユ大学大学院法学研究科博士前期課程（フランス）。修士（公法学）。現在、帝京大学法学部助教。主要著作として、「憲法における公衆衛生・健康・身体―フランスにおける予防接種義務制度を素材に」同志社法学 72 巻 4 号（2020 年）など。
担当：第 2 部❹

小林祐紀（こばやし・ゆうき）
慶應義塾大学大学院法学研究科後期博士課程単位取得退学。修士（法学）。現在、琉球大学大学院法務研究科准教授。主要著作として、「具体的争訟」大林啓吾編『アメリカの憲法訴訟手続』（成文堂・2020 年）など。
担当：第 4 部❸

奈須祐治（なす・ゆうじ）
関西大学大学院法学研究科博士課程後期課程修了。博士（法学）。現在、西南学院大学法学部教授。主要著作として、『ヘイト・スピーチ法の比較研究』（信山社・2019 年）など。
担当：第 3 部❸

桧垣伸次（ひがき・しんじ）

同志社大学大学院法学研究科博士課程（後期）中退。博士（法学）。現在、同志社大学法学部准教授。主要著作として、『ヘイト・スピーチ規制の憲法学的考察―表現の自由のジレンマ』（法律文化社・2017年）など。
担当：第3部❷

堀口悟郎（ほりぐち・ごろう）

慶應義塾大学大学院法務研究科修了。法務博士。現在、岡山大学学術研究院社会文化科学学域（法学系）准教授。主要著作として、『図録 日本国憲法〔第2版〕』（共編著、弘文堂・2021年）など。
担当：第3部❺

松井博昭（まつい・ひろあき）

ペンシルベニア大学ロースクール修了。LL.M.、法務博士（早稲田大学）。現在、AI-EI法律事務所パートナー弁護士（日本法・NY法）、信州大学特任准教授。主要著作として、『アジア進出・撤退の労務』（共編著、中央経済社・2017年）など。
担当：第1部❹

水島玲央（みずしま・れお）

ソウル大学校法科大学博士課程修了。法学博士。現在、名古屋経済大学法学部准教授。主要著作として、「民主化三〇年と韓国の憲法裁判」憲法理論研究会編『憲法の可能性』（敬文堂・2019年）など。
担当：第1部❸

森脇　章（もりわき・あきら）

慶應義塾大学法学部卒業。現在、アンダーソン・毛利・友常法律事務所 外国法共同事業 パートナー、同上海オフィス首席代表、中国人民大学法学院客員教授。主要著作として、『入門中国法〔第2版〕』（共著、弘文堂・2019年）など。
担当：第1部コラム（中国）、第2部コラム

安原陽平（やすはら・ようへい）

早稲田大学大学院社会科学研究科博士後期課程政策科学論専攻満期退学。修士（学術）。現在、獨協大学法学部法律学科准教授。主要著作として、「香川県ネット・ゲーム依存症対策条例が動き出す時」法学セミナー790号（2020年）など。
担当：第3部❻

山田哲史（やまだ・さとし）

京都大学大学院法学研究科法政理論専攻博士後期課程修了。博士（法学）。現在、岡山大学学術研究院社会文化科学学域（法学系）准教授。主要著作として、『グローバル化と憲法―超国家的法秩序との緊張と調整』（弘文堂・2017年）など。
担当：第3部❼

山本真敬（やまもと・まさひろ）

早稲田大学大学院法学研究科博士後期課程修了。博士（法学）。現在、新潟大学法学部准教授。主要著作として、「憲法判断を含む判決の類型」山本龍彦＝横大道聡編『憲法学の現在地』（日本評論社・2020年）など。
担当：第3部❶

コロナの憲法学

2021（令和3）年3月15日　初版1刷発行
2022（令和4）年2月28日　同　2刷発行

編　者　大林　啓吾

発行者　鯉渕　友南

発行所　株式会社　弘文堂　101-0062　東京都千代田区神田駿河台1の7
　　　　　　　　　　　　　　　TEL 03(3294)4801　　振替 00120-6-53909
　　　　　　　　　　　　　　　https://www.koubundou.co.jp

装　丁　宇佐美純子
組　版　堀江制作
印　刷　三陽社
製　本　井上製本所

ISBN978-4-335-35871-5